KB201142

# LET'S GO 로마서 (상)

깊게 읽고 쉽게 풀어쓴

# LET'S GO
# 로마서

강학종 지음

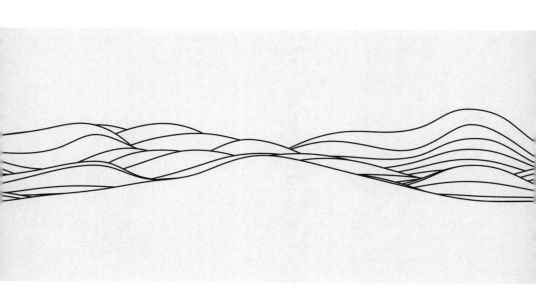

베드로서원

# 머리말

신약성경 27권 중에 바울이 쓴 책이 무려 13권입니다. 그중에서 로마서를 가리켜 기독교 교리를 가장 잘 설명한 책이라고 합니다. 여기에는 그만한 이유가 있습니다. 다른 서신서들은 바울과 관계가 있는 교회나 개인에게 보낸 것인데 반하여 로마서의 수신자인 로마교회는 바울과 아무런 관계가 없기 때문입니다.

예컨대 갈라디아서는 바울이 갈라디아교회에 보낸 편지입니다. 바울이 2차 전도 여행 중에 갈라디아교회를 세웠는데 갈라디아교회에서부터 별로 반갑지 않은 소식을 듣게 됩니다. 갈라디아교회에 율법과 복음에 대한 갈등이 있다는 것입니다. 그러면 바울이 어떤 내용을 말해야 할까요? 당연히 율법과 복음의 관계를 설명해야 합니다. 기독교 교리 전반을 얘기할 여유가 없습니다. 고린도교회도 마찬가지입니다. 바울이 세운 고린도교회에 분파, 우상, 간음 등의 여러 병리적 현상이 있었습니다. 그래서 고린도교회에 서신을 보내면서 주로 그 문제를 언급했습니다.

로마서는 그렇지 않습니다. 로마교회는 바울이 세운 교회가 아닙니다. 더구나 바울은 로마교회를 방문하고 싶어 하면서도 그 뜻을 이루지 못하고 있었습니다. 어쩌면 평생 로마교회를 방문해 보지 못하고 그의 사역이 끝날지도 모릅니다. 이런 바울이 로마교회에 편지를 쓰려니 자기가 아는 기독교의 전반적인 내용을 전부 다 쏟아 놓아야 했습니다. 그리고 우리는 그런 로마서를 가리켜서 기독교 교리의 중심이 되는 책이라고 합니다.

이런 때문인지 많은 설교자가 로마서를 강해하고 싶어 합니다. 신구약 성경에서 책 하나를 택해서 강해하라고 하면 대부분 로마서를 택하지 않나 싶습니다. 저 역시 부목사 시절에 청년회 성경 공부를 인도하면서 로마서를 강해한 적이 있고, 교회를 개척하고 20년 목회하는 동안 찬양예배 때와 수요예배 때, 그리고 주일낮예배 때 각각 한 번씩 로마서를 강해했습니다.

부목사 시절의 일입니다. 청년회에서 회지를 발간하면서 저한테 원고를 부탁하기에 어떤 내용을 쓸까 하다가 로마서 강해를 연재한 적이 있습니다. 성경을 읽어도 무슨 뜻인지 모르겠다는 말을 종종 들었는데 사실 성경은 읽으면 읽은 만큼 알 수 있는 책입니다. 하지만 어쨌든 성경 내용이 읽는 대로 머리에 쏙쏙 들어오지 않는 것은 사실입니다. 그래서 로마서를 한 절씩 최대한 쉽게 풀어서 썼습니다. 그리고 그때 할 수만 있으면 신구약 성경 66권을 전부 풀어서 쓰고 싶다는 생각을 했습니다. 앞에 나온 〈거룩한 에로스 아가〉와 〈Let's Go 히브리서〉가 그런 책입니다.

여기에 실린 내용은 지난 2009년 1월부터 2011년 5월까지 2년 4개월 동안 주일낮예배 때 설교한 내용을 간추려서 정리한 것입니다. 그때 매일 새벽 기도를 마치면 로마서를 1독 하는 것으로 일과를 시작했던 기억이 지금도 새롭습니다. 그랬던 내용이 베드로서원의 도움으로 세상에 나오게 되었으니 방주석 장로님과 베드로서원 가족들에게 고마움을 전합니다. 내용의 방대함으로 1장부터 8장까지 상권, 9장부터 16장까지 하권으로 나누어 발행

했습니다. 아울러 책을 읽는 모든 독자에게 제가 로마서를 통하여 받은 은혜가 그대로 전달되기를 소망합니다.

주후 2022년 2월

하늘교회 목사 강학종

# 차례

**상**

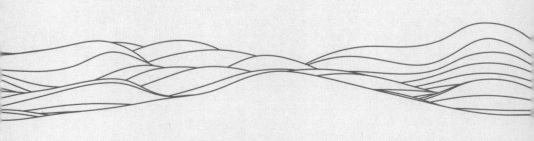

하

머리말

# 1장 복음의 시작

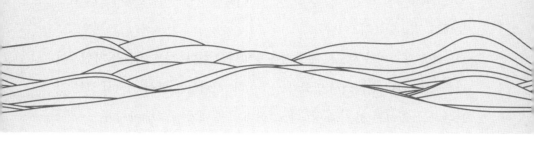

**1:1〉 예수 그리스도의 종 바울은 사도로 부르심을 받아 하나님의 복음을 위하여 택정함을 입었으니**

우리가 편지를 쓸 때는 수신자를 쓰고 내용을 쓴 다음에 발신자를 쓴다. 헬라 문화권에서는 발신자를 쓴 다음 수신자를 쓰고 이어서 내용을 썼다. 바울도 자기가 누구인지 먼저 밝힌다. 자기는 예수 그리스도의 종이라는 것이다.

바울만 그럴까? 우리도 마찬가지다. 우리는 수사학적인 표현으로 예수님의 종이 아니라 실제로 예수님의 종이다. 교회에서 흔히 예수님이 우리를 속량했다고 하는데 본래 속량은 상거래 용어였다. 주인에게 값을 치르고 노예의 소유권을 넘겨받는 것을 속량이라고 했다.

예수님은 우리의 구세주이고 주인이다. 예수님이 우리를 속량하셨다. 우리는 예수님의 뜻대로 살아야 하는 사람들이다. 우리에게 가장 중요한 문제는 "예수님이 과연 내 기도를 들어주시는가?"가 아니라 "내가 예수님의 뜻대로 살고 있는가?"이다.

또 바울은 자기가 사도로 부르심을 받았다고 한다. 사도 직분을 자원해서 맡은 것이 아니라 시켜서 맡았다는 뜻이다. 사람들은 남이 시켜서 하는 것보다 스스로 하는 것을 좋아한다. 그런데 바울 얘기는 그게 아니다.

사실 그렇다. 하고 싶은 일을 하는 것보다 해야 하는 일을 하는 것이 훨씬 바람직하다. 세상에서 제일 미련한 사람이 자기가 하고 싶은 일만 한다는 사람이다. 좋은 것은 죄다 억지로 한다. 아이들이 스스로 잘하는 일이 어떤 일일까? 시켜도 하기 싫어하는 일은 어떤 일일까? 우리 인생을 복되게 만드는 것 중에 자연스럽게 되는 것은 아무것도 없다. 사람이 본래 죄인이어서 그렇다.

바울이 이 사실을 알고 있었다. 자기가 하고 싶은 일을 하는 것보다 하나님이 원하시는 일을 하는 것이 더 복되다는 사실을 알고 있었다. 차제에 당부한다. 자기가 하고 싶은 일은 그만하고 성경이 요구하는 일을 해보자. 자기가 원하는 일 말고 교회가 원하는 일을 해보자. 그 인생이 더욱 복될 것이다.

또 바울은 '하나님의 복음'을 위하여 택정함을 입었다고 한다. 하나님의 복음이라는 말이 왠지 생소하다. 우리는 복음이라는 단어에서 예수님을 연상하는 경향이 있다. 그런데 하나님의 복음을 말한다.

예수님이 이 땅에 오셔서 십자가에 달려 돌아가시고 사흘 만에 부활하셨다는 소식은 분명히 복음이다. 하지만 그런 구원 사역을 기획하고 연출하신 분은 성부 하나님이다.

복음을 예수님의 사역으로 제한하면 신앙이 감상적이게 된다. 감상적인 것이 잘못일 수는 없지만 복음은 감상적인 것이 아니다. 왕년에 예수 믿고 눈물 한 번 안 흘려 본 사람이 어디 있겠는가? 울기만 해서는 안 된다. 일단 울었으면 그다음에는 눈물 닦고 말똥말똥한 정신으로 예수를 믿어야 한다. "아! 예수님, 아무 죄도 없으신 몸이 그 모진 고통당하시고…" 하는 신파조 타령에 그치면 안 된다. 하나님이 왜 예수님을 십자가에 못 박았는지 알아야 하고, 그 하나님이 나를 통해 이루고자 하는 뜻이 무엇인지 알아야 한다. 요컨대 하나님은 아들이라도 죽이실 만큼 죄를 미워하시는 분이고 아들을 죽여서라도 우리를 살리실 만큼 우리를 사랑하시는 분이다.

또 바울은 자기가 하나님의 복음을 위하여 '택정함을 입었다'고 했다. 바울은 하나님의 복음을 위한 사람이었다. 하다못해 세상에서도 돈을 위해 사는 사람보다 명예를 위해 사는 사람을 더 인정하는 법이다. 무엇을 위하여 사는지에 그 사람의 가치가 결정된다.

이런 사실을 감안하면 가장 불쌍하게 예수 믿는 사람이 기복신앙에 매몰된 사람이다. 어떤 사람이 고3이 되었다. 대학 진학을 위해서 열심히 기도했고, 원하는 대학에 진학했다. 대학만 가면 되는 줄 알았는데 취직은 더 큰 문제였다. 취업 문제를 놓고 또 열심히 기도했고, 취업도 했다. 결혼 문제를 놓고 또 열심히 기도했고, 결혼도 했다. 결혼한 지 5년이 되도록 아이가 생기지 않자, 아이를 위해서 기도했다. 하나님이 아이를 주셨다. 아이가 커서 학교에 가니까 기도할 일이 한두 가지가 아니었다. 또 열심히 기도했다. 게다가 나이가 드니까 고혈압, 당뇨, 디스크 여기저기 아프기 시작했다. 그때마다 기도했다. 그리고 죽었다.

이 사람이 평생 기도에 힘쓴 사람이 맞을까? 기도는 열심히 했는지 몰라도 그 모든 기도가 하나님의 나라와는 아무 상관없이 죄다 자기 욕심을 위한 기도였다.

대체 예수를 믿는 사람과 예수를 믿지 않는 사람의 차이가 무엇일까? 모름지기 예수를 믿는다면 하나님 나라를 위하여 쓸모 있는 인생을 살아야 한다. 우리가 지금까지는 자신을 위하여 살았는지 모른다. 하지만 지금부터는 하나님의 복음, 그리스도의 피 묻은 복음을 위하여 살아야 한다. 우리가 가는 곳마다 하나님의 나라가 선포되어야 하고, 우리가 이르는 곳마다 죽은 영혼이 살아나야 한다. 우리가 그런 일을 위하여 택정함을 입었다.

**1:2〉 이 복음은 하나님이 선지자들을 통하여 그의 아들에 관하여 성경에 미리 약속하신 것이라**

로마서는 "예수 그리스도의 종 바울은 사도로 부르심을 받아 하나님의 복음을 위하여 택정함을 입었으니…" 하고, 바울의 자기소개로 시작했다. 그런데 복음이라는 단어가 나오자 "이 복음은…" 하고, 복음을 설명하는 것으로 얘기가 바뀐다. 바울에게는 복음이라는 말만 들으면 분수처럼 터져 나오는 열정이 있었다. 2-6절은 일종의 삽입구다. 1절에서 7절로 건너뛰어야 오히려 문맥이 매끄럽다.

세계에서 브랜드 가치가 가장 높은 기업은 단연 코카콜라다. 코카콜라의 사장 로버트 우드러프가 "내 혈관에는 코카콜라가 흐른다"라는 말을 했다. 바울이 그 말을 들었으면 "그런가? 내 혈관에는 예수 피가 흐른다."라고 했을 것이다. 바울은 말 그대로 복음으로 꽉 찬 사람이었다.

열정이 있는 것은 참 좋은 일이다. 빈둥대는 것은 자기 인생에 대한 죄악이다. 하지만 따져야 할 사실이 있다. "열정이 얼마나 대단한가?" 보다 "무엇을 위한 열정인가?"가 더 본질적이다.

초등학교 3학년 때로 기억한다. 어떤 만화를 아주 재미있게 보았다. 고기 낚는 솜씨가 신통치 않아서 늘 놀림감이 되는 어부가 있었다. 84일 동안 한 마리도 못 잡았다. 85일째 되는 날, 비장한 각오로 바다에 나간 그 어부가 마침내 거대한 고기를 낚았다. 배보다 더 컸기 때문에 실을 수가 없어서 배 옆에 묶었다. 그런데 문제가 생겼다. 상어 떼가 나타나서 고기를 뜯어 먹는 것이었다. 이번에는 상어와 사투를 벌여야 했다. 포구에 돌아왔을 때는 앙상한 뼈만 남고 말았다.

그 만화를 보고 얼마나 지났을까? 나중에야 헤밍웨이가 쓴 〈노인과 바다〉를 각색한 만화인 것을 알았다. 〈노인과 바다〉를 읽으면 누구나 불타오르는 열정을 느낀다. 그런데 남은 것이 무엇일까? 아무짝에도 쓸데없는 물고기 뼈뿐이다.

〈노인과 바다〉만큼 예수 없는 삶을 제대로 보여주는 책도 없는 것 같다.

인생을 낭비해서 물고기 뼈밖에 남기지 못한 것이 아니다. 열심히 살았는데 남은 것이 없다. 이 세상을 열정적으로 살아서 나름대로 목표를 이뤘지만 허무하게 끝나고 말았다. 이런 사실을 감안하면 복음을 위해서 사는 것은 정말 복된 일이다. 이 세상에서 끝나지 않고 다음 세상으로 연결되기 때문이다.

**1:3-4) 그의 아들에 관하여 말하면 육신으로는 다윗의 혈통에서 나셨고 성결의 영으로는 죽은 자들 가운데서 부활하사 능력으로 하나님의 아들로 선포되셨으니 곧 우리 주 예수 그리스도시니라**

예수님은 육신으로는 다윗의 혈통에서 나셨고 죽은 자들 가운데서 부활한 하나님의 아들이다. 만일 예수님이 어느 날 갑자기 공중에서 떨어졌으면 기독교는 신화에 불과하게 된다. 단군신화가 그렇다. 천제 환인의 아들 환웅이 홍익인간의 뜻을 품고 태백산 신단수에 내려왔다고 한다. 실제로 그런 일이 있었던 것이 아니라 그렇다 치는 것이다. 그런데 예수님은 다윗의 혈통을 통해서 실제로 이 세상에 오셨다. 우리가 믿는 기독교는 역사적인 사실에 근거한다.

예전에 천국, 지옥이라는 원색적인 단어를 꼭 써야 하느냐는 분이 있었다. 그런 단어를 쓰면 기독교가 저급하게 보인다면서 그보다는 마음의 평안을 위해서 교회에 다닌다고 하면 안 되느냐고 했다.

우리가 믿는 기독교는 그렇게 한가한 종교가 아니다. 복음에는 예수님의 피가 묻어 있는데 고작 심리적인 안정이나 기대하는 것은 예수님의 피에 대한 모독이다. 단지 심리적인 안정을 찾는다면 기독교보다 불교가 더 합당할 수 있다. 그런데 왜 그런 생각을 하느냐 하면 예수님이 우리를 위해서 돌아가신 것이 실제 상황이라는 사실을 간과해서 그렇다. 우리는 예수님이 하나님의 아들이라 치는 사람들이 아니다. 천국과 지옥이 있다고 치고 교회 다니는 것이 아니라 정말로 천국과 지옥이 있다.

주변에서 고사 지내는 것을 본 적이 있을 것이다. 돼지머리를 올려서 고사를 지내면 그 고사를 누가 받을까? 실제로 고사를 받는 신은 없다. 누군가 받는다 치고 고사를 지내는 것이다.

우리는 그렇지 않다. 만일 예수를 믿어서 천국에 간다고 치는 것이면 대충 믿어도 상관없다. 하지만 정말로 천국에 간다면 신앙생활을 건성으로 해서는 안 된다. 예수님이 우리 대신 돌아가신 것이 실제 상황이라면 우리가 기울이는 그 어떤 충성도 충성일 수 없고 그 어떤 헌신도 헌신일 수 없다.

육신으로는 다윗의 혈통으로 나신 예수님이 성결의 영으로는 하나님의 아들이다. 예수님이 하나님의 아들인 것을 알 수 있는 사실이 있다. 죽은 자들 가운데서 부활한 것이 그렇다.

사람이 죽는 것은 죄 때문이다. 그런데 예수님은 죽었다가 다시 살아났으니 죄와 무관한 분이다. 대체 누가 죄와 무관할 수 있을까? 죄와 무관하다면 이 세상에 속한 사람이 아니다.

세상에서는 죄와 무관하다고 하면 법 없이도 살 사람을 연상한다. 하지만 예수님이 죄와 무관한 것은 그런 얘기가 아니다. 예수님은 죄를 짓지 않을 만큼 도덕적인 분이 아니라 어떤 것이 죄인지 판정하는 분이다. 죄에 대해서 예수님은 시험을 보면 늘 100점을 맞는 우등생이 아니라 시험을 출제하는 선생님이다. 예수님은 죽었다가 부활하심으로 죄와 상관이 없다는 사실이 밝혀졌으니 하나님과 같은 분이다.

하나님의 아들이라는 말이 그런 뜻이다. 유교 전통이 있는 우리나라에서는 부자지간이 넘을 수 없는 격차를 뜻한다. 아버지와 아들은 본질적인 차이가 있다. 하지만 히브리 사회에서는 동격의 의미로 아버지와 아들을 말한다. 아들은 종이 아니라 상속자다. 그 집의 모든 권리와 영광을 물려받을 후계자다. 예수님을 하나님의 아들이라고 하는 얘기는 영광과 존귀가 하나님과 동등하다는 뜻이다. 그런 분이 우리를 위하여 이 세상에 오셨다. 이것이 복음이다.

본래 복음은 전쟁 용어다. 전쟁이 나면 성에 남은 사람들은 초조하게 전쟁 소식을 기다린다. 그러는 중에 저 멀리 언덕 너머에서 누군가 달려오는 모습이 보이면 얼마나 긴장할까? 이겼으면 다행이지만 졌으면 모두 노예로 전락한다. 그 사람이 전하는 소식에 따라서 자유인이 되기도 하고 노예가 되기도 하는데, 손을 번쩍 치켜들면서 외치는 한마디 "우리가 이겼다!"는 그야말로 복음이다.

그때부터 성안은 축제 분위기가 된다. 특히 그때의 기쁨은 노예 신세가 어느 만큼 비참한지 아는 정도에 따라 달라질 것이다. 일곱 살 난 꼬마도 자기네가 이겼다면 좋아하겠지만, 남편을 전쟁터에 보낸 여인이 더 기뻐할 것이고, 젊은 시절 전쟁에 나갔다가 포로로 잡혀서 전쟁 노예가 되었다가 구사일생으로 탈출한 노인이 훨씬 더 기뻐할 것이다.

신앙도 그렇다. 예수를 믿는 것이 어느 만큼 복된 일인지 알려면 예수를 믿지 않는 것이 어느 만큼 끔찍한 일인지 알아야 한다. 모든 집마다 부모가 자식에게 공부하라는 말을 한다. 공부가 어느 만큼 중요한지 자식보다 부모가 더 잘 알기 때문이다. 공부가 어려운 이유가 여기에 있다. 공부를 해야 할 나이에는 그 필요성을 모르다가 공부한 것을 써먹어야 할 나이가 되어서야 그 필요성을 절감하기 때문이다.

불신자들이 예수를 믿지 않는 이유도 마찬가지다. 예수를 믿는 것이 어느 만큼 중요한지 이 세상에서는 모른다. 예수를 믿으면 구원 얻는다는 말을 불신자라고 해서 들어보지 않았을까? 듣기는 했지만 교회에서 으레 하는 말로 알았을 것이다. 이다음에 뼈저리게 후회할 것이다.

그러면 우리가 어떤 사람이어야 하는지 답이 나온다. 한 사람에게라도 더 그 사실을 알려주는 사람이어야 한다. "당신은 지금 잘못된 길로 가고 있습니다. 속히 돌이켜야 합니다."라는 사실을 반복해서 전해야 한다. 한 번 말해서 안 들으면 두 번 말하고, 두 번 말해서 안 들으면 세 번 말하고, 자기가 말해서 안 들으면 "하나님, 저 영혼을 불쌍히 여겨 주옵소서. 제 말을 알아듣지 않으니 하나님께서 직접 알게 하여 주옵소서." 하고, 하나님께 매달리 기도해야 한다.

기도는 믿는 사람의 특권이다. 그런데 그 특권을 주로 자기 앞가림에만 쓰는 경향이 있다. 모든 교회에서 새벽마다 부르짖는 대부분의 기도 제목을 내가 안다. "다시는 기도할 일 없게 해주옵소서"이다. 다시는 기도할 일이 없게 해달라고 잠 안 자고 기도하고 밥 굶으며 기도한다. 성경은 우리에게 쉬지 말고 기도하라고 하는데 그런 제목으로 기도해서 어쩌자는 얘기인가? 그런 기도는 그만하고 다른 사람의 영혼을 위해서 기도해 보자. 그리고 하나님이 응답하시는지, 안 하시는지 확인해 보자. "하나님 저로 하여금 복음의 통로가 되게 해주옵소서", "죽은 영혼을 살리는 일에 제가 쓰임 받게 하옵소서", "저를 통하여 예수를 믿는 사람이 단 한 사람이라도 있게 해주옵소서" 당연히 우리가 기도해야 할 제목들이다.

## 1:5〉 그로 말미암아 우리가 은혜와 사도의 직분을 받아 그의 이름을 위하여 모든 이방인 중에서 믿어 순종하게 하나니

butter and bread는 버터와 빵이 아니라 버터 바른 빵이다. and가 쓰였지만 두 가지가 아니라 한 가지다. '은혜와 사도의 직분'도 그렇다. '은혜로 말미암은 사도의 직분'으로 번역하는 것이 어떨까 싶다.

은혜와 직분은 따로 받는 것이 아니다. 둘이 세트다. 주님께 받은 것이 아무것도 없으면 할 일도 없다. 하지만 주님께 받은 은혜가 있으면 뭔가 할 일이 있는 사람이다.

내 동생은 아직 예수를 믿지 않는다. 틈만 나면 예수 믿을 것을 권하는데 그때마다 죽기 3초 전에 믿는다고 한다. 믿기는 믿되 최대한 늦게 믿겠다는 것이다. 구원은 얻고 싶지만 구원 얻은 사람으로 살고 싶지는 않다는 뜻이다.

성경에 죽기 직전에 구원 얻은 사람이 나온다. 예수님과 나란히 십자가에 달렸던 강도가 그 주인공이다. 만일 그 사람을 인터뷰하면 뭐라고 할까? "당신은 인생 마지막 순간에 구원을 얻었습니다. 소감이 어떻습니까?"라고 물으면 아마 "그저 감사할 뿐입니다. 그런데 안타까운 사실이 있습니다. 구원은 얻었는데 단 한순간도 구원 얻은 사람으로 살아보지는 못했습니다. 그 사실이 못내 안타깝습니다."라고 하지 않을까?

실제로 그런 안타까움을 가졌던 사람을 알고 있다. 아버지가 바로 그렇다. 아버지는 평생 예수를 모르고 사시다가 내가 목사 안수를 받은 다음에야 "아버지가 교회에 안 다니면 아들이 어떻게 목사 노릇을 하겠느냐?"라며, 교회에 다니셨다. 교회에 등록한 다음 날부터 바로 새벽기도도 나가셨다. 그러던 중에 몹쓸 병을 앓아서 6개월 동안 누워계시다 나에게 병상세례를 받으셨고 찬송가 478장을 불러달라고 하시고는 돌아가셨다.


참 아름다워라 주님의 세계는 저 솔로몬의 옷보다 더 고운 백합화
주 찬송하는 듯 저 맑은 새소리 내 아버지의 지으신 그 솜씨 깊도다


아버지께서 돌아가시기 전, 3개월 남짓 병수발을 들었다. 아버지는 목을 수술하셨기 때문에 말씀을 거의 못 하셨다. 물을 달라는 얘기나 휴지 달라는 얘기, 진통제 달라는 얘기를 전부 눈짓, 손짓으로 대신하셨다. 그런데도 하루에 두세 번씩 꼭 하셨던 말씀이 있다. "학…좋아…… 난… 말이다…… 주…님… 은, 혜로… 구…원은… 얻, 었다만…… 아무…것도 한… 것… 없

이…… 구, 구원만… 얻었으니… 정말… 주, 주님께…… 면…목이… 없다… 천국에도… 청, 청소부가…… 있으면… 열심히…… 청, 소라도… 하고… 싶은데…… 천, 천국에… 청소부가…… 있는지… 모르, 겠구나."

중간에 계속 기침을 하고 가래를 뱉어야 했기 때문에 이 짧은 말씀을 하는데도 몇 분씩 걸렸다. 그런데도 이 말씀을 하시지 않으면 못 견딜 만큼 가슴에 사무쳤던 것이다. 아버지는 돌아가시기 직전까지 천국에 청소부가 없으면 어떻게 할지 상당히 심각하게 고민하셨다.

그런데 아버지 장례를 치를 때의 일이다. 문상객의 말을 귀 너머로 들었다. "참 복도 많은 양반이지. 이 세상에서 온갖 좋은 것 다 누리다가 돌아가시기 직전에 예수님 영접해서 천국에도 가니, 이 세상 복도 누리고 저 세상 복도 누리고… 얼마나 좋아!" 아버지와 오래전부터 알고 지낸 분으로, 아버지께서 출석하시던 교회의 장로였다.

아버지는 일류 대학을 졸업한 인텔리로 평생 놀러만 다닌 전형적인 한량이었다. 그런 생활이 가능한 것은 요즘 말로 금수저였기 때문이다. 할아버지가 상당한 재력가셨다.

아무리 그래도 유감스럽기 짝이 없었다. 아버지께서 진작 신앙생활을 했으면 누리지 못했을 이 세상 복을 신앙생활을 늦게 시작한 덕에 누릴 수 있었다는 뜻이기 때문이다. 그것이 어떤 것일까? 아버지는 늦게 예수를 믿는 바람에 신자답게 살 기회가 없었다는 사실을 죽기 직전까지 괴로워하셨는데 그 분은 오히려 부러워했다. 아버지가 틀렸든지 그 분이 틀렸든지 어느 한 분이 틀렸다는 뜻이다.

교육전도사 시절, 아동부 아이들에게 물었다. "여러분, 왜 교회에 다니나요?" 한 아이가 "구원 얻기 위해서요."라고 답했다. 다시 물었다. "그럼 교회 몇 번 나오면 구원 얻을 수 있나요?"

교회는 구원 얻으려고 다니는 곳이 아니다. 구원만 얻으면 되는 것이 아니라 하나님의 형상을 회복해야 한다. 그리스도의 장성한 분량이 충만한 데까지 자라야 하고 하늘에 계신 우리 아버지의 온전하심과 같이 우리도 온전해져야 한다. 우리 모두에게는 그런 사명이 있다. 지금 죽어도 천국 갈 자신 있다고 말만 하면 되는 것이 아니다. 구원 얻은 사람다워져야 한다.

특별히 바울은 예수의 이름을 위하여 모든 이방인들로 하여금 믿어 순종하게 하는 일을 맡았다고 했다. 그것이 자기의 사명이라는 것이다. 믿음이 순종과 연결된다. 우리에게 믿음이 있으면 그 믿음은 순종으로 나타나야 한다. 믿음은 순종의 원동력이고 순종은 믿음의 외적 표현이다. 본회퍼가 한 말이 있다. "믿는 자만이 순종하고 순종하는 자만이 믿는다."

그런데 이상하다. "이제 하나님을 믿었으니 하나님께 순종해야지"라는 사람은 없고 "하나님을 믿었으니 얼른 제 소원을 들어주세요"라는 사람만 있다. "믿사오니 주시옵소서"가 단적인 예다. 기도할 때마다 "나을 줄 믿습니다", "주실 줄 믿습니다", "될 줄로 믿습니다"라고 한다. 자기가 믿는 것이 무엇인지가 문제가 아니다. 어쨌든 믿을 테니까 빨리 원하는 것을 달라는 것이다.

믿음은 하나님과 우리를 연결하는 통로다. 그런 믿음을 동원하면서까지 하나님과 교제를 나누는 것에는 마음이 없고 자기 필요만 채우려고 한다.

하나님을 믿겠다는 얘기인지 하나님을 부리겠다는 얘기인지 분간이 안 된다. 왜 그런 폐단이 있느냐 하면, 하나님에게는 관심이 없고 하나님의 능력에만 관심이 있기 때문이다.

사람들은 문제가 생기면 기도한다. 하지만 그것으로는 부족하다. 문제를 통해서 하나님을 보기만 할 것이 아니라 하나님의 시선으로 문제를 볼 수도 있어야 한다. "이 문제를 해결해주십시오."가 전부가 아니다. "이 문제를 통하여 말씀하시고자 하는 바가 무엇입니까?"를 할 수 있어야 한다.

**1:6-7〉 너희도 그들 중에서 예수 그리스도의 것으로 부르심을 받은 자니라 로마에서 하나님의 사랑하심을 받고 성도로 부르심을 받은 모든 자에게 하나님 우리 아버지와 주 예수 그리스도로부터 은혜와 평강이 있기를 원하노라**

바울이 자신을 예수 그리스도의 종이라고 했다. 바울만 예수 그리스도의 종이 아니다. 로마교회 교인들도 마찬가지다. 특별히 본문은 '예수 그리스도의 것'이라고 해서 자기가 예수 그리스도의 소유임을 밝힌다. 이런 논리에 따르면 복음은 예수 그리스도의 소유가 되는 것이다. 예수님이 우리의 주인이다.

헬라어로 주를 퀴리오스라고 한다. 당시 사람들은 퀴리오스를 두 가지 경우에 썼다. 노예가 주인을 부를 때 퀴리오스라고 했고, 또 로마 황제(가이사)에게도 퀴리오스라고 했다. 결국 예수님을 주라고 하는 얘기는 "가이사는 주가 아니다"라는 뜻을 포함한다. 이 세상을 지배하는 자가 자기 주가 아닌 것을 아는 사람만 예수님을 주로 고백할 수 있다.

당시 사람들은 상당한 갈등 끝에 예수님을 주라고 고백했을 것이다. 그런데 우리는 예수님을 주라고 고백하는데 별 갈등을 느끼지 않는다. 이런 차이가 왜 있을까?

무신론자에는 두 가지 유형이 있다. 한 유형은 공개적으로 하나님을 인정하지 않는 유형이다. 자기 입으로 신의 존재를 인정하지 않는다고 말하고 실제로 그렇게 살아간다. 스스로 무신론자라고 했으니 전혀 이상하지 않다. 다른 유형도 있다. 그들은 신의 존재를 인정한다. 그런데 신이 없는 것처럼 산다. 말로는 신이 있다고 하면서도 신이 없는 것처럼 사는 사람은 유신론자일까, 무신론자일까? 유신론자라고 하기는 어렵다. 또 다른 형태의 무신론자일 뿐이다.

이 얘기를 살짝 바꿔보자. 세상에는 두 유형의 불신자가 있다. 교회 다니지 않는 불신자와 교회 다니는 불신자다. 몸은 교회에 있으면서도 관심은 온통 세상에만 있는 사람이 얼마든지 있다. 예수 안에서 기대할 것은 죽어서 천국에 가는 것 한 가지뿐이고 다른 좋은 것은 죄다 세상에 있다고 생각하기 때문이다.

세상이 우리에게 줄 수 있는 것이 어떤 것일까? 세상은 우리에게 만족을 주지 못한다. 한 영혼이 천하보다 귀하기 때문이다. 온 세상을 얻어도 우리보다 못한 것인데 거기에 만족이 있을 수 없다. 결국 우리의 만족은 예수 안에서만 얻어진다. 이 세상 모든 것을 다 얻어도 예수가 없으면 만족이 없다.

아버지는 평생 이런 사실을 모르고 한량처럼 사시다가 돌아가시기 직전에야 천국에 청소부가 없으면 어떻게 하느냐고 걱정하다 가셨다. 우리 인생은 별로 길지 않다. 하나님의 뜻이 아닌 곳에서 방황하거나 하나님의 일이 아닌 것에 시간을 낭비할 틈이 없다.

**1:8) 먼저 내가 예수 그리스도로 말미암아 너희 모든 사람에 관하여 내 하나님께 감사함은 너희 믿음이 온 세상에 전파됨이로다**

1-7절에서 인사말을 마친 바울이 본론을 시작하면서 "먼저 너희 믿음을 하나님께 감사한다"라고 한다. 그런데 이어지는 내용이 이상하다. 먼저 믿음을 감사한다고 했는데 그다음에는 무엇을 감사하는지가 없다. 글이 그다지 매끄럽지 못하다.

하지만 알 수 있는 사실이 있다. 바울은 다른 것에 비해서 상대적으로 믿음을 앞세우는 사람이 아니라 아는 것이 믿음뿐인 사람이었다. 로마교회에 편지를 쓰면서도 "이 사람들은 예수를 어떻게 믿고 있을까?"에만 관심이 있었다.

부자 청년이 예수님을 찾아와서 자기가 무엇을 해야 영생을 얻을 수 있는지 물었다. 예수님이 "네 소유를 팔아서 가난한 사람들에게 주라. 그리고 너는 나를 따르라"라고 했다. 예수를 믿으려면 재산을 포기해야 한다는 뜻이 아니다. 영생은 우리 삶의 일부로 얻을 수 있는 것이 아니라는 뜻이다. 그런데 부자 청년은 근심하며 돌아가고 말았다.

만일 그 자리에 우리가 있었으면 어떻게 되었을까? 누군가 예수님께 말씀을 드릴 수도 있다. "대체 어느 교회에서 새 신자가 등록하자마자 십일조 얘기하고 건축헌금 얘기합니까? 그런 얘기는 신앙이 자란 다음에 하는 것 아닙니까?" 다른 사람은 부자 청년을 쫓아가서 말할 수도 있다. "왜 지레 포기하려고 하십니까? 예수님 입장에서는 당연한 말씀 아니겠습니까? 하지만 꼭 교과서대로만 사는 법이 어디 있습니까? 일단 같이 가십시다. 중요한 것은 마음입니다."

예수님은 "나보다 세상을 더 사랑하면 하나님 나라에 합당하지 않다"라고 하셨는데 우리는 "그런 법이 어디 있습니까? 물론 예수님을 더 사랑하기는 하지만 그렇다고 해서 세상을 포기해야 하는 것은 아니지 않습니까?"라고 항변하는 격이다.

외계인이 우리가 신앙생활 하는 것을 보면 성경 내용을 어떻게 추론할까? "저들은 저렇게 살아가는구나. 저들이 하나님 말씀이라고 하는 성경에는 '너희는 먼저 세상을 살아갈 방도를 마련하여라. 그런 연후에 하나님의 나라와 하나님의 의를 구하는 쪽으로 성의 표시를 해보아라.'라고 기록된 모양이다."라고 추론하지 않을까?

성경에 그런 내용이 있으면 얼마나 우스꽝스러울까? 목사가 말한다. "우리는 세상을 살면서 우리 앞가림을 가장 중요하게 여겨야 합니다. 우리가 우리를 챙기지 않으면 누가 우리를 도와주겠습니까? 우리 앞가림을 확실하게 한 다음에 여유가 있으면 하나님을 섬길 수도 있을 것입니다…"

이런 식으로 예배가 진행된다면 모든 사람이 기독교를 하찮게 여길 것이다. 그런데 자기에게 그런 마음이 있는 것은 정상인 줄 안다. 성경에는 그렇게 되어 있지만 현실이 안 그렇다는 것이다.

그렇게 살아서 안 될 것은 없다. 움막도 집이고 오두막도 집인 것처럼 그렇게 산다고 해서 인생이 아닌 것은 아니다. 단지 땅에 매인 인생일 뿐이다.

교회에서 흔히 신앙을 지킨다는 표현을 쓴다. 하지만 사실은 우리가 신앙을 지키는 것이 아니라 신앙이 우리를 지키는 것이다. 신앙 연륜이 있는 사람은 다 인정한다. 자기 딴에는 자기가 신앙을 지킨다고 생각했는데 뒤돌아보니 신앙이 자기를 지켰더라는 것이다.

마찬가지다. 지금 우리가 하나님께 초점을 맞추고 살다 보면 어느 날 문득 하나님의 초점이 우리에게 맞춰져 있음을 알게 될 것이다. 우리는 그런 복된 인생을 살아야 하는 사람들이다.


**1:9-10〉 내가 그의 아들의 복음 안에서 내 심령으로 섬기는 하나님이 나의 증인이 되시거니와 항상 내 기도에 쉬지 않고 너희를 말하며 어떻게 하든지 이제 하나님의 뜻 안에서 너희에게로 나아갈 좋은 길 얻기를 구하노라**


어떤 교회에서 자기를 위한 기도만 하지 말고 다른 사람을 위한 기도도 하라고 했다. 한 청년이 그 말을 가슴에 새겼다. 지금까지 다른 사람의 필요에 관심을 가져보지 않았다는 사실을 회개하면서 기도했다.

"하나님, 지금까지 제 욕심을 차리는 기도만 했습니다. 이제부터는 남을 위해서 기도하겠습니다. 우선 제 어머니를 위해서 기도합니다." 어머니를 위한 기도가 남을 위한 기도에 포함되는지 모르겠지만 하여간 그렇게 시작했다. "제 어머니를 보살펴 주옵소서. 어머니에게는 무엇보다 며느리가 필요합니다. 제 어머니에게 며느리를 허락하여 주옵소서. 이왕에 허락하실 진대 아리땁고 현숙하며 경제적인 능력이 있는 며느리를 허락하여 주옵소서. 제 어머니로 하여금 하나밖에 없는 아들이 그 며느리와 더불어 알콩달콩 살아가는 모습을 지켜볼 수 있게 하옵소서."

어렸을 적에는 자기 욕심밖에 챙길 줄 모른다. "혼자 놀기 심심하지만 엄마가 바쁘니까 참아야지", "나도 배가 고프지만 동생한테 양보해야지"라고 하는 어린아이는 없다. 결국 기도를 해도 자기 문제를 벗어나지 못한다는 얘기는 영적으로 유치하다는 뜻이다.

얼마나 많은 사람을 품고 기도하느냐가 곧 그 사람의 그릇 크기라고 한다. 그러면 우리의 그릇 크기는 얼마나 될까? 우리는 마땅히 더 많은 사람을 품고 기도해야 한다. 우리가 예수를 믿는다면 우리 주변 사람들은 그 덕을 볼 권리가 있다.

그래서 바울이 로마교회 교인들을 위해서 기도했다. 하나님이 자기 증인이라고 할 만큼 간절히 기도했다. 여기서 알 수 있는 사실이 있다. 회심이 끝이 아니라는 사실이다. 회심했으면 그다음에는 신앙 안에서 자라야 한다. 더 자라야 한다는 사실에는 그 믿음이 온 세상에 전파된 로마교회 교인들도 예외가 아니었다.

이때 바울은 기도만 한 것이 아니다. 바울에게는 로마에 가고 싶은 열망도 있었다. 바울이 로마에 가려는 이유가 무엇일까?

**1:11-12〉 내가 너희 보기를 간절히 원하는 것은 어떤 신령한 은사를 너희에게 나누어 주어 너희를 견고하게 하려 함이니 이는 곧 내가 너희 가운데서 너희와 나의 믿음으로 말미암아 피차 안위함을 얻으려 함이라**

신령한 은사는 복음을 말한다. 설마 로마가 복음의 불모지일까? 8절에서 로마교회 교인들의 믿음이 온 세상에 전파된 것으로 하나님께 감사한다고 했다. 그들은 '나이롱 신자'가 아니었다. 그런데도 믿음을 더욱 견고하게 하기 위해서 복음이 필요했다.

이 복음으로 너희를 능히 견고하게 하실 지혜로우신 하나님께 예수 그리스도로 말미암아 영광이 세세무궁하도록 있을지어다 아멘 (롬 16:26b-27)

로마서는 하나님의 영광을 선포하는 것으로 끝난다. 그 하나님이 어떤 하나님이냐 하면, 복음으로 우리를 견고하게 하실 하나님이다. 바울이 로마서를 시작하면서 "내가 너희에게 복음을 전해서 너희를 견고하게 하고 싶다"라고 했는데 로마서를 마치면서 또 "복음은 능히 너희를 견고하게 할 것이다"라고 한다. 요컨대 로마서는 우리를 견고하게 하는 책이다. 우리는 천국에 턱걸이만 하면 되는 사람들이 아니라 신앙이 더 견고해져야 하는 사람들이다.

후안 까를로스 오르띠즈 목사가 쓴 〈제자입니까?〉에 나오는 내용이다. 후안 까를로스 오르띠즈 목사가 처음 교회에 부임했을 때 교인이 184명이었다. 2년 동안 열심히 사역했더니 600명으로 늘었다. 주변에서 모두 대단하다고 치켜세웠다.

그런데도 후안 까를로스 오르띠즈 목사는 어딘가 잘못되었다는 생각을 떨칠 수 없었다. 2주 휴가를 내어 기도에 전념하던 중에 주님께서 말씀하셨다. "너희 교회가 성장했다고 생각하느냐? 아니다. 너희 교회는 비대해졌다. 체격은 커졌는데 철은 들지 않고 살만 쪘구나." 어린아이 같은 신자 184명에서 어린아이 같은 신자 600명으로, 어린아이만 바글바글하게 된 것은 성장이 아니라는 것이다.

어린아이는 자기 앞가림을 할 줄 모른다. 남을 위로해줄 줄은 모르고 늘 상처 입었다고 투덜거린다. 자기가 교회에 관심을 가져야 하는 줄은 모르고 교회가 자기에게 관심을 가져야 하는 줄 안다. 결정적으로 어린아이는 생명을 만드는 일에 철저하게 무기력하다. 그들을 통해서 생산은 일어나지 않고 소비만 일어난다. 예수 10년 믿은 초신자, 예수 30년 믿은 초신자가 어느 교회에나 있다. 본문은 그런 자리에서 벗어나서 정상적으로 성장하는 것을 견고하게 되는 것이라고 한다.


**1:13〉 형제들아 내가 여러 번 너희에게 가고자 한 것을 너희가 모르기를 원하지 아니하노니 이는 너희 중에서도 다른 이방인 중에서와 같이 열매를 맺게 하려 함이로되 지금까지 길이 막혔도다**


문제가 생겼다. 바울이 로마교회 교인들을 견고하게 하려고 여러 차례 로

마행을 추진했는데 번번이 길이 막혔다. 세상에서는 안 되는 일도 되게 하는 사람을 능력 있다고 한다. 계획을 세웠으면 어떤 난관이라도 극복해야 한다. 하지만 항상 그럴까?

어떤 교회가 기도원을 지었다. 사우나 시설까지 갖춰서 초현대식으로 아주 잘 지었다. 그런데 '비하인드 스토리'가 있다. 산속에 있는 기도원에 사우나 시설이 허가 날 리가 없다. 그래서 침례를 주기 위한 시설이라고 이유를 갖다 붙였다. 문제는 그 교회가 장로교회였다. 이런 사실을 어떻게 평가해야 할까? 안 되는 일을 되게 했으니까 능력이 있는 것일까?

안 되는 일을 되게 하는 것은 분명히 능력이다. 하지만 그보다 더 큰 능력이 있다. 안 되는 일은 안 되는 일인 줄 알아서 감수하는 것이다.

찰스 콜슨이 쓴 〈지금 우리는 어떻게 살 것인가?〉에 방대한 드러그스토어 체인을 갖고 있는 잭 에커드라는 사람이 나온다. 잭 에커드가 자신의 가게를 둘러보다가 포르노 잡지 코너가 있는 것을 보고 깜짝 놀랐다. 점장에게 당장 치우라고 했는데 점장이 그 코너에서 얻어지는 수익이 막대하다며 만류했다. 하지만 잭 에커드가 워낙 강경했다. 결국 1,700군데 체인에서 포르노 잡지가 치워졌고, 한 해 수백만 달러의 수익을 포기해야 했다.

그것으로 끝나지 않았다. 이를 계기로 다른 체인점에서도 포르노 잡지를 취급하지 말자는 움직임이 일어났다. 급기야 사회 이슈로 확산되었다. 기자가 물었다. "당신은 왜 그토록 엄청난 손해를 감수하면서 그렇게 하셨습니까?" 잭 에커드의 대답은 간단했다. "예수를 믿기 때문입니다."

소인은 이(利)를 생각하고 군자는 의(義)를 생각한다. 우리는 "어떻게 하는 것이 이익인가?"를 따지는 사람이 아니라 "어떻게 하는 것이 의로운가?"를 따지는 사람들이다. 세상 사람들은 이(利)를 위해서 의(義)를 버리지만 우리는 의(義)를 위해서 이(利)를 버린다.

포르노 잡지를 취급하는 것이 불법이면 세상에서는 로비를 해서라도 법규를 고치는 사람을 능력 있다고 한다. 그런 능력이 없으면 공무원을 매수해서라도 단속을 피하는 정도의 능력은 있어야 한다. 하지만 우리는 그런 것을 능력이라고 하지 않는다. 자기에게 확보된 이익을 포기하는 한이 있어도 하나님이 싫어하시는 일은 하지 않는 것이 능력이다.

마귀가 예수님께 돌로 떡을 만들어보라고 했다. 이 경우에 중요한 것은 돌로 떡을 만들 능력의 유무가 아니다. 그렇게 하는 것이 과연 옳은지의 여부다. 능력으로만 따지면 돌로 떡을 만드는 것은 굉장한 능력이다. 하지만 돌을 그냥 돌인 채 있게 하는 것은 한 차원 더 높은 능력이다.

이 세상은 돌로 떡을 만드는 경쟁으로 가득하다. 돌로 떡을 만들기 위하여 모두 혈안이다. 하지만 우리는 다르다. 세상이 아무리 우리를 미혹해도 돌은 돌이라야 한다. 우리의 지혜는 돌과 떡을 분별하는데 쓰여야 하고, 우리의 능력은 돌을 돌로 지키는데 쓰여야 한다. 그렇게 할 때 우리 인생이 복음을 위하여 쓰임 받을 것이다.

**1:14-15〉 헬라인이나 야만인이나 지혜 있는 자나 어리석은 자에게 다 내가 빚진 자라 그러므로 나는 할 수 있는 대로 로마에 있는 너희에게도 복음 전하기를 원하노라**

대학을 졸업해서 직장 생활을 할 때 빚진 자의 신세를 생생하게 지켜보았다. 지금은 일반화된 신용카드가 그 즈음에 유행하기 시작했다. 지갑에 신용카드를 즐비하게 꽂고 다니는 것이 일종의 자기 과시였다.

카드 문화가 제대로 정착되지 않은 때였고 이제야 사회에 첫발을 디딘 젊은 나이에 규모 있게 카드를 쓰는 것은 쉬운 일이 아니었다. 카드 대금을 결제하지 못해서 고민하는 눈치가 보이더니 하루가 멀다 하고 카드 회사에서 독촉 전화가 왔다. 자기 책상의 전화가 울려도 옆 동료에게 받게 하고, 자기를 찾는 전화가 오면 무조건 없다고 하라고 부탁도 했다.

자기 명함에 적힌 전화벨이 울려도 직접 받지 못하고, 애인에게서 전화가 와도 한 칸 건너서 확인을 한 다음에야 통화를 하는 것이 빚진 자의 신세다. 그 빚을 다 갚기 전에는 절대 벗어나지 못한다.

바울이 그런 빚진 자라고 한다. '헬라인이나 야만인이나 지혜 있는 자나 어리석은 자에게'라고 하면 '이 세상 모든 사람에게'라는 뜻인데, 바울이 이 세상 모든 사람에게 무슨 빚을 졌을까?

오래전에 〈조선일보〉에 소개된 미담이 있다. 지적장애아를 돌보는 사람이 월세를 내지 못해서 집을 비워야 할 형편에 처했다. 그런 내용의 기사가 나간 다음날, 40대 아주머니가 신문사에 찾아와서 그 분께 전해달라며 190만 원을 맡기고 갔다. 지금으로 치면 1,900만 원이 훨씬 넘지 않을까 싶다. 그러면서 자기가 누구인지도 밝히지 않고 메모지 한 장만 남겼다.

"빨래를 하는데 작은아들이 '엄마, 우리가 도와줘야 할 사람이 있어.'라고 하면서 신문을 들고 왔습니다. 저에게는 고등학생, 중학생 두 아들이 있는데 둘 다 전교에서 1, 2등을 다투는 수재입니다. 하나님이 이런 아들을 주신 것은 자랑하게 하심이 아니라 다른 사람을 돕기 위해서일 것입니다. 지금은 이 정도의 작은 심부름밖에 못하지만 언젠가 더 큰 심부름을 하게 될 날이 있을 줄 믿습니다."

공부 잘하는 자식을 둔 사람이 어찌 그 아주머니뿐일까? 결국 아무나 갖는 마음이 아니다. 감사나 은혜, 의무, 책임 등의 단어가 다 그렇다. 그것을 어느 만한 무게로 느끼느냐 하는 것은 주관적인 문제다. 무겁게 느끼는 사람도 있고 대충 느끼는 사람도 있고 느끼지 못하는 사람도 있다.

바울은 복음에 대한 채무 의식이 상당히 강한 사람이었다. "하나님이 나를 구원해 주셨다"로 끝나지 않고 "앞으로는 나를 통해서 구원이 일어나야 한다"라고 생각했다. 하나님이 허락하신 구원이 자기 주변에 흘러가기를 바란 정도가 아니다. 자기 주변으로 흘러가지 않는 것을 못 견뎠다.

우리나라에 기독교가 전래된 초기에는 세례문답을 할 적에 "예수님을 사랑하십니까?"라고 묻곤 했다. 그런 질문에는 누구나 사랑한다고 대답할 것이다. 그러면 다시 묻는다. "증거가 있습니까?" 전도한 사람이 있느냐는 뜻이다. "말로만 사랑한다고 하지 말고 전도를 해서 그 사랑을 보여 봐라."라는 것이 당시 분위기였다.

골프를 치는 사람한테 제일 힘든 일은 골프 얘기를 하지 않는 것이라고 한다. 사람은 뭐든지 자기 안에 가득한 것을 말하는 법이다. 친한 친구한테 애인이 생겼을 때 애인 얘기를 할 기회를 주지 말아 보라. 아마 답답해서 미치려고 할 것이다.

바울은 자기가 빚진 자이기 때문에 그 빚을 갚는 일환으로 로마교회에 복음을 전하려고 한다고 했다. 그러면 로마교회는 어떻게 해야 할까? 바울이 로마교회에 복음을 전하면 로마교회가 다시 복음의 빚을 지는 셈인데 그 빚을 바울에게 갚을 수는 없다. 로마교회는 다른 곳에 복음을 전하는 것으로 그 빚을 갚아야 한다.

'예수 천당 불신 지옥'은 만고불변의 진리다. 예수를 믿지 않으면 지옥에 가는데 그런 사람을 어떻게 그냥 두고 볼 수 있을까? 짬뽕을 먹을지 짜장면을 먹을지는 선택하게 할 수 있다. 아메리카노를 마실지 카페라떼를 마실지도 선택하게 할 수 있다. 하지만 예수를 믿는 것은 선택에 맡길 문제가 아니다. 무슨 수를 써서라도 믿게 해야 한다.

또 있다. 복음을 전한다고 하면 믿지 않는 사람에게 예수를 전하는 것으로 생각할 수 있는데 본문은 그 정도가 아니다. 바울은 헬라인이나 야만인이나 지혜 있는 자나 어리석은 자에게 다 빚진 자라고 했다. 그러니 누구를 만나든지 복음을 전하기 위하여 애썼을 것이다. 바울이 복음을 전하고 싶어 하는 대상에는 로마교회 교인들도 포함되어 있었다. 복음이 교회 밖에 있는 사람에게만 필요한 것이 아니라 교회 안에 있는 사람에게도 필요하다.

OECD 가입 국가 중에 우리나라가 폐결핵으로 인한 사망률 1위라고 한다. 폐결핵에 걸리면 상당 기간 동안 약을 복용해야 한다. 약을 먹기 시작하면 기침이나 가래 등의 증상이 없어지는데 그렇다고 해서 완치된 것은 아니다. 그런데 증상이 없어졌다고 해서 약 먹기를 게을리 하면 결핵균에 내성이 생겨서 오히려 더 잘 안 낫는다. 꾸준히 약을 복용했으면 6개월에 완치할 수 있었는데 약 먹는 것을 게을리 했다가 3년 넘게 고생하는 사람이 얼마든지 있다.

영혼도 마찬가지다. 예수를 믿으려면 제대로 믿어야 한다. 어설프게 믿으면 몇 가지 종교 행위에 익숙하다는 이유로 자기가 정상인 줄 알게 된다. 예배에는 참석하지만 신앙의 이름으로 기대하는 것이 아무것도 없는 사람이 한둘이 아니다. 교회 밖에 있는 사람은 전도라도 할 수 있지만 그처럼 신앙에 내성이 생긴 사람은 어떻게 하면 좋을까?

한 가지 알아야 할 사실이 있다. 로마교회는 타성에 젖은 교회가 아니었다. 복음의 능력을 상실한 교회도 아니었다. 그 믿음이 온 세상에 전파될 정도로 신앙생활을 잘하는 교회였다. 그런데도 복음이 필요했다.

요즘 상황으로 바꿔볼까? "복음은 불신자에게만 필요한 것이 아니다"라고 하면 "당연하다. 복음으로 재무장되어야 할 신자가 한둘이 아니다."라고 할 수 있다. 하지만 그것으로는 부족하다. 모두의 본이 되는 교인에게도 복음이 필요하다. 많은 사람의 귀감이 되는 사람도 거듭 복음을 들어야 한다.

예수님이 잡히시기 전날, 제자들의 발을 씻어주셨다. 그 사실을 놓고 겸손을 말하는 경우가 많은데 그렇지 않다. 그 일화에서 찾아야 할 단어는 겸손이 아니라 성화다. 겸손이 아무리 중요해도 죽음을 앞둔 상황에서 마지막으로 당부할 만큼 중요할 수는 없다.

그런 예수님을 베드로가 만류했다. 베드로 생각에 예수님이 자기 발을 씻는 것은 있을 수 없는 일이었다. 그때 예수님이 "체면 차릴 것 없다. 내가 내일이면 가는데 뭘 못하겠느냐?"라고 하지 않으셨다. "내가 너를 씻어주지 아니하면 네가 나와 상관이 없느니라."라고 하셨다. 성화되지 않는 인생은 예수님과 아무 상관이 없다.

예수님의 죽으심은 우리를 구원하신 일회적인 사건으로만 의미가 있는 것이 아니다. 예수님은 우리의 성결을 위해서도 계속 함께하신다. "하나님이 나를 위해서 예수님을 보내셨다"라는 사실 앞에서 우리는 예수님을 믿을 것인지 말 것인지만 정하면 되는 사람들이 아니다. 어떻게 믿고 있는지 점검도 해야 한다. 예수님은 우리 삶의 기초이고 의미이며 또한 원칙이다.

그 옛날 바울을 부르셨던 예수님이 우리를 부르신다. 우리 역시 복음의 빚을 진 자다.

**1:16) 내가 복음을 부끄러워하지 아니하노니 이 복음은 모든 믿는 자에게 구원을 주시는 하나님의 능력이 됨이라 먼저는 유대인에게요 그리고 헬라인에게로다**

바울이 일인칭 주어로 복음을 설명한다. 다른 사람이 복음을 어떻게 생각하는지는 중요하지 않다. 자기 생각이 중요하다. 아버지가 목사인지 어머니가 권사인지 따질 이유가 없다. 자기가 예수를 어떻게 믿는지 따져야 한다. 자기가 다니는 교회도 문제가 안 된다. 자기가 좋은 교인이어야 한다. 신앙은 철저하게 일인칭으로 확인해야 한다.

그런데 바울의 얘기가 어딘가 이상하다. "나는 복음을 영광스럽게 생각합니다"가 어울릴 것 같은데 "나는 복음을 부끄러워하지 않습니다"라고 한다.

복음에는 남들이 부끄럽게 여길 요소가 있는 모양이다.

바울은 복음을 부끄러워하지 않았다는데 자기는 전도지만 돌리려면 왜 그리 부끄러운지 모르겠다는 분이 있었다. 전도지를 돌릴 때 부끄러워하는 것은 복음을 부끄러워하는 것이 아니라 복음 전하는 것을 부끄러워하는 것이다. 그런 것은 숫기만 있으면 해결된다.

당시는 로마가 세계를 지배했다. 힘이 곧 정의이던 시대였다. 그런 시대에 하나님의 아들이 십자가에 못 박혀 죽었다는 복음은 부끄러운 것이 맞다. 자기 자신조차 구원하지 못하면서 누구를 구원한단 말인가? 하나님의 아들이라면 모든 사람에게 경배를 받아야지, 십자가에 달려 죽을 이유가 없다. 당시 사람들의 가치 기준으로 예수님은 무능력한 사람의 표본에 불과하다.

만일 예수님이 로마를 전복시켜서 메시야 왕국을 선포했다면 복음을 부끄러워하는 사람이 아무도 없었을 것이다. 요즘 말로 바꿔볼까? 기독교 신앙이 현실 생활에 도움을 준다면 누구나 복음을 자랑스럽게 여길 것이다. 대학입학시험을 볼 때 가산점을 주고, 아파트 분양 신청을 할 때는 담임 목사 추천서가 필요하고, 교회에서 직분을 맡은 사람에게는 세금 감면 혜택이 주어진다면 기회 있을 때마다 복음을 전할 것이다.

하지만 현실은 그렇지 않다. 신앙이 세상을 살아가는데 아무 도움이 안 된다. 어지간하면 예수 믿는 티를 내지 않는 것이 속 편하다. 하지만 알아야 할 사실이 있다. 우리가 주변 눈치를 살피며 소홀히 여기는 것이 대체 무엇인가 하는 사실이다. 우리가 무엇을 소홀히 여기고 있을까?

바울은 복음을 가리켜서 모든 믿는 자에게 구원을 주시는 하나님의 능력이라고 했다. 우리 생각에는 어쩌다 친구 따라 교회 온 것 같고 우연히 예수를 믿게 된 것 같은데 성경은 우리가 예수를 믿게 된 것이 하나님의 능력으로 말미암은 결과라고 한다. 그리고 우리는 그것을 소홀히 여기는 사람들이다.

하나님은 전지전능하신 분이다. 그런 하나님께 능력이라는 단어를 쓸 만한 일이 어떤 일일까? 남편이 아내에게 장미꽃을 선물하는 것이 사랑일 수는 있어도 능력일 수는 없다. 능력이라는 말을 쓰려면 고급 승용차 정도는 선물해야 한다. 우리가 구원을 얻은 것이 그렇다. 하나님께 능력이라는 단어를 써야 할 만큼 큰 사건이다.

사실 이런 말은 그리 실감 나지 않는다. 논리적인 모순이 없으니 맞는 말 같기는 한데 고개가 끄덕여지지도 않는다. 우리에게 구원에 대한 개념이 없기 때문이다.

각설하고, 복음은 모든 믿는 자에게 구원을 주시는 하나님의 능력이라고 했다. 믿는 자에게 구원이 주어지면 믿지 않는 자에게는 무엇이 주어질까? 당연히 구원 반대쪽이 주어진다.

구원을 말하려면 구원이 필요한 상황이 전제되어야 한다. 화재가 발생했든지 홍수가 났든지 하다못해 축대라도 넘어져야 구원이 필요하다. 잔디밭에서 잘 놀고 있는 어린애를 잔디밭 밖으로 데리고 나오면서 "내가 너를 구원했다"라고 하는 것은 말이 되지 않는다. 하나님이 우리를 구원하셨다는 얘기를 진지하게 들으려면 우리가 있는 곳이 불이 난 건물 한복판이나 침

몰해 가는 배의 한쪽 구석이라는 사실을 먼저 인식해야 한다. 우리가 본래 죄에 속해 있었다는 사실을 알아야 하고 그에 대한 심판이 있다는 사실을 알아야 한다. 그리고 하나님의 은혜가 아니면 거기서 벗어날 방도가 없었다는 사실도 알아야 한다.

복음(Good News)은 좋은 소식이라는 뜻이다. 이 세상에도 얼마든지 좋은 소식이 있다. 아파트를 샀다는 소식도 좋은 소식이고 연봉이 올랐다는 소식도 좋은 소식이고 폐암 환자가 완치 판정을 받았다는 소식도 좋은 소식이다. 하지만 제한이 있다. 이 세상에서만 통용된다. '유효기간'의 극히 짧다. 단적인 예로 폐암 환자가 나았다고 해서 영원히 사는 것이 아니다. 죽는 시기가 연장되고 죽는 이유가 달라질 뿐이다.

복음은 그렇지 않다. 이 세상에서만이 아니라 다음 세상까지 이어진다. 복음이 하나님의 능력인 이유가 여기에 있다. 문제는 우리가 그런 하나님의 능력을 그리 중요하게 여기지 않는다는 사실이다. 이 세상에는 중요한 일이 너무 많다.

어떤 드라마에서 박정희 대통령이 몇몇 정부 요인과 회식을 하는 장면이 나왔다. 박정희 대통령이 누군가에게 술을 권하려다 말고 말한다. "자네는 교회 다니지? 술 안 마시겠네?" 그 사람이 화들짝 놀란다. "아닙니다. 각하가 주시는 건데 마셔야죠." 그러면서 고개를 상에 처박은 자세로 양손으로 술잔을 잡아 앞으로 뻗는다.

정말 있었던 일인지 극의 전개를 위해서 집어넣은 내용인지 모른다. 어쨌든 그냥 넘어갈 수 있는 얘기가 아니다. 세상이 주는 잔을 받기 위해서 신앙을 외면하는 일이 너무 흔하기 때문이다. 바울은 복음을 부끄러워하지 않았다는데 우리는 늘 부끄러워한다.

그에 대한 처방이 무엇일까? 유대인들은 예수님이 로마를 정복했으면 복음을 부끄러워하지 않았을 것이다. 어쩌면 우리는 "내가 복음을 부끄러워하지 아니하노니 이 복음은 모든 믿는 자에게 현찰을 주시는 하나님의 능력이 됨이라"라는 말을 기대하는 것인지 모른다. 그런 점에서 한때 우리나라 기독교에 유행했던 "삼박자 축복"은 단단히 잘못된 말이다. 영혼이 잘되면 범사가 잘되고 강건하게 된다는 말을 누가 부끄러워하겠는가? 명심하자. 사람들 귀에 달콤한 것은 절대 복음일 수 없다.

컴맹을 벗어나기 위해서는 비싼 컴퓨터를 쓰면 되는 것이 아니라 컴퓨터를 익혀야 한다. 마찬가지다. 복음을 부끄러워하지 않으려면 신앙이 현실적인 이익으로 환산되어야 하는 것이 아니라 하나님이 우리에게 허락하신 구원을 바로 알아야 한다.

구원은 행위로 얻지 않고 믿음으로 얻는다. 우리가 구원을 얻기 위해서 한 일은 아무것도 없다. 흔히 하는 말로 공짜로 구원 얻었다. 하지만 하나님 편에서는 결코 공짜가 아니었다. 하나님은 그 아들을 십자가에 못 박아 죽이심으로 우리를 구원하셨다. 그 아들까지도 기꺼이 희생하시는 것이 하나님의 능력이다. 우리가 그런 능력을 토대로 서 있는 사람들이다.

그렇다면 적어도 신앙에 대해서는 절대 소극적일 수 없다. 예수를 믿는 문제만큼은 생명을 걸어야 한다. 우리에게 있는 것 중에 가장 귀중한 것이 생명이기 때문이다. 그리고 우리의 생명이 예수님의 생명과 맞바꿔진 것이기 때문이다. 우리를 구원하신 것이 하나님의 능력이면 우리의 모든 능력도 예수를 믿는데 동원되는 것이 마땅하다.

## 1:17〉 복음에는 하나님의 의가 나타나서 믿음으로 믿음에 이르게 하나니 기록된 바 오직 의인은 믿음으로 말미암아 살리라 함과 같으니라

마리아가 임신을 했다. 요셉에게는 상당한 충격이었다. 성경에는 "예수 그리스도의 나심은 이러하니라 그의 어머니 마리아가 요셉과 약혼하고 동거하기 전에 성령으로 잉태된 것이 나타났더니 그의 남편 요셉은 의로운 사람이라 그를 드러내지 아니하고 가만히 끊고자 하여"라고 되어 있다.

그런 경우에 임신 사실을 공개하여 파혼하는 사람은 불의한 사람이 아니라 보통 사람이다. 요셉은 그런 수준을 넘었기 때문에 조용히 무마하려고 했다. 그것이 요셉의 의였다.

하나님의 의는 어떤 것일까? 하나님의 의는 다른 말로 '하나님다우심'이다. 학생답다, 군인답다, 신자답다 등의 표현이 다 그렇다. 그가 갖는 본연의 특성이 가장 잘 나타날 때 쓰는 말이다. 그러면 하나님이 과연 하나님이라는 사실이 가장 잘 나타난 때는 예수님의 십자가 사건이다.

사람들은 옳은 것을 옳다고 하고 틀린 것을 틀리다고 하는 것이 전부인 줄 안다. 하나님은 그 정도가 아니다. 하나님은 틀린 사람을 옳게 만드시는 분이다. 하나님이 옳고 그른 것을 엄격하게 심판하신다면 예수님이 올 이유가 없다. 이 세상 사람 전부 심판하시면 된다. 그런데 죄인인 우리가 의인처럼 살기를 원하셨다. 그래서 예수님이 십자가에서 형벌을 받으셨다. 그것이 하나님의 의다.

법을 지키는 방법에는 세 가지가 있다. 하나는 문자 그대로 지키는 방법이다. 과속하지 말라고 하면 과속하지 않으면 되고 주차 금지 구역에서는 주차하지 않으면 된다. 부정적으로 지키는 방법도 있다. 법을 어긴 것에 대한 벌을 받는 것이다. 주차 금지 구역에 주차하고 과태료를 내면 법대로 한 것이다. 또 대리인을 통해서 지키는 방법도 있다.

흥부가 놀부네 집에 양식을 얻으러 갔다가 형수한테 주걱으로 뺨만 얻어맞았다. 속절없이 돌아가다가 동네 부자 영감을 만났는데 수심이 가득해 보였다. 영문을 물으니 국법을 어긴 일로 관가에 가서 매를 맞아야 한다는 것이었다. 그래서 흥부가 돈을 받고 대신 매를 맞는다. 그 부자 영감은 흥부를 통해서 법을 지킨 셈이다. 매는 흥부가 맞았지만 해결된 것은 부자 영감의 죄였다.

예수님이 우리 대신 돌아가신 것이 바로 그렇다. 십자가에는 예수님이 달리셨는데 우리 죄가 해결되었다. 복음에는 하나님의 의가 나타났다는 말처럼 하나님이 예수님을 십자가에 못 박아서 죄인인 우리를 의인으로 만들어 주셨다.

예수를 믿어야 하는 이유를 논리적으로 설명해달라는 말을 들은 적이 있다. 사람들한테 무조건 믿으라고 하는 것은 설득력이 없다는 것이었다. 어떻게 하면 불신자들도 기독교의 가치를 수긍하게 할 수 있을까?

유감스럽게도 그런 방법은 없다. 기독교가 본래 이 세상에 속한 것이 아니기 때문이다. 사람이 누구를 위해서 대신 죽을 수 있을까? 자식을 위해서라면 몰라도 그런 경우가 아니면 어림도 없다. 그러면 누구를 위해서 자식을 죽게 할 수 있을까? 그런 말도 안 되는 일을 하나님이 하셨다는 것이 우리가 믿는 기독교의 기초다. 기초부터 별로 합리적이지 못하다.

기독교를 사람이 만들었다고 가정해 보자. 그러면 삼위일체나 동정녀 탄생 같은 교리는 절대 집어넣지 않았을 것이다. 그처럼 말도 안 되고 설명도 안 되는 교리를 집어넣을 이유가 없다. 그런 교리가 있다는 사실이야말로 기독교가 사람이 만든 종교가 아니라는 반증이다. 그래서 믿음으로 믿음에 이르게 한다는 말이 있다. 기독교는 이해해서 믿는 종교가 아니라 믿어서 믿는 종교다.

태초에 하나님이 천지를 창조했다고 한다. 하나님이 인간을 만들었다고 한다. 그 인간이 선악과를 먹는 바람에 우리가 죄인이 되었다고 한다. 죄인인 인간을 구원하기 위해서 예수님이 십자가에 달려서 죽었다고 한다. 그 예수님은 남자 없이 여자에게서 태어났다고 한다. 십자가에 달려서 죽은 예수님이 사흘 만에 다시 살아났다고 한다. 그 예수님이 바로 하나님이라고 한다. 신데렐라가 왕자와 결혼하고, 인당수에 몸을 던진 심청이가 용왕의 왕비가 되고, 독 사과를 먹고 죽은 백설공주가 왕자의 키스를 받고 살아난다는 얘기보다 훨씬 더 황당한 얘기가 성경에 가득하다. 그것을 무슨 수로 믿을까?

그런데 우리는 이 모든 내용을 믿는다. 논리적으로 납득이 되어서 믿는 것이 아니라 그냥 믿는다. 팔이 안으로 굽는 것처럼 하나님과 한통속이기 때문이다. 우리에게는 일종의 하나님의 유전인자가 있어서 하나님과 같은 편일 수밖에 없다.

이렇게 따지면 "복음에는 하나님의 의가 나타났다", "믿음으로 믿음에 이르게 한다"라는 말은 어려울 것이 없다. 그런데 "기록된 바 오직 의인은 믿음으로 말미암아 살리라 함과 같으니라"라는 말이 왜 있는지 의아하다. "오직 의인은 믿음으로 말미암아 살리라"만 따로 떼어서 생각하면 "맞는 얘기다. 우리는 당연히 믿음으로 살아야 한다." 하고 고개를 끄덕일 수 있다. 그런데 "기록된 바 오직 의인은 믿음으로 말미암아 살리라 함과 같으니라"라고 했다.

이 말씀은 하박국에 기록되어 있다. 본문을 풀어서 얘기하면 "복음에는 하나님의 의가 나타나서 믿음으로 믿음에 이르게 한다. 구약성경 하박국에 '오직 의인은 믿음으로 말미암아 살리라'라는 말씀이 있는데 그 말씀이 바로 그런 뜻이다."가 된다. "복음에는 하나님의 의가 나타나서 믿음으로 믿음에 이르게 한다"가 어떻게 해서 "오직 의인은 믿음으로 말미암아 살리라"와 같은 뜻이 될까? 이 내용을 확인하려면 이 말씀이 기록된 배경을 알아야 한다.

북 왕국 이스라엘은 멸망하고 남 왕국 유다만 남아서 아브라함의 후손이라는 명맥을 이어갈 때였다. 유다 사회가 상당히 혼란스러웠다. 불의한 자가 의로운 자를 억압했다. 하박국이 이 문제를 놓고 하나님께 간구했다. 그런데 하나님의 답은 엉뚱하게도 바벨론을 통해서 유다를 심판하겠다는 것이었다. 유다가 아무리 엉망이어도 바벨론보다는 낫지 않은가? 그런 법이 어디 있을까? 하박국 선지자는 이해할 수가 없었다. 하나님이 세상을 어떻게 다스리는 것일까? 거기에 대한 하나님의 답변이 "오직 의인은 믿음으로 말미암아 살리라"였다.

하박국 끝부분에 "비록 무화과나무가 무성하지 못하며 포도나무에 열매가 없으며 감람나무에 소출이 없으며 밭에 먹을 것이 없으며 우리에 양이 없으며 외양간에 소가 없을지라도 나는 여호와로 말미암아 즐거워하며 나의 구원의 하나님으로 말미암아 기뻐하리로다"라는 내용이 나온다. 하박국 선지자가 깨달은 것이 그런 것이다. "눈앞에 보이는 것이 전부가 아니구나. 당장 지내기 힘들다는 이유로 하나님의 약속은 언제나 신실하다는 사실을 내가 깜빡했구나. 우리를 향한 하나님의 계획은 지금도 이루어지는 중이로구나!"

복음에는 하나님의 의가 나타났다. 사람들은 옳고 그른 것밖에 따질 줄 모른다. 옳은 사람은 상 받고, 틀린 사람은 벌 받고, 더 많이 틀린 사람은 더 많이 벌 받는 줄 안다. 하박국 식으로 얘기하면 유다가 바벨론에게 압제 당하는 일은 일어나면 안 된다. 하지만 하나님은 주일에 예배드리는 사람에게는 떡 하나 주고, 예배 빼먹고 놀러 가는 사람은 야단치고, 평생 예배 한 번 안 드린 불신자에게는 두고두고 앙갚음하시는 분이 아니다. 하나님은 우리를 궁극적으로 완성시키는 분이다.

그런 하나님의 계획을 어떻게 알 수 있을까? 이해해서 납득할 수는 없다. 그냥 믿을 뿐이다. 그래서 "오직 의인은 믿음으로 말미암아 살리라"라는 말이 있는 것이다.

의인, 즉 신자는 믿음으로 산다. 그러면 불신자는 무엇으로 살까? 불신자는 현실의 만족을 기준으로 산다. 그들은 믿음이 없으니 장래에 대한 소망도 없다. 모든 것을 현재의 관점에서 생각한다. 지금 당장 자기 손에 무엇이 주어지는지가 가장 중요하다.

하나님이 아브라함을 부르셨다. "너는 너의 고향과 친척과 아버지의 집을 떠나 내가 네게 보여 줄 땅으로 가라 내가 너로 큰 민족을 이루고 네게 복을 주어 네 이름을 창대하게 하리니 너는 복이 될지라"가 하나님의 말씀이었다. "내가 너로 큰 민족을 이루게 해주마. 네 이름을 창대하게 해주마. 그러니 네가 큰 민족을 이루고 네 이름이 창대하게 된 것을 확인한 다음에 너의 고향과 친척과 아버지의 집을 떠나서 내가 네게 지시할 땅으로 가거라."가 아니다. 가는 것이 먼저이고 이루어지는 것은 나중이다.

우리가 제대로 순종하지 못하는 이유가 무엇일까? 하나님의 약속이 현찰이 아닌 어음이기 때문이다. 혹시 하나님이 '큰 민족을 이루는 것'과 '고향과 친척과 아버지 집을 떠나는 것'을 동시에 보여주면 얼마든지 고향과 친척과 아버지 집을 떠나서 큰 민족을 이루는 것을 택할 수 있다. 그런데 고향과 친척과 아버지 집은 지금 떠나야 하는 반면 큰 민족이 이루어지는 것은 나중 일이다. 고향과 친척과 아버지 집을 떠나면 큰 민족이 이루어질 때까지 아무것도 없다. 그래서 큰 민족을 이루어주시겠다는 약속을 믿든지, 고향과 친척과 아버지 집에 그냥 머물든지 해야 하는데 우리는 늘 머무는 쪽을 택한다.

어쩌면 우리가 세상을 살아가는 원동력은 믿음이 아닌지 모른다. 우리는 언제나 하나님의 약속보다 세상이 주는 '현찰'에 마음을 둔다. 그런데 성경은 오직 의인은 믿음으로 산다고 한다. 우리가 믿음으로 살아야 하나님의 의가 이루어진다. 건성으로 살면 안 된다. 마땅히 하나님의 의를 이루며 살아야 한다. 우리의 존재 자체가 하나님의 의의 산물이기 때문이다.

## 1:18〉 하나님의 진노가 불의로 진리를 막는 사람들의 모든 경건하지 않음과 불의에 대하여 하늘로부터 나타나나니

복음은 모든 믿는 자에게 구원을 주시는 하나님의 능력이다. 믿는 자에게 구원이 주어지면 믿지 않는 자에게는 무엇이 주어질까? 당연히 구원 반대쪽이 주어진다. 즉 불신자에게는 하나님의 진노가 나타난다.

파스칼이 만일 하나님이 계신지, 안 계신지 내기를 걸어야 한다면 계시다는 쪽에 걸라고 했다. 하나님이 계시다는 쪽에 걸 경우, 설령 내기에 진다고 해도 경건한 생활이 남는다. 손해 볼 것이 없다. 하지만 하나님이 안 계시다는 쪽에 걸면 이겨봐야 방탕한 생활밖에 남는 것이 없고 행여 질 경우에는 치명적이라는 것이다. 일리 있는 말이다. 그런데 이런 말을 듣고 하나님을 믿겠다는 사람은 없다. 논리적으로 모순이 있어서 믿지 않는 것이 아니라 믿지 않기로 작정을 한 것이다.

흔히 창조론을 비과학적이라고 매도하는 경향이 있는데 오히려 그 반대다. 대체 어떤 정신 나간 물고기가 기를 쓰고 물 밖에서 사는 것을 연습해서 개구리로 변했다는 소리일까? 파충류가 조류로 진화했다는 얘기는 어떤 도마뱀이 부지런히 앞다리를 흔들며 나는 연습을 했더니 언젠가부터 앞다리가 점차 날개로 변해서 날 수 있게 되었다는 뜻인데 도무지 말이 되지 않는다.

무엇보다 진화론으로는 생명의 기원이 설명되지 않는다. 백번 양보해서 아메바가 진화해서 고등동물이 되었다고 하자. 아무리 그래도 생명이 없던 것에서 생명이 만들어지는 진화도 있을까? 진화론자들은 그것을 '우연'이라는 단어 속에 억지로 욱여넣는다.

인쇄소에서 폭발 사고가 나면 활자들이 사방으로 흩어지면서 우연히 글자 모양이 만들어질 수 있다. ㄱ이 떨어진 옆에 ㅏ가 떨어지고 그 밑에 ㅇ이 떨어지면 '강'이 된다. 그렇게 될 확률이 얼마나 될지 몰라도 하여간 가능성은 있다. 더 기가 막힌 우연이 일어나면 단어가 만들어질 수도 있다. 그보다 더 극한 우연이 벌어지면 문장이 만들어질 수도 있다. 그렇게 될 확률이 몇 경분의 일인지, 몇 광분의 일인지, 몇 해분의 일인지 몰라도 하여간 그렇다. 이런 식으로 따지면 인쇄소가 폭발해서 백과사전이 만들어질 수도 있을 것이다. 인쇄소를 몇 번 폭발시켜야 할지 모르지만 진화론자들이 말하는 생명의 기원이 이런 식이다.

한 가지 더 있다. 진화론으로 따지면 모든 생명체의 출발선이 같아야 하는데 왜 유독 사람만 현저하게 탁월한 존재가 되었는지 설명이 안 된다.

시험을 보면 성적순으로 등수를 매길 수 있다. 평균 98점인 학생도 있고 평균 18점인 학생도 있다. 그리고 그 사이에 평균 87점, 72점, 64점, 53점, 49점 등 수두룩한 점수가 있을 것이다.

사람을 만물의 영장이라고 한다. 이 세상 만물 중에 단연 으뜸이라는 뜻이다. 그렇다고 해서 이 세상 만물에 점수를 매기면 98점, 96점, 92점, 87점… 76점, 74점… 32점, 21점, 16점, 8점, 6점 등등 수두룩한데 그중에 사람이 98점인 경우가 아니다. 사람은 98점인데 모든 만물은 12점, 10점, 8점, 7점, 5점, 4점이다. 중간이 텅 비었다. 사람만 홀로 독보적이다. 하나님이 그렇게 만드셨다고 하면 간단한데 그 사실을 인정하지 않으면 이 또한 설명이 안 된다.

불신자들의 문제는 창조론을 믿어야 하는데 진화론을 믿는 정도가 아니다. 불의로 진리를 막으면 그다음에는 경건과 멀어지고 불의와 가까워진다. 그 불경건과 불의에 대해서 하나님의 진노가 나타난다.

'경건하다'를 헬라어로 '유세베이아'라고 한다. '좋다'는 뜻의 '유'와 '두려움'이라는 뜻의 '세베이아'의 합성어다. 두려워할 대상을 바로 두려워하는 것이 경건한 것이다. 요컨대 신자는 하나님이 두려운 것을 아는 사람이다. 불신자는 하나님이 두려운 것을 모른다. 군대 고참 중에 걸핏하면 "하나님을 믿을 바에는 차라리 내 주먹을 믿어라"라고 하는 사람이 있었다. 자기 능력과 하나님의 능력을 견줘봐서 하는 얘기가 아니다. 하나님에 대한 감각이 없어서 그렇다. 흔히 하는 말로 무식해서 용감한 것이다.

하나님을 모르면 의의 기준이 없어진다. 하나님이 의의 기준인데 하나님을 인정하지 않으니 천생 자기가 의의 기준일 수밖에 없다. 선악과를 먹은 티를 내느라고 자기가 선악을 판단한다.

프란체스카라는 가정주부가 죽으면서 유언을 남긴다. 자기 시신을 화장해서 메디슨카운티의 다리에 뿌려달라는 것이다. 남편이 마련한 묘지가 있는데도 한사코 화장을 고집하는 것을 아들과 딸은 이해하지 못했다. 그러다가 어머니의 일기장을 보게 된다.

프란체스카가 사는 마을에 로버트 킨케이드라는 매력적인 사진작가가 방문한다. 로버트 킨케이드가 프란체스카에게 길을 묻는 것을 시작으로 둘 사이에 사랑이 싹튼다. 그리고 나흘 동안 뜨거운 사랑에 빠지게 된다. 나흘째 되는 날, 로버트 킨케이드가 프란체스카에게 함께 떠날 것을 권유하는데 프란체스카가 거절한다. "저도 같이 가고 싶어요. 하지만 같이 가면 가족을 버렸다는 자책감 때문에 언젠가 당신을 사랑하지 않게 될 거에요. 그래서 당신을 사랑하지만 같이 가지는 못하겠어요."라는 것이 거절 사유였다. 자기를 화장해서 메디슨카운티의 다리에 뿌려달라고 한 이유가 죽어서라도 로버트 킨케이드와 함께하고 싶었기 때문이었다.

1995년에 개봉한 〈메디슨카운티의 다리〉의 줄거리다. 아마 영화를 본 사람들은 세상에서 가장 아름다운 사랑을 본 듯한 착각을 했을 것이다. "나도 저런 사랑을 해보았으면…"하는 상상을 했을 수도 있다. 하지만 그것은 사랑이 아니다. 아무리 아름답게 묘사했어도 불륜에 불과하다. 그 영화의 주인공에 자기 배우자를 대입해 보면 그 영화가 얼마나 추한 내용인지 금방 알 수 있다.

문제는 이런 폐단이 불신자들에게 국한된 것이 아니라는 사실이다. 불신자들은 하나님이 계신 것을 몰라서 하나님 없는 삶을 사는 반면 신자들은 하나님이 있다고 하면서도 하나님 없는 삶을 산다.

우리에게는 분명히 하나님이 계시다. 그런데 마치 노르웨이나 스페인의 왕과 같다. 존재하기만 할 뿐 통치하지는 않는다. 우리는 말로만 하나님을 왕이라고 한다. 하나님이 무엇을 원하시는지 관심도 없다. 자기가 하나님께 무엇을 원하는지가 중요할 뿐이다.

불신자들은 불의하다. 하나님을 삶의 기준으로 인정하지 않기 때문이다. 그런데 하나님을 기준으로 인정하지 않는 것은 우리 역시 매일반이다. 본 회퍼가 "우리가 그리스도를 만날 때 둘 중에 한쪽은 죽어야 한다. 내가 죽으면 그리스도가 살고 내가 살면 그리스도가 죽는다."라고 했다. 불신자들에게는 해당되지 않는 말이다. 그들은 그리스도를 만난 적이 없기 때문이다. 그러면 우리는 어떤가? 불신자들은 그리스도를 만난 적이 없기 때문에 그리스도를 살게 하기 위해서 자기가 죽을 줄 모르는데 우리는 그리스도를 만났는데도 우리가 살기 위해서 그리스도를 죽게 한다.

베드로가 왜 예수님을 부인했을까? 본래 예수님을 따르려면 자기를 부인해야 하는 법이다. 그런데 베드로는 배와 그물은 버렸지만 자기를 부인하는데 실패했다. 자기를 부인하는데 실패하면 예수님을 부인할 수밖에 없다. 우리가 바로 그렇다. 우리는 한 번도 주님 뜻이라는 이유로 자기 뜻을 꺾어본 적이 없다.

하나님의 진노가 불의로 진리를 막는 사람들의 모든 경건하지 않음과 불의에 대하여 하늘로부터 나타난다는 말씀을 우리는 당연하게 받아들인다. 불신자들은 하나님 없이 살다가 결국 영원히 심판받을 것이다. 그러면 우리에게 있는 불신앙 역시 심판받아 마땅하다는 사실을 인정해야 한다. 하나님의 진노가 게으름이나 자기 욕심 때문에 진리를 막는 사람들의 모든 경건하지 않음과 불의에 대해서도 동일하게 나타날 것이다.

우리는 불신자들을 비아냥거릴 틈이 없다. 우리를 고쳐야 한다. 물론 쉽지 않다. 불의로 진리를 막는 것이 세상 풍조인데 거기에 맞서 진리로 불의를 대적하는 것은 절대 만만한 일이 아니다. 하지만 반드시 해야 한다.

신앙이 무엇일까? 일차적으로 하나님이 좋아하시는 것을 좋아하는 것이 신앙이다. 그것이 전부가 아니다. 하나님이 싫어하시는 것을 싫어하는 것 또한 신앙이다. 하나님이 이 세상 가득한 불경건과 불의에 대하여 진노하신다. 우리 역시 우리 안에 있는 불경건과 불의에 대하여 진노해야 한다. 우리의 남은 날은 하나님이 기뻐하시는 일을 기뻐하고 하나님이 싫어하시는 일을 싫어하는 것으로 가득 차야 한다.

**1:19-23〉 이는 하나님을 알 만한 것이 그들 속에 보임이라 하나님께서 이를 그들에게 보이셨느니라 …(중략)… 하나님의 영광을 썩어질 사람과 새와 짐승과 기어다니는 동물 모양의 우상으로 바꾸었느니라**

사람과 동물의 차이에 대해서는 많은 주장이 있다. 사람은 동물과 달리 언어를 사용한다고도 하고 불을 사용한다고도 한다. 또 직립 보행을 한다고도 한다. 직립보행을 하기 때문에 손이 자유롭고, 손이 자유롭기 때문에 도구를 사용한다는 것이다. 전부 일리 있지만 본질적인 차이는 아니다.

사람과 동물의 차이는 영성에 있다. 과연 초월에 대한 감각이 있느냐 하는 것이다. 다른 모든 부분은 동물이 사람을 흉내 낼 수 있어도 영적인 부분은 흉내를 못 낸다.

세상에서 가장 미개한 종족이 어디 있는지 모른다. 하여간 아무리 미개한 종족이라도 나름대로의 종교 의식이 있다. 그런데 동물에게는 그런 것이 없다. 사람은 따로 배우지 않아도 예배를 드릴 줄 아는데 동물은 아무리 가르쳐 줘도 안 된다. 동물에게는 영이 없기 때문이다. 오직 사람에게만 절대자에 대한 인식이 있다. "무신론자도 있지 않느냐?"라고 할 수도 있지만 무신론이라는 말 자체가 신의 존재에 대한 의식이 있다는 뜻이다.

부교역자 시절, 여전도회원들과 내장산으로 단풍 구경을 간 적이 있다. 적당한 곳에 자리를 잡아서 도착 예배를 드렸다. 지나가던 분이 우리 일행을 보며 말했다. "내가 예수 믿는 사람은 아니지만 하나님이 재주는 참 좋아요, 그죠?" 온 산이 단풍으로 물든 절경에서 하나님의 솜씨를 떠올린 모양이다. 그러면서 하나님을 섬기지 않는 것은 무슨 경우일까? 그 사람이야 자기 자유라고 하겠지만 하나님은 뭐라고 하실까?

사람들은 취향에 맞는 종교를 택하면 되는 줄 안다. 불교가 취향에 맞는 사람은 불교를 믿고 이슬람교가 취향에 맞는 사람은 이슬람교를 믿으면 되는 줄 안다. 하나님이 계시지 않으면 상관없다. 그런데 하나님이 계시면 뭐라고 하실까? "그래, 너희들 취향이니까 나는 상관하지 않으마."라고 하실까?

본래 인간은 에덴동산에서부터 하나님을 섬길 줄 알았다. 그런데 죄로 인해서 하나님과의 관계가 왜곡되었다.

구약성경에 나타나는 대표적인 우상이 바알이다. 바알은 농사의 신으로 알려져 있다. 그러면 이스라엘이 바알에 미혹된 이유를 짐작할 수 있다. 바알에게 있다는 능력을 이용하고 싶었던 것이다. 우상을 섬기는 모든 행위가 그렇다. 우상을 위해서 우상을 섬기는 것이 아니라 자기를 위해서 우상을 섬긴다. 말로는 섬긴다고 하지만 실상은 이용하는 것이다.

어렸을 적에 고사 지내는 것을 구경한 적이 있다. 어떤 사람이 고사 상에 있는 돼지머리의 주둥이에 돈 봉투를 물리고 절을 했다. 그러고는 돌아 나오면서 웃음 가득한 얼굴로 말했다. "저 돼지, 내가 잡았어." 사람은 자기가 잡은 돼지에게도 절을 할 만큼 우매하다. 욕심에 미혹되었기 때문이다. "그 생각이 허망하여지며 미련한 마음이 어두워졌다", "스스로 지혜 있다 하나 어리석게 되었다", "썩어지지 아니하는 하나님의 영광을 썩어질 사람과 새와 짐승과 기어 다니는 동물 모양의 우상으로 바꾸었다"라고 한 그대로다.

애굽에서 섬겼던 우상에는 개구리 형상도 있고 풍뎅이 형상도 있다. 열왕기에 나오는 바알세붑은 파리 형상이다. 그런 것을 왜 섬기는지 이해가 안 되지만 그것이 사람이다. 자기 욕심을 이루어준다면 못 섬길 것이 없다. 실제로 우리 민속에도 복 두꺼비, 업구렁이가 있었다. 보기에도 징그러운 두꺼비나 뱀이 복을 가져다주기도 하고 재물을 가져다주기도 한다는 것이다.

이제는 개구리나 풍뎅이를 섬기는 사람이 없다. 바알을 섬기는 사람도 물론 없다. 그렇다고 해서 우상 문제가 해결되었느냐 하면 그렇지 않다. 성경은 불신자를 위한 기록이 아니고 신자를 위한 기록이다. 우리는 이스라엘이 우상을 섬겼다는 기록을 보면서 비웃으면 되는 사람들이 아니라 우리에게 같은 모습이 있는 것을 확인해서 고쳐야 하는 사람들이다. 우리한테 그런 문제가 없으면 성경에 우상 얘기가 기록될 이유가 없다.

이스라엘이 홍해를 건너자마자 바알을 섬긴 것이 아니다. 광야 생활을 하면서 농사의 신을 섬길 이유는 없다. 하지만 가나안에 들어간 다음에는 다르다. 이제부터는 농사를 지으며 살아야 한다. 이스라엘은 유목민족인 반면 가나안 원주민은 농경민족이다. 이스라엘보다 농사를 더 잘 지었을 것이다. 그런 그들이 바알을 섬긴다. 그러면 이스라엘은 누구를 섬겨야 할까?

이스라엘이 우상 숭배에 빠질 때마다 하나님이 징계하셨다. 가장 일반적인 방법이 이민족의 압제에 시달리게 하는 것이다. 우상을 섬기다가 이민족이 쳐들어오면 그때마다 하나님께 부르짖었다. 그런데 하나님의 은혜로 전쟁이 끝나고 평화가 찾아오면 또 우상을 섬겼다. 이스라엘은 대체 IQ가 있는지 없는지 분간이 안 된다.

하지만 이스라엘로서는 전혀 이상할 것이 없었다. 예부터 여호와는 전쟁의 신으로 알려져 있다. 평화로울 적에는 농사의 신을 섬기다가 전쟁이 나면 전쟁의 신을 섬기는 것이 왜 이상한가? 농사를 지을 적에는 바알을 섬기고 전쟁이 벌어지면 하나님을 섬기는 것이 당연한 일이었다. 성경은 그것을 우상 숭배라고 한다.

요즘 말로 옮기면 교회에서는 하나님을 섬기고 세상에서는 세상을 섬기는 사람이 우상을 섬기는 사람이다. 혹시 "그거야 교회에서나 그렇지, 세상에서도 그래?"라는 말을 들어보지 않았는가? 아마 구약시대에도 "농사지을 때야 바알을 섬겨야지, 전쟁도 아닌데 여호와는 왜 찾아?"라고 하는 사람이 있었을 것이다.

이스라엘이 우상을 섬긴 이유가 무엇 때문일까? 욕심에 미혹되어 하나님 말씀이 귀에 들어오지 않은 탓이다. 우리가 교회와 세상에서 사는 모습이 다른 이유 역시 욕심 때문이다. 사람들이 전부 세속적으로 사는데 혼자 신앙을 지키는 것은 손해라고 생각하기 때문이다. 설령 세상 방식을 따르는 과정에서 하나님과 멀어진다고 해도 별수 없다. 영원한 하나님의 영광보다 썩어질 이 세상 영광이 더 좋은 것을 어떻게 한단 말인가?

그런 자리에서 돌이켜야 한다. 하나님은 우리의 종교 행위만 받으시는 분이 아니다. 우리의 삶 전부를 받으시는 분이다. 혹시 우리 삶에 하나님과 연결되지 않은 영역이 있다면 그 부분이 우상과 연결된 영역이다. 우리가 하나님의 백성이라는 사실을 함께 모여 예배드릴 때만 나타낼 것이 아니라 범사에 나타내야 한다. 우리는 이 세상의 썩어질 영광을 썩지 않는 하나님의 영광과 바꾸지 않기로 작정한 사람들이다.


**1:24-32〉 그러므로 하나님께서 그들을 마음의 정욕대로 더러움에 내버려 두사 그들의 몸을 서로 욕되게 하게 하셨으니 …(중략)… 자기들만 행할 뿐 아니라 또한 그런 일을 행하는 자들을 옳다 하느니라**


1-17절에서 복음을 개략적으로 설명했다. 18절부터 구체적으로 설명하는데 가장 먼저 하나님의 진노를 말한다. 요컨대 하나님의 진노를 피할 수 없기 때문에 복음이 필요하다. 이 세상이 범한 잘못은 하나님을 하나님으로

인정하지 않은 것이다. 그런 세상에 대해서 하나님이 진노하신다.

본문에는 '내버려 두었다'라는 말이 세 차례나 반복된다. 하나님의 진노가 방임으로 나타난다. 사랑의 반대말이 증오가 아니라 무관심이라고 했던가? 언성을 높이고 매를 드는 것은 아직 관심이 있다는 뜻이다. 무관심이야말로 극한 진노의 표현이다.

그래서 어떻게 되었을까? 결국 이 세상에 온갖 악이 가득하게 되었다. 동성애를 비롯해서 불의, 추악, 탐욕, 악의, 시기, 살인, 분쟁, 사기, 악독이 가득한 세상이 되고 말았다.

특이한 사실이 있다. 하나님을 떠난 사람들의 죄악상을 열거하면서 동성애를 가장 비중 있게 말한다. 모든 죄악 중의 하나로 동성애를 꼽는 것이 아니다. 하나님을 떠난 인간이 범하는 대표적인 범죄로 동성애를 꼽는다. 일단 동성애를 설명한 다음에 나머지는 '기타 등등'이라고 한다.

세상에서는 동성애를 범죄로 다루지 않는다. 심지어 동성애를 인정하지 않으면 편협한 것으로 매도한다. 동성 간의 결혼이 합법인 나라가 한둘이 아니다. 하나님이 금하신 것을 사람이 허락하면 사람이 하나님보다 더 관대하다는 뜻일까?

결혼 제도가 왜 생겼을까? 최초의 결혼은 에덴동산에서 있었다. 성경에서 "이러므로 남자가 부모를 떠나 그의 아내와 합하여 둘이 한 몸을 이룰지로다"라고 했다. 성자 예수님이 성부 하나님을 떠나 교회와 한 몸을 이루는 것이 구원의 신비다. 지옥 안 가고 천당 가는 것이 구원이 아니다. 우리가 예수님의 신부가 되는 것이 구원이다. 우리가 예수님과 한 몸을 이룬다. 그런 구원 완성의 모델이 결혼 제도다. 사탄이 그냥 둘 리 없다. 당연히 흠집을 낼 것이다. 성도덕이 갈수록 문란해지는 것은 절대 우연이 아니다.

예전에 상담 요청을 받은 적이 있다. 이혼하고 싶은데 아내가 응하지 않는다며 "아내가 다른 사람 말은 안 들어도 목사님 말은 들을 것입니다. 아내한테 이혼하도록 잘 설득해 주십시오."라고 했다. 그분에게 목사가 어떤 사람일까? 신앙을 알려주는 사람일까, 자기를 도와주는 사람일까?

사람들은 옳고 그른 것에 관심이 없다. 욕심에만 민감하다. "무엇을 해야 하느냐?"를 생각하지 않고 "무엇을 하고 싶은가?"만 생각한다. 사람들의 가치관이 그렇게 변질된 이유가 있다. 눈으로 보고 귀로 듣는 것이 다 그런 것이기 때문이다. 틀린 사람들이 모여서 틀린 세상을 만들었으니 그렇게 될 수밖에 없다. 요컨대 우리 주변에 긍정적인 샘플이 없다.

이랜드가 대만에 대리점을 개설할 때의 일이다. 담당 직원이 한 가지 조건만 허락되면 올해 안에 300개 이상의 대리점을 개점할 수 있겠다고 했다. 무슨 조건이냐고 물었더니 주일 영업을 허락해 달라는 것이었다. 하기야 대만에 예수 믿는 사람이 얼마나 있겠는가? 그 말을 들은 박성수 회장이 주일에 영업을 하지 않는 조건을 고수하면 얼마나 개점할 수 있느냐고 반문했다. 그랬더니 10개밖에 못할 것 같다는 답이 돌아왔다. 박성수 회장이 아무렇지 않게 말했다. "그럼 10개만 합시다." 주일에 영업을 해서 대리점 300개를 개점하느니 차라리 주일에 영업을 안 하고 대리점 10개만 개점하겠다는 것이 박성수 회장의 소신이었다.

그런 박성수 회장이 예수를 영접하게 된 계기가 있다. 박성수 회장이 대학 신입생 때의 일이다. 신입생 환영회에서 선배가 일일이 술을 권하는데 한 신입생이 자기는 예수를 믿는다면서 술을 거부했다. 박성수 회장이 그 모습에 충격을 받았다. "대체 예수를 믿는 것이 무엇이기에 감히 선배가 권하는 술을 거부한단 말인가?" 하고는, 교회에 다니기 시작했다는 것이었다.

선배의 술잔을 거부한 그 신입생이 누구인지 모른다. 그 신입생은 자기 때문에 박성수 회장이 예수를 믿게 된 줄도 모를 것이다. 단지 평소 습관대로 술을 마시지 않은 것뿐이었다. 그런 일이 한 사람의 인생을 바꾸는 계기가 되었다.

우리의 문제가 여기에 있다. 지레 세상과 타협하니 신앙이 남에게 전달될 기회가 없다. 우리에게 있는 신앙을 밖으로 꺼내야 다른 사람에게 영향을 미칠 여지가 생기는데 아예 꺼내지를 않는다.

사람들은 이상한 데서 자존심을 세운다. 주로 아파트 평수나 자동차 배기량, 출신 학교, 연봉 같은 것이 중요하다. 우리는 다르다. 우리는 신앙에서 자존심을 찾아야 한다.

마귀가 예수님을 시험하면서 자기에게 절하면 세상 만국의 영광을 주겠다고 했다. 그리고 예수님은 그 시험을 물리쳤다. 당연하다. 예수님 체면에 마귀에게 절할 수는 없는 일 아닌가? 내가 예수님이었으면 "야! 이놈아, 나도 자존심이 있는데 너한테 절할 것 같으냐?"라고 했을 것이다. 성경에 하나님의 아들이 마귀에게 절하는 내용이 나온다면 더 이상 성경이 아니다.

우리도 마찬가지다. 세상이 아무리 유혹해도 예수 믿는 사람 체면에 세상과 타협하는 일은 없어야 한다. 우리가 자존심을 찾아야 할 때가 있다면 바로 그런 때이다. 그 길을 걷는 것이 우리의 자존심이다. 꾸준히 걷다 보면 우리 뒤에 따라오는 사람이 생길 것이다. 그리고 하나님이 칭찬하실 것이다.

# 2장 직면한 심판

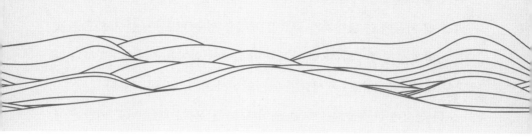

**2:1-3〉 그러므로 남을 판단하는 사람아, 누구를 막론하고 네가 핑계하지 못할 것은 남을 판단하는 것으로 네가 너를 정죄함이니 …(중략)… 네가 하나님의 심판을 피할 줄로 생각하느냐**

1:18부터 하나님의 진노를 말했다. 그 말을 듣는 사람마다 고개를 끄덕였을 것이다. 그런 놈들은 천벌을 받아야 한다며 흥분했을 수도 있다. 남을 판단하는 사람이 바로 그런 사람이다. 불경건한 사람들의 죄악을 지적하는 얘기에 동의하는 사람들한테 "그러니까 너희도 마찬가지다"라고 한다.

남을 판단하는 것은 아무나 할 수 있는 일이 아니다. 적어도 옳고 그른 것에 대한 안목이 있어야 한다. 그런데 그런 안목이 자기한테는 적용되지 않는다. 남이 틀린 것은 아는데 자기가 틀린 것은 모른다.

내가 하면 로맨스 남이 하면 불륜이라는 말이 있다. 이 말이 처음 쓰였을 적에는 참으로 촌철살인이었다. 정말 기가 막힌 표현이 아닐 수 없다. 이 말이 하도 쓰여서 이제는 '내로남불'이라고 하면 다 알아듣는다. 그런데 이 말을 맨 처음에 쓴 당사자가 골프장 캐디를 성추행해서 구설수에 오른 것을 어떻게 설명해야 할까? 딸 같고 손녀 같아서 귀여워서 그랬다고 하니 참으로 내로남불이다. 다른 사람 잘못은 알면서 자기 잘못은 모른다.

모든 인생은 한 줄로 요약되는 법이다. 가룟 유다는 예수님을 배반한 제자이고 노아는 방주를 만든 사람, 모세는 출애굽의 영웅, 베드로는 예수님의 수제자다. 어떤 사람이든지 한 줄로 설명이 가능하다.

"그 사람 알아?"

"알지, 그 사기꾼!"

"그 사람 어때?"

"입만 살았지, 뭐."

유명한 사람의 인생만 한 줄로 요약되는 것이 아니다. 우리도 다른 사람을 한 줄로 요약한다. 그러면 그 사람은 우리를 뭐라고 할까? 우리 역시 수시로 한 줄로 요약된다. 사실 남들이 뭐라고 하느냐는 심각하지 않다. 하나님이 뭐라고 하시느냐가 심각하다. 그런데 알아야 할 사실이 있다. 하나님의 심판은 즉각적으로 나타나지 않는다.

**2:4-5〉 혹 네가 하나님의 인자하심이 너를 인도하여 회개하게 하심을 알지 못하여 그의 인자하심과 용납하심과 길이 참으심이 풍성함을 멸시하느냐**

**…(중략)… 곧 하나님의 의로우신 심판이 나타나는 그 날에 임할 진노를 네게 쌓는도다**

미국의 정치가이며 웅변가였던 잉거솔이라는 사람이 있다. 19세기 사람인데 1회 강연료가 3,500달러나 될 만큼 뛰어난 연설가였다. 또 열렬한 무신론 신봉자였다. 기회가 있을 때마다 성경을 비판하고 인본주의 철학과 과학적 합리주의 사상을 전파했다.

그가 신이 존재하지 않는다는 사실을 입증해 보이겠다고 나섰다. "내가 지금부터 5분 동안 신을 모독하는 말을 하겠소. 만일 신이 존재한다면 도저히 참을 수 없도록 할 것이오. 정말로 신이 존재한다면 내가 벌을 받을 것이오. 하지만 내가 그렇게 모독하는데도 아무런 답이 없다면 신은 없는 것이 분명하오."

그러고는 모두가 지켜보는 가운데 신을 모독하는 말을 시작했다. 한차례 강연에 3,500달러나 받는 명 연설가가 모든 언변을 동원했으니 그때의 모독은 가히 '지상 최대의 모독'이라고 할 만했을 것이다. 모두 긴장된 표정으로 지켜보는 가운데 5분이 지났다.

잉거솔이 의기양양하게 말했다. "보십시오. 5분이 지났습니다. 기독교에서 말하는 신이 정말 존재한다면 자기를 이렇게 모독하는 사람을 어찌 그냥 놓아둔다는 말입니까? 신은 없는 것이 확실합니다."

잉거솔이 이런 말을 할 수 있는 이유는 하나님이 어떤 분인지 몰랐기 때문이다. 하지만 관계없다. 어차피 무신론자인데 무슨 상관일까? 문제는 우리다. 우리 역시 하나님이 길이 참으시는 분인 것을 모를 수 있다. 본문은 그 내용을 "네가 하나님의 인자하심이 너를 인도하여 회개하게 하심을 알지 못하여"라고 한다. 알지 못하는 사람이 어떤 사람일까? 미처 생각하지 못한 사람이 아니다. 짐짓 무시하는 사람이다. 그런 문제에 신경 쓰기 싫으면 별수 없다.

본문 말씀 그대로다. 하나님은 길이 참으시는 분이다. 그리고 인간은 그 것을 멸시할 만큼 죄인이다. 하나님이 주신 회개의 기회조차 죄 짓는 데 쓴다. 결국 진노만 쌓인다. 하나님이 기다리면 기다릴수록 그렇다. 하나님이 어리석은 것일까, 사람이 어리석은 것일까?

### 2:6〉 하나님께서 각 사람에게 그 행한 대로 보응하시되

요즘은 농약 때문에 벌레 먹은 과일을 보기 어렵다. 내가 어렸을 적에는 그런 경우가 종종 있었다. 특히 복숭아에 벌레가 많았다. 단물이 줄줄 흐르는 복숭아를 한 입 베어 물었는데 꿈틀거리는 벌레가 있으면 얼굴이 절로 찌푸려진다. 하루는 형이 물었다.

"복숭아 먹다가 벌레 나온 적 있지?"

"응"

"벌레가 몇 마리 나오면 제일 기분 나쁜 줄 알아?"

"많이 나올수록 기분 나쁘겠지."

"아냐"

"그럼?"

"반 마리 나왔을 때가 제일 기분 나빠."

잉거솔은 소문난 무신론자다. 그런 그가 무슨 말을 하든지 상관없다. 문제는 우리다. 자기 입 안에 반 토막 난 벌레가 있으면 복숭아에 아무리 벌레가 많아도 그것이 문제가 아니다. 우리는 다른 사람의 불신앙에 신경 쓸 겨를이 없다. 우리가 믿는 하나님이 각 사람에게 그 행한 대로 보응하시는 분이기 때문이다.

이 얘기는 주변에 우리보다 못한 사람이 얼마나 되는지 문제가 아니라는 뜻이다. 세상에서는 그렇지 않다. 세상에서는 아무리 시험을 못 봐도 남들이 더 못 보면 성적이 올라간다. 아무리 달리기를 못해도 남들이 중간에 넘어지면 1등을 할 수도 있다.

하나님 앞에서는 그런 게 통하지 않는다. 하나님은 모든 사람을 개별적으로 따지신다. 누가 잘하고 누가 못했는지 따지지 않고 무엇을 왜 했는지 따지신다. 잉거솔이 얼마나 오만방자한 사람이냐가 문제가 아니라 혹시 나는 하나님을 무시하고 산 적이 없는지 점검해야 한다. 신앙은 상대평가가 아니기 때문이다. 자기 주변에 자기보다 못한 사람이 있으면 되는 것이 아니라 자기가 잘해야 한다.

**2:7-11) 참고 선을 행하여 영광과 존귀와 썩지 아니함을 구하는 자에게는 영생으로 하시고 오직 당을 지어 진리를 따르지 아니하고 …(중략)… 이는 하나님께서 외모로 사람을 취하지 아니하심이라**

영광과 존귀와 썩지 아니함을 구하려면 그냥 선을 행하는 것이 아니라 참고 선을 행하여야 한다. 선을 행한 보상이 금방 있는 것이 아니라는 뜻이다. 신앙을 지키기 어려운 이유가 여기에 있다. 신앙을 지킬 때마다 보상이 주어지면 누가 신앙을 지키지 않겠는가? 하기야 보상이 즉각 주어지면 신앙이 무의미하게 된다. 눈앞의 이익만 좇으면 되는데 그런 행위를 신앙이라고 할 수는 없다.

치사율이 높은 병일수록 자각증상이 없다. 예컨대 감기는 자각증상이 뚜렷하다. 그래서 별로 무서운 병이 아니다. 얼마 전에 위암으로 세상을 떠난 분이 있다. 갑자기 구토를 해서 검사를 받으러 갔는데 암세포 때문에 내시경이 들어가지 않을 정도였다. 그때서야 병원에 간 것이다. 암세포가 몸 안에 자리 잡자마자 느껴진다면 암이라고 해서 특별히 무서울 이유가 없다.

치사율이 높은 병일수록 자각증상이 없다는 말을 뒤집으면 나타날 영광이 크고 중할수록 우리가 알지 못한다는 말과 통하게 된다. 실제로 그것이 나타날 때까지 전혀 실감하지 못한다. 우리가 영광과 존귀와 썩지 아니함을 구한다면 마땅히 참고 선을 행하여야 한다.

또 당을 짓는다는 말이 나오는 이유를 알려면 1장이 어떻게 끝났는지 확인해야 한다.


그들이 이 같은 일을 행하는 자는 사형에 해당한다고 하나님께서 정하심을 알고도 자기들만 행할 뿐 아니라 또한 그런 일을 행하는 자들을 옳다 하느니라(롬 1:32)

불의를 행하는 사람들에게는 공통점이 있다. 주변 사람을 끌어들이는 것이다. 자기 행위를 합리화하려면 다른 사람도 자기처럼 만들어야 하기 때문이다.

성경에 좁은 문으로 들어가라는 말씀이 있다. 그러면 넓은 문을 택한 사람들이 무슨 말을 할까? 당연히 비웃을 것이다. "저 고리타분한 사람들, 왜 세상을 저렇게 힘들게 살아?"라고 할 것이다. 우리에게 있는 신앙이 그들에게는 어리석게 보인다.

좁은 문 다음에 넓은 길이 어울릴까, 좁은 길이 어울릴까? 좁은 문 다음에는 당연히 좁은 길이 어울린다. 이 부분을 오해하는 사람이 종종 있다. 좁은 문을 택한 것이 옳은 일이니까 좁은 문을 택하면 그 보상으로 탄탄대로가 나와야 맞다는 것이다. 그렇게 알고 있으면 사소한 어려움에도 이내 낙심하게 된다.

신앙은 좁은 문을 선택하는 일회적인 결단으로 나타나는 것이 아니다. 좁은 길을 꾸준히 걷는 일련의 과정으로 나타난다. 하나님이 예비하신 영광과 존귀와 썩지 아니함을 위하여 잠깐 선을 행하는 것이 아니라 참고 선을 행하는 것이 신앙이다.

무엇보다 하나님은 외모로 사람을 취하지 않으신다. 사람은 나타난 현상밖에 볼 줄 모른다. 어떤 일을 했는지 말았는지가 중요하다. 하지만 하나님은 동기를 감찰하신다. 사람이 보기에는 참고 선을 행하여 영광과 존귀와 썩지 아니함을 구하는 것 같지만 하나님이 보시기에는 그렇지 않을 수 있다. 물이 수원지보다 높이 흐를 수 없는 것처럼 동기보다 선한 것은 없다.

동기에는 하나님이 계시지 않은데 과정에서만 하나님을 찾는 것에 하나님은 절대 속지 않으신다.

**2:12-13〉무릇 율법 없이 범죄한 자는 또한 율법 없이 망하고 무릇 율법이 있고 범죄한 자는 율법으로 말미암아 심판을 받으리라 하나님 앞에서는 율법을 듣는 자가 의인이 아니요 오직 율법을 행하는 자라야 의롭다 하심을 얻으리니**

어떤 행위가 범죄이고 그 범죄에 어떤 형벌이 따르는지 법률로 정한다는 원칙을 죄형법정주의라고 한다. 이런 원칙에 따르면 율법이 없는 이방인에게는 죄를 물을 수 없다. 무엇이 죄인지 규정되지 않은 상태에서 심판을 말하는 것은 이치에 맞지 않는다. 그런데 성경은 달리 말한다. 율법 없는 사람도 죄를 지으면 심판을 받는다고 한다. 율법의 유무와 관계없이 죄는 죄라는 것이다.

가인이 아벨을 죽인 것은 십계명이 주어지기 전이다. 그런데도 하나님이 아벨이 어디 있는지 물었을 적에 "왜요? 제가 방금 죽였는데 혹시 아벨에게 볼일 있으세요?"라고 하지 않고 "내가 알지 못하나이다. 내가 내 아우를 지키는 자니이까?"라고 둘러댔다. 아벨을 죽인 것이 죄라는 사실을 알았다는 뜻이다.

율법 없이 범죄한 사람은 율법 없이 망하고 율법이 있고 범죄한 사람은 율법으로 말미암아 심판을 받는다는 말은 일차적으로 당시 사람들을 염두에 둔 것이다. 율법이 있고 범죄한 사람은 물론 유대인이다. 그들은 율법을 지키는 일에 실패했다. 그에 대한 심판이 나라가 망하는 것으로 나타났다. 여기에 반하여 율법 없이 범죄한 사람은 동시대의 이방인이다. 성경에는 숱한 이방 족속이 등장한다. 하나님이 그들에게 율법을 주신 적이 없다. 하지만 그들 역시 하나님의 심판에서 예외가 아니었다. 율법이 없어도 죄는 죄이기 때문이다.

가족이 다 예수를 믿는데 혼자 안 믿은 사람이 있다. 미션스쿨에 다니기도 했고 기독교에 대해서 들은풍월도 있었지만 자기 입으로 신앙을 고백하지는 않았다. 그런 사람은 당연히 심판받을 것이다. 예수를 믿는 것이 어떤 것인지 알아도 자기가 안 믿으면 아무 소용이 없다.

그런 사람만 있는 것이 아니다. 교회가 없는 두메산골에서 살아서 평생 단 한 번도 전도를 받아보지 못한 사람도 있다. 교회가 어떤 곳이고 예수가 누구인지 모른다. 그런 사람 역시 심판에서 예외가 아니다.

그런 법이 어디 있느냐고 따져도 소용없다. 예수를 믿지 않으면 예수를 믿지 않는 벌로 심판을 받는 것이 아니다. 불이 난 건물에 갇힌 사람이 있다고 하자. 구조 헬기에서 구명줄을 내려줬다. 그 줄을 잡으면 구조되지만 잡지 못하면 죽는다. 이런 경우에 그 줄을 잡지 못한 벌로 죽는 것이 아니다. 예수를 믿지 않으면 심판받는다는 얘기가 그렇다. 그것이 죄인 된 인간의 현실이다.

"우리나라에 기독교가 전래되기 전에 살던 사람은 어떻게 되느냐?"라는 질문을 받은 적이 있다. 예수가 먼저 제시되어야 믿든지 말든지 선택할 텐데 그런 기회도 주지 않고 무조건 벌하는 것은 불합리하지 않으냐는 것이다.

그러면 모세나 엘리야는 어떻게 되었을까? 우리나라에 기독교가 전래되기 전에 살던 사람들은 공간 격차 때문에 예수를 믿을 수 없었다. 그렇게 따지면 모세나 엘리야는 시간 격차 때문에 예수를 믿을 수 없었던 사람이다. 공간 격차는 그나마 극복 가능성이 있지만 시간 격차는 극복 가능성이 아예 없다.

그런 질문은 예수를 믿으면 구원 얻는다는 말이 주는 어감 때문이다. 예수를 믿기로 작정하면 그에 대한 보상으로 구원이 주어진다고 생각한 것이다. 그러면 구원이 우리의 선택에 좌우될까?

구원은 하나님의 은혜에 기인한다. 믿음으로 구원 얻는다는 말을 은혜로 구원 얻는다고도 한다. 믿음과 은혜가 같은 뜻이다. 우리는 하나님의 은혜로 구원 얻은 사람들이다. 예수를 믿기로 작정해서 그 보상으로 구원을 얻은 사람들이 아니다. 표현은 어색하지만 "구원을 얻으면 예수가 믿어진다"라고 하는 것이 어떨까 싶다. 하나님이 우리에게 예수를 제시하자 우리가 말귀를 알아들어서 예수를 선택한 것이 아니라 하나님이 우리에게 은혜를 베푸신 징표로 예수가 믿어지는 것이다.

**2:14-16〉 율법 없는 이방인이 본성으로 율법의 일을 행할 때에는 이 사람은 율법이 없어도 자기가 자기에게 율법이 되나니 …(중략)… 하나님이 예수 그리스도로 말미암아 사람들의 은밀한 것을 심판하시는 그 날이라**

예수를 아는 사람은 예수를 믿어서 구원 얻지만 예수를 모르는 사람은 각자의 선한 양심에 따라 구원 얻는 것 아니냐는 말을 들은 적이 있다. 14절을 오해한 것이다. 하지만 14절은 심판을 피할 수 있는 사람이 아무도 없다는 사실을 말하는 중에 나온 내용이다. "율법을 받은 유대인이 율법의 정신을 완벽하게 구현하면 구원을 얻을 수 있는 것처럼 율법이 없는 이방인도 그들의 본성으로 율법의 정신을 완전히 이루면 구원을 얻을 수 있었을 것이다. (하지만 그 문제에 불합격한 유대인들이 심판에 노출된 것처럼 이방인들 역시 마찬가지일 수밖에 없다)"라는 뜻이다.

또 15절에서 "이런 이들은 그 양심이 증거가 되어 그 생각들이 서로 혹은 고발하며 혹은 변명하여 그 마음에 새긴 율법의 행위를 나타내느니라"라고 했다. 선한 양심을 지키면 하나님으로부터 의롭다고 인정받을 수 있다는 뜻이 아니다. "(율법이 있는 사람이 율법으로부터 고발당하는 것처럼) 율법이 없는 사람은 자기의 양심으로부터 고발당한다"라는 뜻이다. 자기가 무엇을 잘못했는지 스스로 안다.

자기 잘못을 언제 알게 될까? 16절에 답이 있다. 하나님이 예수를 이 세상의 심판주로 보내어 사람들의 모든 은밀한 것을 심판하는 그 날이 되면 율법을 몰랐던 사람들도 자기들의 죄를 인정하게 된다.

누가복음에 부자와 나사로 얘기가 나온다. 음부에서 고통받는 부자가 아브라함에게 나사로를 통해서 물 한 방울만 보내달라고 탄원한다. 고통이 얼마나 극심하면 그럴까? 그런데 자기가 왜 여기서 고통받아야 하느냐는 말은 없다. 자기가 있어야 할 곳이 그곳임을 인정한 것이다.

우리는 지금 죽어도 천당 갈 사람들이다. 하지만 한 걸음만 밖으로 나가면 죽어서 지옥 갈 사람도 많다. 그 사람들은 예수 믿지 않으면 지옥 간다는 말을 황당하게 듣겠지만 지금만 그렇다. 죽은 다음에는 자기가 하나님 없이 산 것이 얼마나 끔찍한 죄악인지 처절하게 깨달을 것이다.

성경은 그런 내용을 "나의 복음에 이른 바와 같이…"라는 말로 시작한다. 복음에서 심판을 말한다. 복음이 복음일 수 있는 이유는 심판이 있기 때문이다. 우리는 구원 얻지 못했어도 그럭저럭 살 수 있었는데 구원을 얻어서 더 잘살 것을 기대하게 된 사람들이 아니다. 구원 얻지 못했으면 큰일 날 뻔한 사람들이다.

구원을 얻지 못했어도 나름대로 살 수 있었는데 구원을 얻어서 더 잘살 것을 기대하게 되었다면 기독교의 요체는 행복이 된다. "예수를 믿었더니 장사가 잘된다", "예수를 믿었더니 자녀 성적이 올랐다" 같은 말을 할 수 있어야 한다.

하지만 구원을 얻지 못했으면 큰일 날 뻔했다는 사실을 인식하면 기독교의 요체는 거룩이다. 죄에서 최대한 멀어져야 한다. 예수를 믿으면 죄를 미워해야 하고 하나님의 뜻을 헤아릴 수 있어야 한다. 이보다 더 급한 일이 없다.

이런 사실을 감안하면 우리가 들을 수 있는 단어 중에 가장 긴장감 넘치는 단어가 복음이다. 예수님의 피가 묻어 있기 때문이다. 그런데 우리는 너무 쉽게, 너무 편하게 예수를 믿으려는 경향이 있다. 무슨 일이 있어도 하나님 눈 밖에 나면 안 된다는 생각으로 예수를 믿는 것이 아니라 오늘 바쁘면 내일 믿고 내일 바쁘면 모레 믿는다는 식으로 예수를 믿는다.

만일 주님이 우리와 관계 맺기를 싫어하신다면 그것이 우리에게 얼마나 끔찍한 재앙일까? 그런데 그런 일을 먼저 자초한다. 주님께 최대한 가까이 다가가야 하는 줄은 모르고 구원은 얻되 주님과 상관없이 지내는 것을 더 좋아한다.

자라던 시절, 어머니께서 나무랄 때마다 하셨던 말씀이 있다. "너 낳고 먹은 미역국이 아깝다." 우리가 신앙생활 하는 모습을 주님이 보시면 뭐라고 하실까? 혹시 "너 때문에 흘린 내 보혈이 아깝다"라고 하시지는 않을까? 그런 말을 들으면 안 된다. 마땅히 "그렇지, 역시 아무개는 내가 구원하기를 잘했지."라는 말을 들어야 한다. 주님께서 우리로 인하여 기뻐하신다면 그것이 우리의 가장 큰 기쁨이다.

**2:17-29〉 유대인이라 불리는 네가 율법을 의지하며 하나님을 자랑하며 율법의 교훈을 받아 …(중략)… 할례는 마음에 할지니 영에 있고 율법 조문에 있지 아니한 것이라 그 칭찬이 사람에게서가 아니요 다만 하나님에게서니라**

가끔 담임목사 청빙 공고를 보는 수가 있다. 제출 서류가 이력서, 졸업증명서, 자기소개서, 목회 계획서, 추천서 등이다. 그런 공고를 볼 때마다 궁금한 점이 있다. 목회 계획서를 검토하는 사람들이 그 목회 계획에 자기들도 포함된다는 사실을 알까 하는 점이다.

신앙의 기본은 말씀이라는 목회 철학을 가진 목사가 그런 내용으로 작성

된 목회 계획서를 제출해서 담임목사로 청빙 받았다고 하자. 그러면 그 교회는 성경 공부나 성경 읽기를 강조하는 교회가 될 것이다. 성경 공부 프로그램이 활성화되어서 모든 교인이 각자에게 맞는 성경 공부를 하게 될 것이다.

그렇게 되었을 때 애초에 그 목사의 목회 계획서를 검토하여 청빙을 결정한 담임목사 청빙위원회 위원들은 무엇을 해야 할까? 교인들이 얼마나 성경에 열심인지 확인하며 뿌듯해 해야 할까, 성경에 열심인 신자가 되어야 할까?

본문은 유대인을 질책하는 내용이다. 유대인은 선민의식으로 똘똘 뭉친 민족이다. 오직 자기들만 하나님의 백성이라는 것이다. 그런 생각을 하는 근거가 율법이었다. "하나님이 율법을 주셨다. 우리가 하나님의 백성이기 때문이다. 이방 족속에게는 왜 율법을 주시지 않았느냐? 하나님과 아무 상관이 없기 때문이다. 돼지에게 진주를 주면 뭘 하겠느냐?"라는 것이 유대인들의 생각이었다. 율법의 정신을 충족해야 하는 줄은 모르고 율법이 있다는 사실 자체를 자랑으로 여겼다.

어떤 사람이 천국에 갔다. 천사를 따라 이곳저곳을 구경했다. 어떤 방에 들어갔더니 입만 가득했다. 천사에게 물었다.

"이 방은 무슨 방입니까?"

"입으로만 예수를 믿은 사람들을 위한 방입니다. 몸은 오지 못하고 입만 왔습니다."

다른 방에 들어갔더니 귀만 가득했다. 또 물었다.

"이 방은 무슨 방입니까?"

"살아생전에 온갖 좋은 설교는 다 들은 사람들을 위한 방입니다. 그런데 듣기만 하는 바람에 귀만 천국에 왔습니다."

어쩌면 마음만 모아 놓은 방도 있을 것이다. 걸핏하면 마음은 원인데 육신이 약하다고 핑계를 대던 사람들이 몸은 지옥에 있고 마음만 천국에 왔을 수 있다. 반대의 경우도 성립한다. 몸은 늘 교회에 왔는데 머릿속으로 항상 세상을 생각하던 사람들이다. 그런 사람들은 알맹이는 지옥에 둔 채 빈 껍데기만 천국에 왔을 것이다. 쓸데없이 교회만 왔다 갔다 한 사람들 때문에 발만 모아놓은 방도 있을 수 있다.

본래 신앙은 전 인격으로 나타나야 한다. 들은 것이나 말하는 것이 신앙이 아니다. 자기가 아는 것도 신앙이 아니다. 유대인은 이런 점에서 틀렸다. 그들은 무엇이 옳고 무엇이 그른지 알았다. 하지만 아는 내용을 자기에게 적용할 줄 몰랐다.

특히 성경은 유대인을 향해서 "우상을 가증히 여기는 네가 신전 물건을 도적질하느냐?"라고 꾸짖는다. 신전 물건은 아무나 훔칠 수 없다. 일단 그 신전에서 섬기는 신이 무용지물인 것을 알아야 한다. 그러면 신전 물건을 훔칠 수 있는 사람은 천생 유대인뿐이다. 그들은 우상이 아무것도 아닌 것을 알았다. 그래서 온전히 하나님을 섬긴 것이 아니라 신전 물건을 훔쳤다. 속으로 "저 미련한 것들, 우상을 왜 섬겨?"라고 하면서 이방인을 조롱했을 수도 있다.

마음속에 우상이 있는 사람은 하나님 보시기에 가증하다. 그러면 마음속에 우상만 없으면 되느냐 하면 그렇지 않다. 하나님은 "우상을 섬기면 빵점 우상을 섬기지 않으면 백점"으로 채점하는 분이 아니라 우상을 섬기지 않는 마음속에 과연 무엇이 있는지 보시는 분이다. 할례는 마음에 하라는 말씀이 있을 수밖에 없다.

할례는 하나님의 백성 된 표지를 몸에 새기는 것이다. 그렇다고 해서 할례를 받은 사람은 거룩한 사람이라는 뜻이 아니다. 거룩하게 살아야 할 책임이 있는 사람이다. 율법을 받았으면 율법을 지켜야 하는 것처럼 할례를 받았으면 할례 받은 사람으로 살아야 한다. 신앙은 할례를 행하면서 잘라낸 생식기 표피를 하나님께 드리는 것으로 나타나는 것이 아니라 할례 받은 몸으로 살아가는 모습을 통하여 증명된다.

본문은 유대인들을 향하여 "하나님의 이름이 너희 때문에 이방인 중에서 모독을 받는도다"라고 꾸짖는다. 설마 자기 입으로 하나님을 모독하는 사람이 있을까? 하지만 살아가는 모습으로 하나님을 모독하는 사람은 얼마든지 있다. 신앙이 있다고 하면서 그 신앙이 삶에서 나타나지 않으면 그때마다 하나님의 이름이 모독을 받을 수밖에 없다. "믿는 사람이 왜 저래?", "저 사람도 교회 다녀?" 등의 말이 그렇다. 신앙이 표현되지 않으면 그때마다 불신앙이 표현되기 때문이다.

명심하자. 세상 눈치를 보는 법, 사람들의 이목을 끄는 법, 남 앞에서 체면 차리는 법, 사람들의 환심을 사는 법 등은 이미 아는 것으로 충분하다. 우리의 남은 날은 하나님 눈치 보는 법, 하나님의 이목을 끄는 법, 하나님 앞에 온전히 서는 법, 하나님을 기쁘시게 해드리는 법을 배우는 것으로 채워야 한다.

# 3장 의인은 없나니

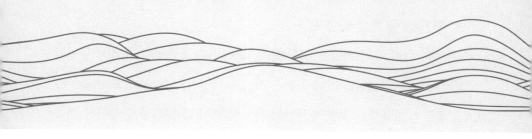

**3:1-6) 그런즉 유대인의 나음이 무엇이며 할례의 유익이 무엇이냐 범사에 많으니 우선은 그들이 하나님의 말씀을 맡았음이니라 …(중략)… 결코 그렇지 아니하니라 만일 그러하면 하나님께서 어찌 세상을 심판하시리요**

하나님 앞에서는 유대인과 이방인이 아무 차이가 없다는 내용으로 2장이 끝났다. 율법을 듣는 자가 의인이 아니라 율법을 행하는 자가 의인이기 때문이다. 당연한 말이다. 하지만 유대인들은 당혹스러웠을 것이다. 유대인과 이방인을 구별하신 분이 하나님인데 이제 와서 똑같다는 것은 이치에 어긋나지 않는가?

"너희가 율법을 지키지 않았으니 너희 책임 아니냐?"라는 말도 그렇다. 지키지 못할 율법을 왜 주셨단 말인가? 율법을 주신 분이 하나님이니까 자기들의 실패가 하나님의 실패로 연결될 수 있는데 하나님은 실패할 수 없는 분이다. 게다가 자기들이 율법을 지키는데 실패했다면 하나님의 기준이 명확히 드러난 셈이다. 그 또한 자기들이 하나님을 세상에 알리는 역할을 한 것 아니냐고 우길 수도 있다.

본문은 그런 식의 반발을 염두에 둔 내용이다. 유대인의 유익이 무엇일까? 요즘 말로, 예수를 믿어서 좋은 점이 무엇일까? 꼬박꼬박 교회 출석하고 십일조 헌금하고 교회 봉사하는 사람이 믿지 않는 사람과 차이가 없다면 억울한 일이다. 하지만 이다음에 천국 가는 것 말고는 달라 보이지 않는 것이 현실이다.

간혹 "이럴 줄 알았으면 좀 늦게 믿을 걸…"이라는 말을 들을 수 있다. 신앙이 있어도 좋은 점이 없다는 푸념이다. 요컨대 신앙의 가치를 몰라서 그렇다. 모름지기 신앙은 거룩에서 가치를 찾아야 한다. 거룩에는 관심이 없는 채 세상 욕심에만 사로잡히면 그렇게 된다.

초등학교 5학년 때 누가복음에 나오는 탕자 얘기를 처음 들었다. 그런데 뭘 잘못 들은 모양이다. 오히려 탕자가 부러웠다. "자기 몫의 유산을 정말로 다 주다니! 우리 아버지도 그러면 얼마나 좋을까?"라는 생각을 한 것이다. 거기에 한 술 더 떠서 "나는 흥청망청 쓰지 말고 아껴서 써야지"라는 생각도 했다.

그런 생각을 한 이유가 무엇일까? 아직 어려서 그런 것이면 문제가 안 된다. 나이를 먹으면 저절로 해결될 것이다. 하지만 우리의 본성 때문이면 심각하다. 나이를 먹어도 해결되지 않고 여간해서는 고쳐지지도 않을 것이다.

집에 돌아온 탕자가 무화과나무 그늘에서 동네 친구들한테 집을 나가서 지내던 시절을 얘기한다고 가정해 보자. 친구들이 어떤 반응을 보일까? 탕자가 허랑방탕하게 지내던 얘기를 들으며 부러워하지는 않을까?

어쩌면 우리가 아는 탕자는 세상이 주는 재미를 마음껏 누리다가 아버지의 아들 된 지위를 회복하여 꿩도 먹고 알도 먹은 사람일 수 있다. 탕자가 집에 돌아오기는 했는데 과거를 뉘우치는 것이 아니라 오히려 그리워하는 격이다. 예수를 믿는다고 하면서도 온갖 재미있는 것은 다 세상에 있다고 생각하면 대책이 없다.

이왕 믿기 시작한 예수를 이제 와서 안 믿을 수는 없다. 하지만 제대로 믿기에는 세상 욕심이 너무 많다. 그래서 예수를 믿는 쪽으로는 최소한의 성의만 할애하고 자기의 모든 시간과 열심은 세상을 위해서 동원한다. 평생 예수 안에서 신실하게 살다 죽은 사람보다 죽기 1초 전에 회개하고 천국 간 사람이 더 부럽다. 신앙에 대한 정당한 목표가 없기 때문이다.

"그런즉 유대인의 나음이 무엇이며 할례의 유익이 무엇이냐"라는 질문에 성경은 "범사에 많으니 우선은 저희가 하나님의 말씀을 맡았음이니라"라고 답한다. 그러면 그다음은 무엇일까? 우리 기대대로라면 "둘째는 저희가 세상에서 하나님의 우대를 받을 것임이요, 셋째는 그 경건의 정도에 따라서 하나님이 현찰로 보상할 것임이요…"라는 내용이 있어야 할 것 같은데 그렇지 않다. "저희가 하나님의 말씀을 맡았다"로 끝이다. 그렇다고 해서 "예수를 믿는 유익은 성경 하나뿐이다. 신자는 이 세상과 관계없는 사람이다."라는 뜻이 아니다. 본문에 보면 "우선은 그들이 하나님의 말씀을 맡았음이니라" 앞에 "범사에 많으니"가 있다.

예수를 믿는 유익은 범사에 많다. 하지만 하나님의 말씀을 맡았다는 사실이 워낙 중하기 때문에 그 사실만 거론하는 것이다. 예수를 믿으면 하나님의 뜻을 알게 된다. 하나님의 뜻을 기준으로 살 수 있게 된 사람과 자기 욕심대로 사는 사람을 견줄 수는 없다.

존 스튜어트 밀이 "나는 배부른 돼지보다 배고픈 소크라테스가 좋다"라고 했다. 돼지와 소크라테스는 비교 대상이 아니다. 그런데 자기에게 무엇이 복인지 모르는 것이 문제다. 소크라테스가 된 다음에라도 배만 부를 수 있다면 기꺼이 돼지를 부러워할 준비가 되어 있다.

예수를 믿는 유익은 세상에 속한 것으로 가늠할 수 있을 만큼 제한적이지 않다. 우리는 생명과 진리와 거룩을 아는 사람들이다. 유대인들로 말하면 율법을 받은 사람들이다. 그런데 율법을 통하여 하나님께 나아가는데 실패했다. 그러면 하나님이 헛수고를 하신 것일까? 하나님은 전지전능하신 분인데 지키지도 못할 율법을 왜 주셨단 말인가? 능력 없는 직원에게 일을 맡겨서 잘못된 것은 상사의 책임이지만 하나님이 이스라엘에게 율법을 주신 것은 그런 경우가 아니다. 율법을 주신 하나님과 예수님을 보내신 하나님이 같은 하나님이기 때문이다.

율법은 인간의 죄를 드러내기 위해서 필요하다. 마치 X-ray를 찍는 것과 같다. X-ray를 찍었다고 해서 치료가 되지는 않는다. 하지만 치료를 위해서는 찍어야 한다. 이렇게 따지면 이스라엘은 X-ray 촬영에 실패한 환자와 같다. 그리고 하나님은 그런 이스라엘을 위해서 예수님을 보내셨다. 하나님의 구원은 애초부터 십자가에 귀결되어 있었다.

**3:7-8〉 그러나 나의 거짓말로 하나님의 참되심이 더 풍성하여 그의 영광이 되었다면 어찌 내가 죄인처럼 심판을 받으리요 …(중략)… 어떤 이들이 이렇게 비방하여 우리가 이런 말을 한다고 하니 그들은 정죄 받는 것이 마땅하니라**

율법을 받았으면서도 죄를 알지 못했던 유대인들이 예수님을 하나님의 아들로 인정할 수는 없는 노릇이다. 그들은 자기들이 하나님의 백성이라는 사실을 전제로 모든 논리를 전개한다. 자기들이 율법을 지키는 일에 실패했다고 해도 하나님은 예수님을 세상에 보내셨고, 그 일을 통해서 하나님이 어느 만큼 은혜로우신 분인지 선포되었으면 자기들 때문에 하나님의 은혜가 알려졌으니 오히려 공을 세운 것 아니냐고 우길 수도 있다.

예수님은 어차피 죽으러 오셨으니 가룟 유다도 나름대로 하나님의 계획에 동참한 것 아니냐는 질문을 받은 적이 있다. 누군가 감당해야 할 악행에 유다가 총대를 맨 것 아니냐고 하면 뭐라고 해야 할까?

요셉의 형들이 요셉을 노예로 팔았다. 요셉과 요셉의 형들이 다시 만난 것은 22년 만의 일이다. 그때 요셉의 형들이 받은 충격은 엄청났을 것이다. 요셉이 비렁뱅이였으면 사과라도 할 수 있다. "정말 미안하다. 우리가 너무 몹쓸 짓을 했구나. 네가 이 지경이 될 줄은 몰랐다. 용서해라."라고 하면서 눈물 몇 방울 흘리면 요셉도 "형! 나, 배고파. 사흘째 아무것도 못 먹었어.

밥 좀 사줘."라고 할 것이다.

하지만 요셉은 애굽의 총리였다. 요셉의 말 한마디에 자기들은 죽은 목숨이다. 새파랗게 질린 얼굴로 바들바들 떨다가 기지를 발휘해서 말한다. "정말 장하다. 우리는 네가 자랑스럽구나. 생각해보아라. 네가 어떻게 해서 이렇게 될 수 있었겠느냐? 우리가 너를 팔았기 때문 아니냐? 너는 우리 공로를 잊으면 안 된다." 유다가 예수님이 십자가를 지는데 오히려 공을 세운 것 아니냐는 말이 이와 같다.

본문이 그런 얘기인데 논조가 아주 매몰차다. "이건 이렇고 저건 저러니까 그런 말은 사리에 어긋난다"라고 설명을 하지 않고 "…그들은 정죄 받는 것이 마땅하니라" 하고 일축한다. "그런 말도 안 되는 생각을 하는 것을 보니 과연 심판받아 마땅한 족속이다"라는 뜻이다. 모름지기 예수를 믿는 사람이라면 그런 식의 발상을 하지 않는다.

신자는 하나님께 우호적이게 마련이다. 하나님은 항상 옳은 분이라는 사실을 기본적으로 인정한다. 하지만 불신자는 그렇지 않다. 별 희한한 논리로 하나님이 틀렸다고 우긴다.

"하나님이 왜 선악과를 만들었을까?"라는 질문에 명쾌하게 답을 하는 사람은 많지 않다. 하지만 신자는 의아하게 생각할지언정 신앙에 영향을 받지는 않는다. "잘 모르지만 뭔가 있겠지"라고 생각한다. 불신자는 그렇지 않다. "교회는 역시 엉터리야"라는 결론을 내린다. 하나님을 틀렸다고 해서라도 자기가 옳다는 사실을 고집하고 싶은 것이다.

우리에게도 같은 폐단이 있을 수 있다. 사람은 언제나 자기를 기준으로 생각한다. 심지어 신앙까지도 자기가 기준이다. 무엇이 옳고 무엇이 그른지 자기가 정하려고 한다.

교회에 오면 마음이 편해야 하는데 요즘 그렇지 못하다며 고민하는 사람이 있었다. 내가 물었다. "교회에 오면 마음이 편해야 한다는 말이 성경 어디에 있습니까?" 그분이 머뭇거리더니 "꼭 성경에 있어야 하나요?"라고 반문했다.

교회는 심리적인 안정을 구하는 곳이 아니다. 그런데 그렇게 아는 사람이 많다. 그분도 그랬다. 아무리 그렇지 않다고 해도 수긍하지 않았다. "교회는 하나님이 우리의 정서를 위해서 만든 곳이 아닙니다. 이 세상과 다음 세상의 통로로 만든 곳입니다. 교회를 위해서 예수님이 친히 피를 흘리셨는데 그런 교회에서 고작 심리적인 안정이나 찾는 것은 어딘가 어색하지 않습니까?"라는 말이 전혀 소용없었다. 교회에 와도 마음이 편하지 않으면 교회 다닐 이유가 없다는 것이었다.

주님께서 왜 교회를 세우셨는지가 문제가 아니다. 자기 생각이 중요하다. 신앙이 무엇인지 자기가 정한 단적인 예다.

신앙은 信仰(믿을 신, 우러를 앙)이다. 신앙은 언제나 그 주체보다 대상에 더 비중이 있어야 한다. 우리에게 있는 신앙이 진짜 신앙일 수 있으려면 우리 자신보다 우리가 믿고 우러르는 분을 더 존중해야 한다. 그분이 우리 주인이다.

3:9-20〉 그러면 어떠하냐 우리는 나으냐 결코 아니라 유대인이나 헬라인이나 다 죄 아래에 있다고 우리가 이미 선언하였느니라 …(중략)… 율법의 행위로 그의 앞에 의롭다 하심을 얻을 육체가 없나니 율법으로는 죄를 깨달음이니라

중·고등부를 지도하던 시절의 일이다. 학년별로 반이 편성되어 있었고 따로 신입반이 있었다. 신입반은 내가 맡았는데 항상 똑같은 질문으로 시작했다. "네 생각에는 사람이 본래 선할 것 같으냐, 악할 것 같으냐?" 이렇게 물으면 거의 대부분 선할 것 같다고 대답한다.

"태어날 때는 선하게 태어나는데 사회가 악하기 때문에 사회의 영향으로 점점 악하게 된단 말이지?"

"예"

"그 사회는 누가 만들었는데?"

"사람이요"

"본래 선하게 태어난 사람이 사회를 만들었으면 그런 사회에서 살아가는 사람은 그 사회의 영향으로 더 선해져야 하는 것 아냐?"

"……"

강보에 누운 아이가 해맑게 웃는 모습을 보면 도무지 악한 데라고는 없는 것 같다. 하지만 그런 아이도 싸움을 한다. 다른 아이가 자기 엄마 무릎에 앉으면 밀치기도 하고 다른 아이의 장난감을 빼앗으려고도 한다. 양보는 가르쳐줘도 잘 안 되는데 싸움은 가르쳐주지 않아도 한다는 것이 무슨 뜻

일까?

4살짜리 아이에게 거짓말을 가르쳐준 사람은 없다. 그런데 필요한 상황이 되면 거짓말을 한다. 배우지 않은 거짓말을 한다는 얘기는 거짓말을 외부에서 갖고 오지 않고 내부에서 꺼냈다는 뜻이다. 죄가 사람의 내부에 있다.

모든 부모가 아이에게 잔소리를 하는 것만 봐도 사람이 본래 악하게 태어난다는 사실을 알 수 있다. 선하게 태어나면 굳이 잔소리를 할 이유가 없다. "오냐, 오냐" 하면서 다 받아주면 저절로 선하게 자라서 훌륭한 사람이 되어야 한다. 그런데 모든 부모가 잔소리를 하면서 키운다. 자고로 아이는 하고 싶은 대로 하게 놓아두면 안 된다는 사실을 알기 때문이다.

사람은 죄인으로 태어난다. 죄를 지어서 죄인이 되는 것이 아니라 죄인으로 태어나기 때문에 죄를 짓는다. 그리고 복음을 복음으로 알 수 있으려면 우리가 얼마나 심각하게 죄에 오염되어 있는지 알아야 한다. 1:18부터 3:20까지 인간이 어느 만큼 죄인인지 언급한 이유가 여기에 있다. 모든 사람이 죄인이라는 사실에는 예외가 없다.

하나님이 유대인에게 율법을 주셨다. 그랬더니 유대인의 죄성이 드러났다. 그러면 이방인은 어떻게 되는 것일까? 그들에게도 율법이 주어졌으면 그들의 죄성이 드러났을 것이다. 죄 아래 있다는 사실에는 유대인과 헬라인이 아무 차이가 없다.

6·25 때의 일이다. 두 남매가 있었는데 오빠가 그만 폐결핵으로 눕고 말았다. 당시만 해도 폐결핵은 상당히 위험한 병이었다. 누이동생이 백방으로 애를 썼는데 여자의 몸으로 무엇을 할 수 있겠는가? 별수 없이 술집에 나가

게 되었다. 물론 오빠에게는 비밀로 했다. 그런 정성이 통했는지 오빠의 병세가 점차 차도를 보였고 결국 폐결핵이 나았다. 전쟁도 끝났다. 당연히 누이동생은 술집 생활을 청산했고, 남매가 같이 교회에 출석하게 되었다.

공교롭게도 누이동생이 술집에서 일한 것을 아는 교인이 있었다. 그런 사실을 알면 "뭔가 사연이 있겠지…" 하고 넘어가면 얼마나 좋을까? 그런데 사람은 그렇게 분별이 있지 않다. 자기가 아는 것을 어떻게 말하지 않을 수 있을까? 한 사람, 두 사람 입을 통해서 대부분 교인이 알게 되었고 급기야 오빠 귀에도 들어갔다. 충격을 받은 오빠가 누이동생을 다그쳤더니 사실이라고 실토했다. 서로 자기 잘못이라며 부둥켜안고 울던 남매가 결국 자살을 택했다.

장례를 집례하던 목사가 "이다음에 하나님이 '너는 세상에 있는 동안에 내 양떼를 어떻게 먹이다 왔느냐?'라고 물으실 텐데, 나는 그때 '하나님, 그들은 양떼가 아니었습니다. 전부 이리떼였습니다.'라고 대답할 수밖에 없습니다."라고 했다. 지어낸 얘기가 아니라 실제로 있었던 일이다.

그 남매에 대해서 수군거린 사람들이 어떤 사람들일까? 그 교회라고 해서 남의 불행을 즐기는 사람들만 모였을 리는 없다. 여느 교회 교인과 별 차이가 없는 평범한 교인들이었을 것이다. 그 교회 교인들은 누구나 할 수 있는 일반적인 얘기를 했을 뿐이다. 악의적으로 없는 말을 꾸며낸 것이 아니다. 그런데 성실하게 살아가는 남매를 죽음으로 몰아넣고 말았다. 이것이 사람의 수준이다.

13절에서 "그들의 목구멍은 열린 무덤이요"라고 한 그대로다. 이스라엘에서는 시신을 동굴에 안치하고 입구를 돌로 가렸다. 돌을 치우면 무덤 내부가 드러난다. 그 안에서 나오는 것은 시체 썩는 냄새뿐이다. 사람 입에서 나오는 말이 그렇다. 유난히 악한 사람이 그런 것이 아니다. 유대인, 헬라인 할 것 없이 다 그렇다.

성경은 남의 얘기가 아니다. "그들의 목구멍은 열린 무덤이요 그 혀로는 속임을 일삼으며 그 입술에는 독사의 독이 있고 그 입에는 저주와 악독이 가득하고 그 발은 피 흘리는데 빠른지라"라는 말씀이 흉악한 범죄자에게만 적용되는 것이 아니다. 우리에게도 똑같이 적용된다. 옛날 유대인들은 자기들은 의인이고 이방인들은 죄인으로 알았다. 그런데 성경은 유대인이나 헬라인이나 다 죄 아래 있다고 못을 박는다. 교회 다니는 사람이나 교회 다니지 않는 사람이나 똑같이 죄인이라는 뜻이다.

부교역자 시절, 아버지가 외도를 하는데 어떻게 하면 좋으냐며 찾아온 학생이 있었다. 비슷한 시기에 다른 학생에게서도 같은 말을 들었다. 연거푸 그런 말을 들으니 마음이 무거웠다. 친구들을 만난 자리에서 그 말을 꺼냈다. "내가 목사다 보니 그런 말을 남보다 많이 듣는 건가? 아니면 요즘 세태가 그만큼 타락했다는 뜻일까?" 한 친구가 답했다. "그러니까 전기 통하는 사람을 만나지 않게 해달라고 기도해야 해. 전기 통하는 사람 만나면 별수 없어." 외도를 한 사람과 하지 않은 사람의 차이는 전기 통하는 사람을 만났느냐, 만나지 않았느냐의 차이라는 것이다.

죄가 드러난 사람이라고 해서 우리와 유전자가 다르지 않다. 부주의하게 남의 말을 하다가 애꿎은 남매를 죽음으로 몰아넣은 사람들이라고 해서 남

달리 험담을 즐기는 사람들이 아니다. 혹시 우리가 죄를 짓지 않았다면 남보다 인격이 훌륭해서가 아니라 죄를 지을 기회가 없었기 때문이다.

유대인도 죄인이고 헬라인도 죄인이면 신자와 불신자는 어떤 차이가 있을까? 신자는 자기가 죄인인 것을 알고 불신자는 자기가 죄인인 것을 모른다는 차이가 있다.

신자가 죄인인 것을 안다는 얘기는 자기 수준이 죄인인 것을 안다는 뜻이다. 신분을 따지면 신자는 의인이다. 예수님이 우리를 위하여 돌아가셨는데 여전히 죄인이면 십자가 사역이 무색하게 된다. 교회에서 흔히 죄인이라고 하는 얘기는 수준이 그렇다는 뜻이다. 여기에 반하여 불신자는 자기가 죄인인 것을 모른다. 자기 수준이 죄인인 것을 모를 뿐만 아니라 자기 신분 역시 죄인인 것을 모른다. 불신자에게 "당신은 죄인입니다"라고 하면 "내가 왜 죄인이야? 내가 도둑질을 했어, 사람을 죽였어?"라고 할 것이다. 하나님을 틀렸다고 할지언정 자기가 틀릴 가능성은 인정하지 않는다.

신자는 그렇지 않다. 신자는 자기가 죄인인 것을 안다. 예수님이 자기 대신 죽으셔서 죄 문제가 해결된 것도 안다. 죄인에서 의인으로 바뀐 것도 안다. 그런데 문제는 수준이 여전히 죄인이라는 사실이다.

신분은 의인인데 수준이 죄인이면 어떻게 해야 할까? 신분을 기준으로 수준을 고쳐야 할까, 수준을 충족시키기 위해서 신분을 이용해야 할까? 이것이 우리에게 있는 갈등일 것이다.

공무원으로 근무하는 장로의 간증을 읽은 적이 있다. 공무를 담당하다 보면 이런저런 청탁을 받는 수가 있는데 청탁을 맨입으로 하지는 않는다. 그때마다 거절하기도 하고 몰래 두고 간 봉투는 나중에 돌려주었다는데 특히 답답할 때가 있다고 했다. "저도 믿는 사람입니다. 믿는 사람이 믿는 사람을 도와주서야죠. 잘 좀 부탁드립니다. 은혜 잊지 않고 항상 기도하겠습니다."라고 하는 사람들 때문이다. 신앙이 있으면 불법 청탁을 하지 말아야 한다. 그런데 오히려 신앙을 담보로 불법 청탁을 하면 어떻게 하자는 얘기일까?

우리는 우리가 죄인인 것을 안다. 우리 육체가 죄에 속한 것을 원한다는 사실도 안다. 그런데 그 죄를 다스리려 하지 않는다. 오히려 죄 된 욕구를 충족시키려고 한다. 우리의 수준을 우리의 신분에 맞게 끌어올리는 일에는 관심이 없고 우리의 신분을 이용해서 수준을 즐기려고 한다.

우리한테 그런 경향이 있는 것을 안다면 정말로 정신 바짝 차려야 한다. 바람에 나는 겨처럼 살면 우리와 불신자 사이에 아무런 구별이 없게 된다. 본성적으로 죄인이라는 사실에 구별이 없는 것은 별수 없다. 하지만 그 사실을 알았으면 그다음부터는 달라야 한다. 우리 인생에서 죄가 득세하는 일은 더 이상 없어야 한다. 우리를 사랑하시는 하나님이 죄를 미워하시기 때문이다.

**3:21-22〉 이제는 율법 외에 하나님의 한 의가 나타났으니 율법과 선지자들에게 증거를 받은 것이라 곧 예수 그리스도를 믿음으로 말미암아 모든 믿는 자에게 미치는 하나님의 의니 차별이 없느니라**

율법 외에 하나님의 한 의가 나타났다고 했다. 율법도 하나님의 의라는 사실을 전제로 한다. 율법도 하나님의 의인데 율법이 아닌 다른 하나님의 의가 나타났다는 것이다.

율법에 대해서는 막연한 오해가 있다. 복음과 율법을 대조해서 복음은 좋은 것이고 율법은 나쁜 것이라고 생각한다. 그러면 따져보자. 권위가 좋은 것일까, 나쁜 것일까? 권위주의는 타파해야 하지만 권위는 존중해야 한다. 권위가 나쁜 것이 아니라 권위주의가 나쁜 것이다.

율법도 그렇다. 율법주의는 버려야 하지만 율법은 버리면 안 된다. 율법을 주신 분이 하나님인데 하나님이 나쁜 것을 주셨을 리가 없다. 율법은 하나님이 주셨다는 사실만으로 귀하고 좋은 것이다.

율법은 이스라엘을 향한 하나님의 기대 수준이다. 하나님이 이스라엘을 구원하신 이유는 가나안으로 인도하기 위해서다. 그런데 가나안에 가기 전에 먼저 시내산에서 율법을 주셨다. "가나안에 들어가 살려면 이 정도 수준은 되어야 한다"라는 뜻이다. 율법을 지켜서 애굽에서 나온 것은 아니지만 가나안에 들어가 살려면 율법을 지켜야 한다. 그런데 이스라엘은 율법을 지킬 실력이 없었다.

결국 가나안 땅에서 살 수 없게 되고 말았다. 나라가 남북으로 갈라지더니 북 왕국은 앗수르에게 망하고 남 왕국은 바벨론에게 망해서 전부 포로로 끌려갔다. 하나님이 주신 땅에서 살 자격을 박탈당한 것이다.

그것으로 끝나지 않았다. 바벨론이 바사한테 망했다. 이스라엘의 운명도 바사로 넘어갔다. 바사의 고레스왕이 칙령을 반포했다. 이스라엘은 자기

네 나라로 돌아가도 좋다는 것이다. 이렇게 해서 이스라엘이 가나안 땅으로 돌아가게 되었다. 가나안 땅에서 살 자격이 없어서 쫓겨났는데 다시 가나안 땅에서 살 수 있게 된 것이다. 이제는 율법 외에 하나님의 한 의가 나타났다는 것이 이런 얘기다. 우리가 우리 의로 구원 얻을 수 없자, 하나님이 하나님의 의로 우리를 구원하셨다.

본래 율법은 인과율이다. 자기가 원인을 제공하고 결과를 자기가 책임지는 것이다. 하나님이 그런 율법을 제시하셨는데 율법의 요구를 충족시킬 수 있는 사람이 없었다. 그러자 하나님이 율법이 아닌 다른 방법으로 하나님의 의를 이룰 수 있는 경로를 마련하셨다. 본래 이스라엘은 율법을 지켜서 가나안 땅에 살게 되어 있었는데 그렇게 하지 못하고 가나안 땅에서 쫓겨나자, 하나님이 고레스를 통하여 가나안 땅에 살 수 있게 하신 것과 같다. 율법의 요구를 충족시킬 수 없는 우리가 율법이 아닌 다른 경로로 하나님의 의를 이룰 수 있게 되었다. 이것이 복음이다.

이처럼 율법 외에 하나님의 한 의가 나타난 것은 율법과 선지자들에게 증거를 받은 것이다. 율법과 선지자는 성경의 별칭이다. 당시에는 신약이 없었다. 구약이 곧 성경이었다. 창세기, 출애굽기, 레위기, 민수기, 신명기의 모세 5경을 율법서라고 하고 이사야, 예레미야, 에스겔, 다니엘, 호세아, 요엘 등 선지자들이 쓴 책을 선지서라고 한다. 율법과 선지자는 율법서와 선지서, 곧 성경을 말한다. 즉 성경에 예언된 대로 율법 외에 하나님의 한 의가 나타났다.

하나님이 처음에는 율법으로 구원하려고 했는데 그것이 여의치 않자, 더 강력한 카드로 예수님을 보내신 것이 아니다. 하나님의 구원 계획은 처음부터 예수 그리스도 안에 있었다.

**3:23-24〉 모든 사람이 죄를 범하였으매 하나님의 영광에 이르지 못하더니 그리스도 예수 안에 있는 속량으로 말미암아 하나님의 은혜로 값없이 의롭다 하심을 얻은 자 되었느니라**

복음이 얼마나 귀한 것인지 알려면 먼저 율법 아래 있는 상황을 알아야 한다. "이제는 율법 외에 하나님의 한 의가 나타났다"라고 했으니까 '그때'는 어떠했다는 뜻일까? 그때는 율법밖에 없었다. 자기 행위에 스스로 책임을 져야 했다. 그런데 자기 실력으로 하나님의 의에 이를 수 없었다. 결국 모든 사람이 심판에 직면하게 되었다.

복음이 복음인 이유는 '그때'와 '이제'가 대조되기 때문이다. 그때는 우리 영혼을 우리가 책임져야 했고 우리 실력으로 하나님의 의에 이르러야 했다. 하지만 이제는 우리 영혼을 예수님이 책임지신다.

'그때'에 대한 개념이 없으면 기독교의 가치를 모르게 된다. 예수를 믿는다고 하면서 영혼에 관심이 없으면 어떻게 될까? 하나님이 예수님을 보내신 것은 우리가 죄인이기 때문이다. 예수를 믿지 않고는 죄를 해결할 방법이 없다. 그런데 예수를 믿는다고 하면서도 죄 문제에 관심이 없으면 정말로 예수를 믿겠다는 것인지, 예수 믿은 덕을 보겠다는 것인지 분간이 안 되게 된다.

예수님이 나사로를 살리셨다. 그때 나사로는 죽은 지 나흘이었지만 예수님이 부르시자, 무덤 밖으로 나왔다. 나사로가 예수님의 음성을 듣고 살아난 것이 아니다. 당시 나사로는 청력이 없었다. "예수님이 나를 부르는구나. 조금만 힘을 내자. 무덤 밖까지 나가기만 하면 살아날 수 있다." 하고 억지로 몸을 일으켜서 무덤 밖으로 나오자, 예수님이 가상히 여겨서 살려주신 것이 아니다. 예수님의 말씀이 죽은 나사로를 살려내었다.

이스라엘은 동굴을 무덤으로 사용하는데 동굴이 일종의 가족 공동묘지다. 동굴 하나에 할아버지, 할머니, 큰아버지, 큰어머니, 아버지, 어머니가 줄줄이 장례된다. 나사로를 장사 지낸 무덤에도 나사로의 아버지와 어머니, 할아버지, 할머니의 시신이 있었을 것이다. 그러면 그 시신들과 나사로의 시신 사이에 어떤 차이가 있을까?

우리가 그렇다. 우리라고 해서 불신자와 다르지 않다. 차이가 있다면 값없이 의롭다 하심을 입은 것뿐이다. 우리가 예수를 믿었더니 그 공로로 의롭다 하심을 얻은 것이 아니다. 값없이 의롭다 하심을 얻어서 예수를 믿고 있다. 흔히 하는 표현을 빌리면 공짜로 구원 얻었다.

하지만 하나님이 우리를 구원하신 것은 절대 공짜가 아니었다. 우리를 구원하기 위하여 그 아들을 죽이셨다. 이 사실을 인식한다면 우리에게 허락된 신분을 결코 소홀히 할 수 없을 것이다. 구원이 어느 만큼 귀한지 알아서 마땅히 귀하게 가꾸어야 한다.

고등학생 때의 일이다. 기를 쓰고 공부를 하지 않는 친구가 있었다. 답답한 마음에 구박하곤 했다. "정신 좀 차려라. 언제까지 이렇게 살래?" 그때마다 대답이 똑같았다. "놓아둬라. 이렇게 살다 죽으련다."

그렇게 살다 죽겠다는데 무슨 말을 하겠는가? 항상 거기서 말이 막혔다. 그때는 나도 거기까지밖에 말을 못했는데 지금이라면 해줄 말이 있다. "죽은 다음에는 어떻게 할래?" 그때 왜 이 말을 생각하지 못했는지 모르겠다.

사람들은 죽으면 끝인 줄 안다. 그런데 죽은 다음이 있다. 죽는 것으로 모든 것이 끝나면 세상을 사는 문제가 심각하지 않을 수 있다. 부자나 가난한 사람이나, 정직한 사람이나 불의한 사람이나, 잘난 사람이나 못난 사람이나 죽은 다음에는 다 똑같다. 하지만 죽은 다음이 있다면 문제가 심각하게 된다. 그때는 "어떻게 살 것인가?"보다 "어떻게 죽을 것인가?"를 따져야 한다.

하나님은 우리에게 고작해야 70년, 80년 살다가 끝나는 인생을 주시지 않았다. 그 아들을 십자가에 못 박아 죽이는 대가를 치르면서까지 우리에게 영원한 생명을 주셨다. 그 생명을 어떻게 가꾸느냐 하는 것은 전적으로 우리 책임이다.

**3:25-26〉 이 예수를 하나님이 그의 피로써 믿음으로 말미암는 화목제물로 세우셨으니 …(중략)… 곧 이때에 자기의 의로우심을 나타내사 자기도 의로우시며 또한 예수 믿는 자를 의롭다 하려 하심이라**

"번역은 반역이다"라는 말이 있다. 한 나라의 언어를 다른 나라 언어로 옮기면 뜻이 훼손되게 마련이다. 사극에 늘 나오는 "성은이 망극하옵니다"와 "황공무지로소이다"를 영어로 하면 "Thank you", "I am sorry"이다. 도무지 같은 뜻 같지 않지만 별수 없다. 사람과 사람이 사는 세상에서도 이런 일이 작용한다. 하물며 하나님의 일을 인간의 언어로 완벽하게 설명하는 것이 가능할까?

대표적인 것 중의 하나가 믿음이다. 흔히 예수를 믿으면 구원 얻는다고 하는데 믿음은 구원을 얻기 위해서 제시해야 하는 조건이 아니다. 하나님이 우리를 구원하신 통로다. 그런데 하나님이 우리를 구원하신 통로를 뜻하는 단어가 세상에 없다. 그래서 빌려온 단어가 믿음이다.

왜 하필 믿음인가 하면, 행위가 아닌 것을 강조하기 위해서 그렇다. 본래 구원을 얻으려면 그럴 만한 행위가 있어야 한다고 생각하는 것이 사람의 본성이다. 불교의 수행정진이나 힌두교의 고행이 그렇다. 종교가 없는 사람들은 착한 일을 많이 해야 천당 간다고 말하기도 한다. 그런데 우리는 그렇지 않다. 구원은 행위로 얻는 것이 아니기 때문이다. 그래서 믿음이라고 한다.

하나님이 예수를 그의 피로써 믿음으로 말미암는 화목 제물로 세우셨다. 피나 화목 제물은 구약시대의 희생 제사를 떠올리게 한다. 제사 드릴 때는 제물이 되는 짐승을 죽인 다음 피는 제단에 뿌리고 각을 떠서 불에 태운다. 그 짐승이 하나님과의 사이를 화목하게 만들어주는 제물이다.

화목 제물은 우리가 하나님과 불화한 사이임을 전제로 한다. 본래 우리는 하나님과 원수지간이었다. 우리는 예수를 믿으면 구원 얻는다고 쉽게 말하지만 이 말에는 "하나님은 죄에 대하여 진노하는 분이다. 우리에게는 그런 죄가 있다. 그래서 예수님이 우리 대신 죗값을 치르셨고, 우리가 하나님과 화목하게 되었다."라는 내용이 포함된다.

이 모든 일을 예수님이 이루셨다. 그리고 하나님은 예수님이 이루신 일을 우리가 이룬 것으로 간주하신다. 그런 내용을 믿음이라고 한다. 예수님이 이루신 것을 우리가 이룬 것으로 간주하는 방법이 믿음이다.

신앙은 죄를 향한 하나님의 진노에서 시작해야 한다. 하나님이 어느 만큼 사랑이 많으신 분인지 말하기 전에 하나님이 어느 만큼 죄를 미워하시는 분인지 알아야 한다. 이 사실을 놓치면 신앙이 물러터지게 된다. "하나님 싫어하시는 일은 절대 안 한다"라는 결연한 의지가 있어야 하는데 오히려 "이 정도는 이해해주시겠지" 하고 지레 발뺌하게 된다.

부교역자 시절, 한 청년이 토요일에 편의점에서 아르바이트를 하기로 했다며 당분간 청년 예배에 못 나온다고 하더라는 말을 들었다. 그 청년을 불러서 호되게 질책했다. 그러자 어지간하면 예배에 지장 없는 아르바이트를 구하려고 했는데 그런 자리가 없어서 별수 없었다고 했다. 말도 안 되는 얘기 하지 말라고 계속 나무랐더니 난처한 표정을 지었다. 오는 토요일부터 근무하기로 이미 얘기가 끝났는데 이제 와서 어떻게 하느냐는 것이었다.

"당장 가서 죄송하다고 말씀드리고 못 한다고 해!"

"어떻게 그래요?"

"어떻게 하긴 뭘 어떻게 해? 그냥 찾아가서 아랫배에 힘주고 얼굴에 철판 깔고 '죄송합니다.'라고 하면 되지."

"미안하잖아요."

"미안할 일은 네가 했잖아. 그럼 미안해야지, 별수 있냐?"

"……"

"너는 편의점 점장한테 난처한 것만 생각하고 하나님께 난처한 것은 생각하지 않는 거냐?"

"나중에 회개기도 하면 되잖아요?"

편의점 점장에게 난처한 일은 차마 못하지만 하나님께 난처한 일은 할 수 있는 모양이다. 설마 그 청년만 그럴까? 하나님 눈치 대신 세상 눈치를 보는 사람이 얼마든지 있다. 세상이 싫어하는 일은 하면 안 되는 줄 알면서 하나님 싫어하시는 일을 하는 것은 별수 없는 일로 안다. 대체 하나님은 왜 믿는 것일까?

존 웨슬리가 "나에게 죄 밖에 두려울 것이 없고 하나님 밖에 바랄 것이 없는 사람 100명을 달라. 그러면 내가 지옥문을 흔들고 이 땅에 천국을 세워 보이겠다."라고 했다. 그런데 우리는 죄가 두렵지 않다. 오히려 세상에서 자기 욕심이 이뤄지지 않는 것이 두렵다. 우리의 관심이 하나님께 있지 않고 세상에 있다. 하나님께 인정받는 것보다 세상에서 인정받는 것을 더 좋아한다. "아버지의 뜻이 하늘에서와 같이 땅에서도 이루어지게 하소서"라고 아무리 기도해도 그런 일이 일어나지 않는다. 하나님의 뜻을 스스로 가로막고 있기 때문이다.

하지만 명심해야 한다. 십자가를 통해서 우리에게 주어진 것은 구원이지만 십자가 사건 자체는 죄에 대한 하나님의 심판이다. 하나님을 사랑하는 것이 신앙인 것처럼 하나님께서 미워하는 것을 미워하는 것 또한 신앙이다. 우리에게 하나님을 사랑하는 마음이 있다면 그 마음은 죄를 미워하는 것으로 나타나야 한다.

21절에서 복음을 율법 외에 나타난 하나님의 한 의라고 했다. 그리고 그에 대한 설명이 26절까지 이어진다. 복음은 율법과 다른 것이다. 율법은 자기의 행위가 자기에게 귀속되는 것이지만 복음은 자기가 하지 않은 일의 결과를 자기가 누리는 것이다. 그래서 성경은 우리가 얻은 구원을 하나님의 의라고 한다. 우리가 구원을 얻은 것은 우리가 의롭기 때문이 아니라 하나님이 의롭기 때문이다.

가끔 비리에 연루된 사람이 뉴스에 오르는 수가 있다. 비리에 연루되었다는 얘기는 일단 능력이 있다는 뜻이다. 능력이 없는 사람에게는 비리에 연루될 기회를 주지 않기 때문이다. 그리고 의롭지 않다는 뜻이기도 하다. 능력을 옳지 않게 쓴 것이 비리다.

그런데 하나님은 전능하시고 또한 거룩하시다. 만일 하나님이 전능하시지만 거룩하시지 않으면 온갖 것을 다 부탁드릴 수 있다. "하나님, 제 죄에는 신경 쓰지 마시고 그냥 제 소원이나 들어주세요."라고 할 수도 있다. 하지만 하나님이 거룩하시다는 사실을 염두에 두면 얘기가 달라진다. 하나님 앞에서 죄는 설 자리가 없다. 만일 죄가 있다면 그 죄는 반드시 해결되어야 한다.

복음이라고 해서 죄가 흐지부지되는 것이 아니다. 하나님은 죄에 대해서 절대 "알았어. 그 정도는 모른 척하고 넘어갈게."라는 식으로 반응하지 않으신다. 만일 죄를 그렇게 다루신다면 하나님이 의롭지 못한 분이 된다. 하다못해 조기축구회 심판을 맡아도 공정하게 판단해야 한다. 하물며 세상의 주인이신 하나님이 공정하지 않은 판정을 내리는 일은 있을 수 없다. 그런 하나님의 의로움이 예수님을 십자가에 못 박았고, 그 결과가 우리에게 전이된 것이 구원이다.

**3:27-30〉 그런즉 자랑할 데가 어디냐 있을 수가 없느니라 무슨 법으로냐 행위로냐 아니라 오직 믿음의 법으로니라 …(중략)… 할례자도 믿음으로 말미암아 또한 무할례자도 믿음으로 말미암아 의롭다 하실 하나님은 한 분이시니라**

복음은 자랑할 수 없는 것이다. 구원 얻은 근거가 자기에게 없기 때문이다. "나는 믿음으로 구원 얻었다"라는 말을 생각해 보자. 그 말은 "나는 구원을 얻기 위해서 한 것이 아무것도 없다. 아무런 행위도 하지 않았는데 하나님이 나를 구원하셨다."라는 뜻이다. "내가 예수를 믿었더니 하나님이 나를 구원해주셨다"라는 뜻이 아니다. 만일 "나는 믿음으로 구원 얻었다"가 자기의 선택에 대한 말이면 "저 사람은 예수를 믿지 않아서 구원 얻지 못했다"도 성립해야 하는데 그럴 수는 없다. 복음은 자랑할 수 없는 것이다. "너는 예수를 안 믿었지만 나는 믿었다"라고 하면 그것으로 이미 틀린 것이다.

우리가 왜 구원을 얻었는지 우리는 모른다. 유대인이 율법을 받은 것이 이방인보다 우월하다는 뜻이 아닌 것처럼 우리 역시 그렇다. 우리가 불신자보다 낫지 않고 불신자들이 우리보다 못하지 않다. 우리가 단지 하나님의 은혜를 입었을 뿐이다.

찬송가 305장 "나 같은 죄인 살리신"의 본래 제목이 Amazing Grace이다. 그 찬송가를 지은 뉴턴은 노예선 선장이었다. 하나님이 왜 자기를 구원하셨는지 도무지 이해할 수가 없다는 것이 그의 고백이다. 그가 아는 것은 하나님이 자기 같은 사람도 구원하실 만큼 은혜로운 분이라는 사실 한 가지 뿐이었다.

우리가 얻은 구원에 대해서 우리가 한 것은 아무것도 없다. 우리가 하나님께 구원 얻을 만한 의를 제시해서 합격한 것이 아니라 하나님의 의를 힘입었을 뿐이다. 옛날 유대인들이 "이방 족속들은 율법이 없지만 우리에게는 율법이 있습니다"라는 사실을 자기의 의로 제시할 수 없었던 것처럼 우리 역시 "저 사람은 예수를 믿지 않지만 나는 예수를 믿습니다"라는 사실을 의로 제시할 수 없다. 우리가 예수를 믿게 된 것은 선택을 잘한 것이 아니라 하나님의 의를 힘입은 것이다.

**3:31) 그런즉 우리가 믿음으로 말미암아 율법을 파기하느냐 그럴 수 없느니라 도리어 율법을 굳게 세우느니라**

"구원은 율법이 아니라 믿음으로 얻는 것이다."라는 말을 들으면 "그럼 율법은 필요 없는 것이냐?"라는 의문이 들 수 있다. 성경은 그렇게 말하지 않는다. 믿음으로 구원을 얻은 것은 율법을 파기하기 위한 것이 아니라 율법을 세우기 위한 것이라고 한다.

나사로가 살아나기 위해서 한 일은 아무것도 없다. 그러면 앞으로 어떻게 살아야 할까? 살아나기 위해서 한 일이 아무것도 없으니까 앞으로도 아무 생각 없이 살면 될까? 그럴 수는 없다. 예수님으로 인해서 살아났으니 예수님으로 인해서 살아난 사람처럼 살아야 한다. "예수님이 나를 살려주셨다. 쥐약 먹고 죽으면 또 살려주실 것이다. 낭떠러지에서 떨어져서 죽어도 또 살려주실 것이다. 난 이제 무엇을 해도 내 마음대로다."라고 하는 것은 말이 안 된다.

율법을 지켜서 구원 얻는 것이 아니라는 이유로 율법이 필요 없다고 생각하는 것은 구원이 무엇인지 모르는 탓이다. 출애굽한 이스라엘을 생각해 보자. 그들이 율법을 지켜서 홍해를 건넌 것은 아니다. 그렇다고 해서 율법이 필요 없었을까? 그렇지 않다. 가나안에 들어가서 살려면 율법을 지켜야 했다. 그런데 그 일에 실패해서 쫓겨나고 말았다. 하나님은 우리가 신자답게 살지 않는 것을 절대 용납하지 않으신다.

그런데 우리의 신앙은 언제나 옵션이다. 있으면 좋지만 없으면 별수 없다고 생각한다. 하나님은 "이것이 복이다. 너희에게는 이것이 가장 중요하다."라고 하시는데, 우리는 "아닙니다. 저것이 더 급합니다. 하나님도 저희 입장이 되어 보십시오."라고 말하고 싶은 것이다. 그런 우리를 위하여 하나님이 그 아들을 십자가에 못 박아 죽이셨다. 이제는 우리가 우리의 불신앙을 십자가에 못 박을 차례다.

# 4장 아브라함의 의

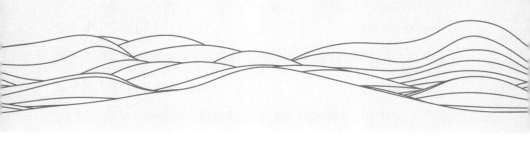

3:21-26에서 복음을 설명했다. 복음은 율법 외에 나타난 하나님의 의다. 구원 얻은 사람이 어떤 사람이냐 하면, 그리스도 예수 안에 있는 속량으로 말미암아 하나님의 은혜로 값없이 의롭다 하심을 얻은 사람이다.

이런 내용을 설명한 다음에 혹시 오해가 있을까 싶어서 3:27-31에서 부연한다. 자기가 얻은 구원에 대한 자랑이 있으면 복음을 오해한 것이기 때문이다. "난 예수를 믿어서 구원 얻었다"라는 식으로, 자기의 믿음을 근거로 제시하는 사람이 바로 그렇다.

**4:1-2) 그런즉 육신으로 우리 조상인 아브라함이 무엇을 얻었다 하리요 만일 아브라함이 행위로써 의롭다 하심을 받았으면 자랑할 것이 있으려니와 하나님 앞에서는 없느니라**

아브라함을 믿음의 조상이라고 한다. 우리가 구원을 얻은 것은 하나님이 아브라함을 부르신 것과 같은 사건이다. 하나님이 아브라함을 부르신 것과 동일한 원리로 우리를 부르셨다.

구약시대에는 율법을 지켜서 구원을 얻었고 우리는 예수를 믿어서 구원을 얻는 것으로 오해하는 경우가 더러 있다. 그러면 율법이 주어지기 전에 살았던 아브라함은 어떻게 되는 것일까? 하나님은 율법을 구원의 방도로 주신 적이 없다. 율법은 구원의 필요성을 설명하기 위해서 주어진 것이다.

1절은 "우리 조상 아브라함이 육신으로 무엇을 얻었다 하리요"라고 해야 원문에 가깝다. 관주성경에는 '육신으로'에 2)가 있고 '또는 우리 조상 아브라함이 육으로'라고 설명되어 있다. "우리 조상 아브라함이 육신으로 얻은 것이 무엇이 있다는 말이냐?"라는 뜻이다. 육신은 믿음의 반대 개념이다. 2절에서 "만일 아브라함이 행위로써 의롭다 하심을 받았으면 자랑할 것이 있으려니와…"라고 할 때의 행위와 같은 뜻이다.

구원은 행위가 아닌 믿음으로 얻는다는 얘기를 우리는 당연하게 받아들인다. 하지만 불신자들은 그렇지 않다. "이 세상에서 온갖 나쁜 일을 해도 예수만 믿으면 구원 얻는다는 말이냐?"라는 말을 한두 번 들은 것이 아니다. 믿음이라는 말을 오해해서 그렇다. 구원을 행위로 얻지 않고 믿음으로 얻는다는 얘기는 "세상을 어떻게 살았는지는 안 따지고 오직 예수에 대한 마음의 상태만 따진다"라는 뜻이 아니다. 구원을 얻는 근거가 자기에게 있지 않다는 뜻이다.

일당 10만 원을 받는 사람이 있다고 하자. 그 사람은 10만 원을 받는 근거가 자기에게 있다. 일이 고된지 수월한지는 고려 대상이 아니다. "저기까지 갔다 오면 10만 원 주마", "앉았다 일어나면 10만 원 주마", "눈을 한 번 깜빡 거리면 10만 원 주마"라는 말이 다 그렇다. 이처럼 근거를 자기가 제시하는 것을 행위라고 한다.

그러면 "내가 10만 원 주는 상상을 하면 10만 원 주마"는 어떨까? 상상하 는 것을 확인할 방법은 없지만 그것이 10만 원을 받을 수 있는 조건이기 때 문에 행위가 된다. "내가 10만 원 줄 걸 믿으면 10만 원 주마"라고 해도 마 찬가지다. "10만 원을 받기 위해서 네가 할 일은 아무것도 없다. 마음속으 로 믿기만 해라."라고 하면, 믿는 것이 10만 원을 받을 수 있는 근거가 된 다. 그러면 역시 행위다.

"믿음으로 구원 얻는다"라는 말은 예수에 대한 마음 상태를 조건으로 구 원 얻는다는 뜻이 아니다. 구원 얻을 근거가 자기에게 없다는 뜻이다. 그런 내용을 성경은 "그런즉 우리 조상 아브라함이 육신으로 무엇을 얻었다 하 리요"라고 한다. 아브라함이 육신의 방법으로 얻은 것이 아무것도 없다는 선언이다.

**4:3-5〉성경이 무엇을 말하느냐 아브라함이 하나님을 믿으매 그것이 그에 게 의로 여겨진바 되었느니라 …(중략)… 일을 아니할지라도 경건하지 아니 한 자를 의롭다 하시는 이를 믿는 자에게는 그의 믿음을 의로 여기시나니**

3절은 창 15:6을 인용한 것이다. 얼핏 생각하면 "봐라, 아브라함이 하나님을 믿었다고 하지 않느냐? 하나님이 그런 아브라함을 의롭다 여기셨다."라고 할 수 있는데, 차근차근 살펴보면 그렇지 않다.

그를 이끌고 밖으로 나가 이르시되 하늘을 우러러 뭇별을 셀 수 있나 보라 또 그에게 이르시되 네 자손이 이와 같으리라 아브람이 여호와를 믿으니 여호와께서 이를 그의 의로 여기시고(창 15:5-6)

하나님이 아브라함에게 하늘의 뭇별을 보여주시면서 "장차 네 자손이 이와 같으리라"라고 하셨다. 이어서 "아브람이 여호와를 믿으니 여호와께서 이를 그의 의로 여기시고"가 나온다. 아브라함이 하나님 말씀을 믿으니까 하나님이 의롭다고 여긴 것 같은데 그렇지 않다. 바울이 이 내용을 인용하는 이유는 "아브라함은 믿음이 대단했다. 그 믿음으로 구원 얻었다."를 말하기 위한 것이 아니다. "아브라함은 하나님 앞에 자랑할 것이 아무것도 없는 사람이었다"라는 사실을 설명하기 위한 것이다. 적어도 이때의 아브라함에게는 하나님께 의롭다고 여김을 받을 근거가 없었다. 그런데 성경은 "아브람이 여호와를 믿으니 여호와께서 이를 그의 의로 여기시고"라고 한다.

우선 아브라함에게 하나님 말씀에 대한 견고한 신뢰가 없었다는 사실을 확인해보자.

그가 이르되 주 여호와여 내가 이 땅을 소유로 받을 것을 무엇으로 알리이까 여호와께서 그에게 이르시되 나를 위하여 삼 년 된 암소와 삼 년 된 암염소와 삼 년

된 숫양과 산비둘기와 집비둘기 새끼를 가져올지니라 아브람이 그 모든 것을 가져다가 그 중간을 쪼개고 그 쪼갠 것을 마주 대하여 놓고 그 새는 쪼개지 아니하였으며 솔개가 그 사체 위에 내릴 때에는 아브람이 쫓았더라(창 15:8-1)

아브라함이 물었다. "하나님이 저에게 하신 말씀이 이루어진다는 사실을 제가 무엇으로 알 수 있습니까?" 그러자 하나님이 제물을 준비하라고 하셨다. 아브라함이 제물을 준비했는데, 중간을 갈라서 진설했다. 하나님이 그 쪼개진 제물 사이를 지나가셨다.

제물을 쪼개어 진설하고 그 사이를 지나는 것이 당시의 계약 절차였다. 계약을 어기면 제물처럼 몸이 쪼개진다는 뜻이다. 아브라함이 "이 모든 약속이 이루어진다는 것을 제가 어떻게 알 수 있습니까?"라고 묻자, 하나님이 "그런 일이 이루어지지 않거든 내 몸을 둘로 쪼개라. 내가 그 일을 이루지 못하면 내 몸이 쪼개지는 것도 감수하마."라고 다짐하셨다. 게다가 하나님과 아브라함이 쪼개진 제물 사이를 같이 지나간 것이 아니라 하나님 혼자 지나갔다. 아브라함은 맡은 역할이 없다는 뜻이다. 하나님 혼자 일방적으로 이룰 약속을 하셨다.

본래 맹세는 불신을 전제로 한다. 딸이 어렸을 때의 일이다. 한강 둔치에 놀러가자는 얘기를 했다. "아빠가 지금 바쁘거든. 다음에 바쁘지 않을 때 가자."라고 했는데, 계속 정말이냐고 물었다. 몇 번을 반복해서 "정말 다음에는 꼭 갈 거지?"라고 하기에, 그럼 약속을 하자고 새끼손가락을 걸었다. 그때 내가 새끼손가락을 내민 이유는 딸이 내 말을 믿지 않았기 때문이다.

하나님이 맹세를 하신 이유도 그렇다. 아브라함에게 믿음이 있었으면 맹세를 하실 이유가 없다. 그러면 맹세를 한 다음에는 어떻게 되었을까? 딸은 내가 새끼손가락을 내밀자 내 말을 믿어주었다.

아브라함은 그렇지 않았다. 하나님이 "내가 약속을 지키지 않으면 내 몸을 쪼개도 좋다"라고 했음에도 불구하고 하갈한테서 이스마엘을 얻는다. 아브라함에게 우리가 기대하는 믿음이 없었다. 그런데 성경은 "아브라함이 하나님을 믿으매 그것이 그에게 의로 여겨진바 되었느니라"라고 한다.

믿음이 무엇일까? 하나님께로부터 구원을 이끌어내는 조건이 아니다. 우리가 믿음을 제시하면 하나님이 그것을 담보로 구원을 주시는 것이 아니다. 하나님이 우리를 구원하시는 통로가 믿음이다. 아브라함이 하나님을 찾아간 것이 아니라 하나님이 아브라함을 찾아오셨다. 아브라함은 하나님을 신뢰하지 않았지만 하나님은 아브라함을 의롭다 여기셨다.

아브람이 구십구 세 때에 여호와께서 아브람에게 나타나서 그에게 이르시되 나는 전능한 하나님이라 너는 내 앞에서 행하여 완전하라 내가 내 언약을 나와 너 사이에 두어 너를 크게 번성하게 하리라 하시니 아브람이 엎드렸더니 하나님이 또 그에게 말씀하여 이르시되 보라 내 언약이 너와 함께 있으니 너는 여러 민족의 아버지가 될지라 이제 후로는 네 이름을 아브람이라 하지 아니하고 아브라함이라 하리니 이는 내가 너를 여러 민족의 아버지가 되게 함이니라 내가 너로 심히 번성하게 하리니 내가 네게서 민족들이 나게 하며 왕들이 네게로부터 나오리라 내가 내 언약을 나와 너 및 네 대대 후손 사이에 세워서 영원한 언약을 삼고

너와 네 후손의 하나님이 되리라(창 17:1-7)

창세기 15장에서 "아브람이 여호와를 믿으니 여호와께서 이를 그의 의로 여기시고"라는 내용이 나왔다. 그런데 아브라함은 16장에서 이스마엘을 얻었다. 하나님이 그런 아브라함을 17장에서 다시 찾아오셨다. 그러고는 "도무지 안 되겠다. 계약은 없었던 것으로 하자."라고 하신 것이 아니라 아브람에서 아브라함으로 이름을 바꿔주시면서 언약을 다짐하셨다. 하나님과 아브라함이 합의를 한 것이 아니다. 하나님이 일방적으로 선언하셨다. 하나님의 그런 의지로 마침내 아브라함이 의롭다 여김을 받게 되었다. 아브라함이 하나님을 믿었다기보다 하나님이 아브라함으로 하여금 믿게 만들었다고 해야 한다. 결국 창 15:6 말씀은 아브라함의 믿음에 대한 설명이 아니라 하나님의 신실하심에 대한 설명이다.

너희는 그 은혜에 의하여 믿음으로 말미암아 구원을 받았으니 이것은 너희에게서 난 것이 아니요 하나님의 선물이라(엡 2:8)

구원은 믿음으로 얻는다. 그런데 그 믿음은 하나님의 선물이다. 자기가 믿고 싶다고 해서 믿어지는 것이 아니라 하나님이 믿게 해주셔야 믿을 수 있다. 그러면 이다음에 하나님이 우리한테 뭐라고 하실까? "너를 구원하느라고 내가 얼마나 신경 썼는지 아느냐? 너는 내 공로를 알아야 한다."라고 하실 리가 없다. "정말 장하구나. 넌 어떻게 예수를 믿었느냐?"라고 하실 것이다. 하나님이 우리의 마음을 움직여서 예수를 믿게 하셨으면서도 그것이 우리의 공로인 양 말씀하실 것이다. 그런 내용을 놓고 "예수를 믿으면 구원 얻는다"라고 한다.

**4:6-8〉 일한 것이 없이 하나님께 의로 여기심을 받는 사람의 복에 대하여 다 윗이 말한바 불법이 사함을 받고 죄가 가리어짐을 받는 사람들은 복이 있고 주께서 그 죄를 인정하지 아니하실 사람은 복이 있도다 함과 같으니라**

불법이 사함을 받는 사람이 복이 있고 죄가 가리어짐을 받는 사람이 복이 있다. 죄 없는 사람이 복이 있는 것이 아니라 하나님이 죄를 인정하지 않는 사람이 복이 있다. 죄 없는 사람은 없다. 구원은 철저하게 하나님의 은혜로 말미암는다.

간혹 구약시대에는 어떻게 구원 얻었느냐고 묻는 사람이 있다. 우리는 예수님의 십자가 사역을 비롯한 여러 가지 정보가 있으니까 보고 듣고 깨달아서 구원 얻을 수 있지만 그런 것이 없던 시대에는 어떻게 구원 얻었느냐는 뜻이다. 구원에 필요한 조건을 자기가 충족했다고 생각한 탓이다.

구원은 우리가 믿음을 제시하면 하나님이 그에 대한 보상으로 주시는 것이 아니다. 우리가 예수를 믿어서 구원을 얻은 것이 아니라 하나님의 은혜로 구원 얻은 것처럼 구약시대 사람들도 하나님의 은혜로 구원 얻는다. 구원에 대한 이해의 폭은 구약시대 사람들보다 우리가 훨씬 넓을 것이다. 하지만 자기가 얻은 구원을 아는 것과 구원을 얻는 것은 별개의 문제다. 우리가 구약시대 사람들보다 신학 정보를 많이 갖고 있다고 해서 구원 얻기에 유리한 것이 아니다. 구원이 우리의 선택이 아니라 하나님의 은혜로 말미암기 때문이다.

하나님은 전능하신 분이다. 말씀으로 천지를 창조하신 분이다. 천지를 창조하기 위해서 음성이 필요했다는 뜻이 아니라 필요한 것이 아무것도 없었다는 뜻이다. 하나님의 의지만으로 충분했다.

이 내용을 구원에 대입해 보자. 하나님이 우리를 구원하는데 필요한 것은 아무것도 없다. 하나님 홀로 우리 구원을 이루셨다. 우리가 믿음을 제시해야 그 믿음을 근거로 우리를 구원하실 수 있을 만큼 하나님의 능력이 제한적이지 않다.

오해하지는 말자. "예수를 믿지 않아도 하나님이 구원하신단 말이냐?"라는 논쟁을 하자는 얘기가 아니다. 구원이 하나님과 우리의 합작품이 아니라는 뜻이다. 우리가 얻은 구원에 하나님이 99.9999%를 담당하고 우리는 0.0001%만 거들면 된다고 해도 우리는 그 0.0001%를 감당할 재간이 없는 사람들이다. 그래서 하나님이 홀로 우리의 구원을 이루셨다.

하나님이 아브라함에게 네 후손이 하늘의 별처럼 많아질 것이라고 말씀하셨다. 그런 일이 일어나지 않으면 하나님을 둘로 쪼개도 좋다는 맹세까지 하셨다. 그런데 아브라함이 하갈과의 사이에서 이스마엘을 얻었다. 그럼에도 불구하고 하나님이 다시 아브라함을 찾아오셔서 "내가 너를 여러 민족의 아버지가 되게 하겠다"라고 선언하셨다. 그런 하나님의 의지가 아브라함을 모리아산에서 이삭을 바치는 자리까지 인도하셨다.

우리에게도 같은 일이 일어날 것이다. 하나님이 아브라함을 부르셨던 것처럼 우리도 부르셨다. 혹시 우리에게 남은 일이 있다면 우리를 향한 하나님의 의지에 즐겨 순종하는 일이다. 그 일이 우리의 영광이며 자랑이다.

**4:9-15〉 그런즉 이 복이 할례자에게냐 혹은 무할례자에게도냐 무릇 우리가 말하기를 아브라함에게는 그 믿음이 의로 여겨졌다 하노라 …(중략)… 율법은 진노를 이루게 하나니 율법이 없는 곳에는 범법도 없느니라**

1장에서 하나님을 떠난 인간의 죄악상을 고발했다. 2장에서는 유대인이라고 해서 예외가 아니라고 했다. 그래서 3장에서 모든 사람이 다 죄인이라는 얘기가 나왔다. 이 세상에 죄인이 아닌 사람은 아무도 없다.

그런 내용만 있는 것이 아니다. 3장 후반부에는 "예수 그리스도를 믿음으로 말미암아 모든 사람에게 미치는 하나님의 의"에 대한 설명도 나온다. 참으로 다행이다. 이 세상 사람이 다 죄인인데 주어진 것이 율법뿐이면 멸망밖에 남는 것이 없다. 그래서 하나님이 율법이 아닌 다른 하나님의 의를 마련하셨다. 우리가 우리를 구원할 수 없자, 하나님이 우리를 구원하셨다. 그것이 복음이다.

4장에서는 이런 내용을 아브라함을 통해서 설명한다. 아브라함이 아무 공로 없이 의롭다 하심을 얻은 것처럼 우리가 그렇게 구원 얻었다. 그런데 본문이 "그런즉 이 복이 할례자에게냐 혹은 무할례자에게도냐"로 시작한다. "어떤 사람이 아브라함과 같은 복을 누릴 수 있는 거냐? 할례를 받은 사람이냐, 아니면 할례를 받지 않은 사람도 포함되는 거냐?"라는 뜻이다.

"우리가 구원을 얻은 것은 아브라함이 의롭다함을 얻은 것과 같다. 아브라함에게는 의로 여길 만한 조건이 아무것도 없었지만 하나님이 의롭게 여기셨다. 우리가 구원을 얻은 것도 역시 그렇다."라는 말을 들었으면 "와! 정말 놀랍구나!" 하고 감탄하면 되는 것 아닐까? 그런데 난데없이 할례 얘기가 나온다. 아무 조건 없이 구원 얻는다는 개념이 우리에게 그만큼 생소하기 때문이다.

예수를 믿으면 구원 얻는다는 말이 믿음을 제시하면 그 보상으로 구원이 주어진다는 뜻이 아니라고 했다. 다른 말로 하면 구원은 은혜로 얻는다고도 한다. 그런데 사람들은 "아무리 은혜로 구원 얻는다고 해도 내가 예수를 믿지 않았느냐?"라고 생각하는 경향이 있다.

사람의 논리는 합리성을 바탕으로 한다. 결과가 있으면 원인이 있어야 한다. 자기가 구원을 얻었으면 그 근거가 있어야 한다. 그러니 구원은 은혜로 얻는다는 말을 들으면서도 은혜를 얻을 만한 조건을 찾는 것이다.

"당신은 어떻게 구원 얻었습니까?"

"예수를 믿어서 구원 얻었습니다."

"혹시 믿음은 하나님의 선물이라는 사실을 알고 있습니까?"

"예, 알고 있습니다."

"당신이 예수를 믿는 것은 하나님의 은혜 아닙니까?"

"예, 맞습니다."

"그러면 당신은 구원 얻기 위해서 무엇을 했습니까?"

"예수를 믿었다고 하지 않았습니까?"

"믿음은 하나님의 은혜로 주어지는 것이라면서요?"

"그래도 내가 믿으니까 하나님이 은혜를 주시지 않았겠습니까?"

구원이 아무리 은혜로 주어지지만 그래도 뭔가 있으니까 은혜를 주시지 않았겠느냐는 것이다. 그런 의문이 본문에서 "그런즉 이 복이 할례자에게 냐, 혹은 무할례자에게도냐?"라는 말로 나타난다. 하나님이 아브라함에게 아무런 조건도 묻지 않고 의롭다 하셨지만 최소한 할례는 받지 않았느냐는 생각을 염두에 둔 것이다.

하나님이 아브라함을 의롭다 하셨다는 얘기가 창 15:6에 나온다. 그리고 아브라함이 할례를 받는 얘기가 창 17:23에 나온다. 아브라함이 할례를 받았기 때문에 의롭다함을 받은 것이 아니다. 하나님이 의롭다고 여긴 사람 이라는 사실을 확인하기 위해서 할례를 받았다.

우리가 의롭다 함을 얻기 위하여 할 수 있는 일은 아무것도 없다. 의롭다 함을 얻으려면 하나님의 은혜를 입어야 하는데 그것은 우리 임의대로 입을 수 있는 것이 아니다. 그러면 하나님이 어떤 사람에게는 은혜를 주시고 어 떤 사람에게는 은혜를 주시지 않을까? 어떤 사람은 구원하시고 어떤 사람 은 구원하시지 않을까? 우리는 모른다. 그것은 하나님의 주권에 달린 영역 이다.

이 말은 논란이 될 수 있다. "구원이 하나님의 주권에 달렸으면 구원 얻지 못한 사람은 하나님이 그렇게 하신 것인데 그런 사람을 심판하는 것은 모 순 아니냐?"라고 하면 뭐라고 해야 할까? 이런 의문은 우리 언어가 갖는 한

계성 때문이다. 하나님이 그렇게 독선적인 분일 수는 없다.

"철수야, 밥 먹어라."라고 하면, 철수가 밥을 먹으면 된다. "그럼 영희는 굶으란 말이냐?" 하고 흥분할 이유가 없다. 영희는 영희 어머니가 알아서 하실 것이다. 어차피 동전 앞면과 뒷면을 한꺼번에 볼 수 없으니 앞면이 보이면 앞면을 얘기하고 뒷면이 보이면 뒷면을 얘기하면 족하다.

예정론은 참 논란이 많은 교리다. "하나님이 우리의 구원을 예정하셨다"라고 하면 으레 "그렇다면 전도할 필요가 없는 것 아니냐? 하나님이 예정하신 사람은 전도하지 않아도 예수를 믿을 것이고 하나님이 예정하지 않은 사람은 아무리 전도해도 안 믿을 것 아니냐?", "내가 오늘 어떤 구두를 신고 나올지도 하나님이 미리 정하셨느냐?", "하나님이 예정하신 사람이 구원을 얻으면 믿지 않는 사람이 구원을 얻지 못하는 것은 하나님 책임 아니냐?" 같은 말이 나온다.

이런 의문은 예정론을 잘못 적용한 탓이다. 예정론은 인간의 책임이나 호기심 때문에 만든 교리가 아니다. 하나님의 은혜와 영광을 찬미하기 위한 교리다. "인간의 공로는 조금도 없다. 모든 영광은 하나님이 받으셔야 한다."가 예정론의 요체다. "하나님이 예정하셨다"라는 말로 하나님의 주권을 찬양하고 하나님께 영광 돌리는 것은 가하지만 인간의 호기심을 충족시키려 하거나 인간의 책임을 회피하려고 하면 잘못이다.

"놀 때는 놀고 공부할 때는 공부한다"라는 말에 잘못이 있을까? 말 자체에는 잘못이 없다. 오히려 시간을 효율적으로 쓸 수 있는 지침이다. 그런데 정신 차려서 공부해야 할 때는 이 말을 안 쓰고 공부하기 싫을 때만 이 말을 쓴다는 사실이 함정이다. 놀고는 싶은데 공부에 대한 부담 때문에 마음이 불편할 때 "놀 때는 놀고 공부할 때는 공부한다"라는 말을 내세우는 것이다. 그러면 홀가분하게 놀 수 있다. 이 말을 제대로 쓰면 참 좋은데 제대로 쓸 실력이 없는 것을 어떻게 할까?

예정론이 그렇다. 제대로 적용하면 그보다 더 하나님의 영광을 드러낼 수는 없다. "모든 것을 하시는 분은 하나님이다. 인간의 공로는 조금도 들어 있지 않다."라는 뜻이기 때문이다. 그런데 우리에게는 하나님의 영광을 드러낼 실력이 없다. 예정이라는 단어가 하나님의 은혜를 설명하는데 미흡한 것이 아니라 하나님의 은혜에 대한 얘기를 들으면서도 엉뚱한 것을 궁금해하는 경건하지 못한 본성이 문제다.

우리가 구원을 얻은 것은 하나님의 은혜다. 그러면 구원을 얻지 못한 사람들은 어떻게 되는 것일까? 그것은 그 사람들 책임이다. 앞뒤가 맞지 않는 말 같지만 그렇지 않다.

잠깐만 중학교 때의 수학 시간으로 거슬러 올라가자. "A이면 B이다"라는 명제가 있을 때 "B이면 A이다"라는 명제를 역이라고 한다. 또 "A가 아니면 B가 아니다"라는 명제를 이라고 하고 "B가 아니면 A가 아니다"라는 명제를 대우라고 한다. 어떤 명제가 참이면 대우는 참이지만 역이나 이는 참이라고 할 수 없다. "TV는 가전제품이다"라는 명제가 참이니까 "가전제품이 아니면 TV가 아니다"라는 대우명제도 참이다. 하지만 "가전제품이면 TV다"라는 역명제나 "TV가 아니면 가전제품이 아니다"라는 이명제는 참이 아니다.

"구원을 얻은 것은 하나님의 은혜다"라는 말도 그렇다. "하나님의 은혜가 아니면 구원을 얻지 못한다"는 참이다. 하지만 "구원을 얻지 못한 것은 하나님이 은혜를 주시지 않은 탓이다"라는 말은 성립하지 않는다.

그런데 사람들은 "구원은 하나님께 달려 있다"라는 말을 들으면 대뜸 "그렇다면 구원 얻지 못한 사람들은 하나님 책임 아니냐?"라는 생각을 한다. 논리가 죄에 오염된 탓이다. "TV가 가전제품이면 TV 말고는 가전제품이 아니라는 말이냐?"가 억지인 것은 누구나 알면서 "구원이 하나님의 은혜로 주어지는 것이라면 구원 얻지 못한 것은 하나님이 은혜를 주시지 않은 때문 아니냐?"는 논리적으로 옳은 줄 안다.

명심해야 한다. 우리는 죄인이다. 말로만 죄인이 아니라 사고구조가 죄로 왜곡된 사람들이다. 무슨 핑계를 대든지 하나님 반대쪽으로 가고 싶은 것이 우리 본성이다.

어렸을 적에 "엄마, 그건 뭐야?"라고 했다가 "넌 몰라도 돼. 방에 들어가 있어."라는 대답을 들어보았을 것이다. 엄마가 아이 몰래 꾸미는 일이 있기 때문이 아니다. 엄마가 하는 일이 아직 아이로서는 감당할 수 없는 내용이라는 뜻이다. 그런 말을 들었으면서도 꼬치꼬치 캐묻다가는 야단맞기 십상이다. 얼른 방에 들어가서 책이나 읽는 것이 상책이다.

같은 일이 우리에게도 있다. 우리 역시 하나님이 하시는 일을 다 알지 못한다. 애들은 말해봐야 모르는 것이 있다고 하면서 자기는 말만 해주면 다 알 수 있을 것처럼 생각하는 것은 무슨 오만일까? 하나님은 우리가 생각하는 것보다 훨씬 더 크고 높고 깊고 넓으신 분이다. 우리 상상력의 범주에 제한받으시는 분이 아니다. 그런 분이 우리의 구원을 결정하셨다.

A급 기술자 혼자 만든 제품과 A급 기술자와 C급 기술자가 같이 만든 제품이 있으면 어느 제품이 더 훌륭할까? A급 기술자와 C급 기술자가 공동으로 제품을 만들면 C급 기술자가 만든 부분은 죄다 불량일 수밖에 없다. 50대 50으로 만들었으면 50%가 불량이고 90대 10으로 만들었으면 10%가 불량이고 99대 1로 만들었으면 1%가 불량이다.

마찬가지다. 하나님 혼자 만든 구원이 있고 하나님과 우리가 합작하여 만든 구원이 있으면 어느 구원이 더 완벽한 구원일까? 구원에 우리 역할이 들어간다면 죄다 불순물일 뿐이다. 하나님은 우리에게 그런 유치한 구원을 허락하신 예가 없다. 하나님이 우리에게 가장 좋은 것을 주시기 위하여 모든 것을 혼자 하셨다.

"우리가 구원을 얻은 것은 전적으로 하나님의 은혜입니다"라는 얘기는 구원 얻지 못한 사람들에게 변명의 여지를 주기 위한 표현이 아니다. 우리가 얻은 구원이 어느 만큼 완벽한 구원인지에 대한 설명이다. 예전에 "사랑하며 살기에도 시간이 부족한데 왜 미워하느냐?"라는 글을 읽은 적이 있다. 우리는 하나님의 은혜를 찬양하기에도 시간이 부족한 사람들이다. 답이 나오지도 않는 문제로 논쟁을 할 틈이 없다. 우리의 남은 날은 하나님을 향한 찬양으로만 가득 차야 한다.

**4:16-21〉 그러므로 상속자가 되는 그것이 은혜에 속하기 위하여 믿음으로 되나니 이는 그 약속을 그 모든 후손에게 굳게 하려 하심이라 …(중략)… 하나님께 영광을 돌리며 약속하신 그것을 또한 능히 이루실 줄을 확신하였으니**

아브라함이 어떻게 의롭다 하심을 얻었는지 알면 우리가 어떻게 구원 얻었는지 알 수 있다. 본문은 "아브라함이 바랄 수 없는 중에 바라고 믿었다"라고 한다. 피상적으로 읽으면 "역시 아브라함은 대단하다. 불가능한 것도 가능할 것으로 믿는 믿음이 있었다."라고 오해할 수 있다.

그런데 이어지는 내용이 그렇지 않다. "…이는 네 후손이 이같으리라 하신 말씀대로 많은 민족의 조상이 되게 하려 하심이라"라고 했다. 아브라함이 바랄 수 없는 중에 바라고 믿은 것은 남다른 믿음이 있었기 때문이 아니다. 하나님이 아브라함을 많은 민족의 조상이 되게 하려고 했기 때문이다. 하나님이 아브라함에게 바랄 수 없는 중에 바라고 믿는 믿음이 있는 것을 보시고 많은 민족의 조상이 되게 하신 것이 아니라 아브라함을 많은 민족의 조상이 되게 하시려고 바랄 수 없는 중에 바라고 믿게 하셨다. 아브라함에게 있는 믿음을 하나님이 만드셨다.

이어지는 22절에서 "그러므로 그것이 그에게 의로 여겨졌느니라"라고 했다. 아브라함의 어떤 점이 의로 여겨졌는지 확인하려면 그 앞에 있는 내용을 보면 된다. 아브라함이 바랄 수 없는 중에 바라고 믿었다. 그리고 바랄 수 없는 중에 바라고 믿은 내용이 19-20절이다. 아브라함은 백 세가 되어 자기 몸이 죽은 것 같고 사라의 태가 죽은 것 같음을 알고도 믿음이 약하여지지 않고 자기 몸을 통하여 하늘의 별처럼 많은 후손을 주시겠다고 약속하신 하나님을 믿었다.

후손이 태어나려면 정자와 난자의 결합이 있어야 한다. 백 세가 된 남자에게 종족 번식 능력을 기대할 수는 없다. 하물며 사라는 나이 구십 세로 이미 폐경이었다. 아브라함이 그처럼 바랄 수 없는 중에도 바라고 믿었다. 그렇게 말씀하신 분이 하나님이었기 때문이다. 믿음은 어차피 바랄 수 없는 중에 바라고 믿는 것이다. 바랄 수 있는 중에 바라고 믿는 것은 믿음 축에 끼지 못한다.

아브라함과 사라가 건장한 나이였다고 가정해 보자. 하나님이 막 결혼한 아브라함 부부를 찾아와서 후사를 말씀하시면 아브라함이 뭐라고 할까? "요즘 한가하십니까? 그런 문제는 저희끼리 알아서 할 테니 신경 끊으십시오."라고 할 것이다. 아브라함과 사라 사이에 자식이 생긴 것이 하나님의 능력임이 나타나려면 아브라함과 사라에게 일말의 가능성도 없어야 한다.

그렇다고 해서 아브라함이 바랄 수 없는 중에도 바라고 믿을 만큼 대단한 믿음을 가졌다는 뜻이 아니다. 하나님은 그것을 아브라함의 의로 여기셨지만 아브라함으로 하여금 그런 믿음을 갖게 하신 분이 하나님이다.

아내가 무남 10녀의 장녀이기 때문에 나는 동서가 무척 많다. 수년 전 설 때의 일이다. 동서들끼리 고스톱 판이 벌어졌다. 자리를 잡고 앉자마자 서로 지갑을 꺼내 놓았다. 그런데 지갑을 꺼내지 않은 동서가 첫판을 이겼다. 동서 한 명이 돈을 내밀면서 "와, 형님은 무자본으로 치는 겁니까?"라고 하자, 그 동서가 대답했다. "실력이 자본이지, 고스톱을 꼭 돈으로 치나?"

아브라함이 후사를 얻은 것을 그렇게 생각할 수 있다. "돈이 없어도 실력만 있으면 고스톱을 칠 수 있는 것처럼 아브라함에게는 젊음 대신 믿음이 있었다. 남들은 젊음으로 후사를 얻지만 아브라함은 믿음으로 후사를 얻었다."라고 하면 맞는 말 같다. 하지만 성경은 아브라함이 하나님에게 제시한 조건을 설명하기 위해서 믿음을 말하는 것이 아니다. 아브라함에게 아무런 조건도 없었다는 사실을 설명하기 위해서 믿음을 말한다.

이 내용을 놓치면 오해하기 쉽다. "아브라함은 나이가 백 세였다. 사라 역시 태가 닫힌 다음이었다. 하지만 아브라함은 하나님의 약속을 의심하지 않았다. 하나님은 그런 아브라함의 믿음을 보시고 아브라함을 의롭게 여기셨다."라고 하면 논리적으로 설득력이 있다.

하지만 얘기를 그렇게 하면 아브라함은 믿음을 조건으로 의롭다 함을 얻은 사람이 된다. 성경이 말하는 내용은 "아브라함에게는 믿음이 있었다"가 아니라 "아브라함에게는 아무런 조건도 없었다"이다. "아브라함에게 아무 조건이 없었지만 하나님이 하셨다"라는 사실을 가리켜서 믿음이라고 한다.

아브라함이 인터뷰를 한다고 가정해 보자. "정말 대단하십니다. 나이가 백 세나 되었는데 어떻게 아들을 낳으셨습니까? 게다가 부인께서 폐경인 상태라고 하던데 아들을 얻은 비결이 무엇입니까?"라고 물으면 아브라함이 뭐라고 해야 할까? "저에게는 남다른 믿음이 있었습니다. 남들은 다 안 된다고 했지만 저는 믿음으로 밀어붙였습니다."라고 하면 안 된다. "글쎄요, 제가 어떻게 알겠습니까? 그저 하나님의 은혜일뿐입니다."라고 해야 한다.

아이를 낳을 수 없는 남자와 아이를 낳을 수 없는 여자 사이에서 아이가 생겼는데 그 이유를 설명할 수 있는 사람이 있을까? 하나님이 하셨다는 말 외에는 달리 할 말이 없다. 그런 아이를 놓고 "부모의 믿음이 이 아이를 만들었다"라고 하는 것은 말이 안 된다. 고스톱은 돈이 없어도 실력만 있으면 칠 수 있지만 아이를 낳을 능력이 없는 부모라도 믿음만 있으면 아이를 낳을 수 있다는 말은 성립하지 않는다. 믿음은 아이를 낳을 수 있는 능력을 만드는 비방이 아니다.

아브라함은 백 세가 되어 그 몸이 죽은 것 같았고 사라 역시 구십 세가 되어 태가 닫혀 있었다. 그러자 하나님이 말씀으로 천지를 창조하신 것처럼 아들을 만들어서 아브라함에게 주셨으면 "역시 아브라함은 믿음이 있었다"라는 오해가 생기지 않을 것이다. 그런데 아브라함과 사라 사이에서 아들이 생기게 했다. 마치 아브라함과 사라가 아이를 낳은 형국이다.

하지만 그렇게 생각하는 것은 "나는 예수를 믿어서 구원 얻었다"라고 하는 것과 같다. 우리로 하여금 예수를 믿게 한 분이 하나님인데 마치 예수를 믿는 믿음을 자기가 만든 것처럼 생각하는 것은 곤란하다.

그러면 아브라함의 믿음은 어떻게 된 것일까? 아브라함은 자기 몸이 죽은 것 같음을 알면서도 아들을 낳을 수 있다는 긍정적인 사고방식이 투철했던 사람이 아니다. 하나님이 그런 약속을 하신 것을 알았고, 또 하나님은 얼마든지 그 약속을 이룰 분이라는 사실을 확신한 사람이다. 자기에게 이루어질 약속의 내용을 믿은 것이 아니라 약속하신 분이 하나님이라는 사실을 믿었다. 그리고 하나님은 그것을 아브라함의 의로 여기셨다.

물론 이 모든 것을 하신 분이 하나님이다. 하나님은 아브라함을 많은 민족의 조상으로 삼으시려고 아브라함으로 하여금 바랄 수 없는 중에 바라고 믿게 하셨다. 하나님이 갈대아 우르에서 다짜고짜 "나 믿을래, 안 믿을래?" 하고 물으신 것이 아니다. 일단 가나안까지 인도하시고 이런저런 사건을 통하여 하나님이 어떤 분인지 알게 하신 다음에 "나 믿을래, 안 믿을래?"

하고 물으셨다. 그러고는 "역시! 넌 믿는구나. 과연 의롭다!" 하고 인정해주셨다. 우리에게 예수를 믿는 믿음을 주시고는 "예수를 믿는 것을 보니 과연 내 백성이구나!" 하고 우리를 구원하시는 것과 같은 이치다.

**4:22-25〉 그러므로 그것이 그에게 의로 여겨졌느니라 그에게 의로 여겨졌다 기록된 것은 아브라함만 위한 것이 아니요 의로 여기심을 받을 우리도 위함이니 …(중략)… 또한 우리를 의롭다 하시기 위하여 살아나셨느니라**

아브라함에게는 아무 조건도 없었지만 하나님이 모든 조건을 다 만드시고는 그것을 아브라함의 의로 여기셨다. 아브라함 한 사람을 위해서 그렇게 하신 것이 아니다. 의롭다고 여김을 받을 우리도 위해서 그렇게 하셨다. 우리가 어떤 사람인가 하면 예수를 죽은 자 가운데서 살리신 이, 즉 하나님을 믿는 사람이다. 하나님은 아브라함을 의롭다고 하신 것처럼 우리를 의롭다고 하실 것이다. 아니, 우리를 의롭다 하기 위해서 미리 아브라함을 의롭다고 하셨다.

우리는 하나님을 믿는다. 어떤 하나님을 믿느냐 하면 예수를 죽은 자 가운데서 살리신 하나님을 믿는다. 우리는 하나님을 알되, 예수님의 죽으심과 부활이라는 관점에서 알아야 한다. "예수님이 우리 대신 죽으셨다가 부활하셨다"가 아니다. "예수님으로 하여금 우리 대신 죽으셨다가 부활하게 하신 분이 하나님이다"여야 한다. 예수님이 우리 대신 죽으셨다는 얘기는 우리의 죄를 전제로 한다. 또 예수님이 부활하셨다는 얘기는 우리의 죄가 해결되었음을 뜻한다.

히브리력으로 7월 10일이 속죄일이다. 속죄일이 되면 대제사장이 피를 양푼에 담아서 지성소에 들어간다. 지성소에는 하나님의 임재를 상징하는 언약궤가 있다. 사람은 하나님 앞에서 죽을 수밖에 없는 죄인이다. 피가 곧 죽음을 뜻한다. 대제사장이 지성소에 들어가서 피를 뿌리고 나와야 이스라엘의 죄가 해결되었다.

"예수는 우리가 범죄한 것 때문에 내줌이 되고 또한 우리를 의롭다 하시기 위하여 살아나셨느니라"라는 말씀이 바로 이런 내용을 배경으로 한다. 예수님은 우리를 위한 영원한 대제사장인 동시에 또한 제물이다. 구약시대의 대제사장은 짐승의 피를 제물로 취했지만 예수님은 스스로 제물이 되셨다. 하지만 죽으신 것으로 끝이 아니다. 다시 살아나셨다. 대제사장이 제사를 마치고 지성소 밖으로 나오면 이스라엘의 죄가 사해지는 것처럼 예수님의 부활로 우리의 죄가 사해졌다. 그리고 이 모든 일을 정하신 분이 하나님이다.

우리는 예수를 믿으면 구원 얻는다는 말을 너무 쉽게 한다. 이 말은 그렇게 단순하지 않다. 아브라함이 후사를 얻은 것과 같은 엄청난 사건이다. 정자를 배출할 능력이 없는 남자와 난자를 생산할 능력이 없는 여자 사이에서 자식이 생길 확률이 얼마나 될까? 우리가 구원을 얻은 것이 그런 사건이다.

성경에서 이런 내용이 나오면 "와! 정말 감사하다!"라고 하는 것이 아니라 "그런 하나님이 왜 내 문제는 해결해주지 않습니까?" 하고 묻는 사람이 있다. 하나님은 전능하신 분인데 왜 자기 진로는 신경 써주지 않는지가 불만이다. 우리는 하나님께 관심이 없다. 하나님의 전능하심조차 자기의 욕구를 통해서 확인하려고 한다.

한번 따져 보자. 하나님이 우리 요구를 들어주셔야 할까, 우리가 하나님의 요구에 순응해야 할까? 이렇게 물으면 "기왕이면 하나님이 우리 말을 들어주시면 좋잖아요? 그럼 신앙생활을 더 잘할 텐데…"라는 생각을 한다. 어쩌면 "하나님이 나에게 신경을 써주지 않는 한 나 역시 하나님께 신경 쓰지 않겠다"라는 심보일 수 있다. 우리는 하나님의 권위를 인정할 마음이 없는 사람들이다. 하나님의 권위까지도 자기가 결정하려고 한다.

하나님은 우리 인생의 조력자가 아니다. 우리 인생의 주인이다. 그런 분이 우리의 구원을 결정하셨다. 우리 인생에 무엇이 필요하고 무엇이 도움이 되는지 하나님이 결정하신다.

지난 2007년 12월 20일, 광주 모 대학병원에서 수술을 받던 62세의 여성이 출혈 과다로 숨졌다. 그 여성은 여호와의 증인이었는데 여호와의 증인은 수혈을 하지 않는다. 그 여성도 수술 전에 어떤 일이 있어도 수혈을 하지 않기로 서약을 하고 수술을 했다고 한다. 수혈만 하면 살 수 있는데 수혈을 거부하고 죽었다. 이런 말을 들으면 역시 이단은 별수 없다는 생각을 한다. 수혈이 뭐가 어떻다고 수혈을 거부한단 말인가?

하지만 다시 생각해 보자. 여호와의 증인은 아무런 생명도 없고 진리도 없는 집단이다. 그런데 자기들이 옳다고 생각하는 신념을 위해서 목숨을 거는 일을 불사한다. 차라리 죽음을 택할지언정 자기들이 받은 가르침을 버리지 않는다.

우리는 어떤가? 우리가 신앙을 위해서 희생할 수 있는 목록이 어떤 것일까? 어쩌면 우리에게는 성경의 가르침이 별 의미가 없는지 모른다. 하나님 뜻에 관심을 갖지 않기 때문이다. 자기에게 무엇이 유익인지가 우리의 유일한 관심이다.

그런 자리에서 돌이켜야 한다. 우리는 세상에서 가장 귀한 것을 선물로 확보한 사람들이다. 우리의 남은 날은 그것을 가꾸는 일로만 채워져야 한다.

# 5장 아담과 그리스도

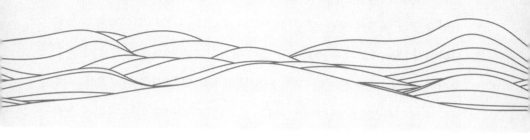

5:1-2〉 그러므로 우리가 믿음으로 의롭다 하심을 받았으니 우리 주 예수 그리스도로 말미암아 하나님과 화평을 누리자 또한 그로 말미암아 우리가 믿음으로 서 있는 이 은혜에 들어감을 얻었으며 하나님의 영광을 바라고 즐거워하느니라

믿음으로 의롭다 하심을 받았다는 말은 "나에게는 아무런 조건도 없는데 하나님이 의롭게 여기셨다"라는 뜻이다. 그러면 의롭게 여김을 받은 다음에는 무엇을 해야 할까? 성경은 그다음에 할 일이 하나님과 화평을 누리는 일이라고 한다.

이 말은 우리가 하나님과 불화했음을 전제로 한다. 하나님은 거룩한 분인데 우리는 죄인이다. 하나님과 절대 화목할 수 없는 사이였다. 그런데 예수님이 하나님과 우리의 화목을 이루셨다. 구원을 얻었다는 얘기는 "전에는 하나님과 불화한 사이였는데 이제는 화목하게 되었다"라는 뜻이다.

자기 체질에는 교회가 맞지 않는다는 사람이 있었다. 혹시 종교를 택하게 되면 불교가 체질에 맞을 것 같다는 말도 보탰다. 우리가 하나님과 불화한 사이이기 때문에 그것을 바로잡는 것이 필요하다는 사실을 몰라서 그렇다. 그러면 종교는 취향 문제가 된다. 교회가 체질에 맞는 사람은 교회에 가고, 불교가 체질에 맞는 사람은 절간에 가고, 이것도 저것도 아닌 사람은 착하게 살면 되는 줄 안다.

출애굽 직전에 하나님이 애굽에 열 가지 재앙을 내리셨다. 열 번째 재앙이 애굽의 모든 장자가 죽는 재앙이었다. 그때 이스라엘 사람들에게 출입문에 양 피를 바르라고 했다. 죽음의 천사가 모든 집을 방문하여 장자를 죽게 하는데 양 피를 바른 집은 그냥 넘어간다는 것이었다.

이스라엘 사람들이 집 문에 양 피를 바르는 것을 본 애굽 사람들이 무슨 생각을 했을까? "히브리 사람들은 저런 식으로 자기네 신을 섬기는구나"라는 생각을 했을 것이다. 그렇게 해야 심판을 면할 수 있다는 사실은 꿈에도 몰랐을 것이다.

불신자들이 예수를 믿지 않는 이유는 자기들이 하나님과 불화한 사이인 것을 몰라서 그렇다. 하나님과의 화목이 필요하다는 사실을 알면서도 불신자 신분을 고집할 사람은 없다. 그런데 문제가 있다. 신자들은 이 사실을 아느냐 하면 그렇지 않기 때문이다. 불신자들은 아예 모르고 신자들은 제대로 모른다.

"내가 예수까지 믿었는데 하나님이 해준 게 뭐냐?"라는 푸념을 들은 적이 있다. 예수를 믿게 된 것이 하나님의 은혜인 줄 모르고 하나님을 위하여 예수를 믿어준 것처럼 말하는 것이 우스웠다. 예수를 믿지 않는다는 얘기는 거룩도 아니고 죄악도 아닌 중간이라는 뜻이 아니다. 죄와 한통속이라는 뜻이다. 그런데 그분은 중간 상태로 오해했다. 그런 중간 상태에 있다가 예수를 믿어서 거룩으로 옮겼으니까 하나님이 보상을 해주셔야 하는데 그런 게 없어서 불만이었다.

예수를 믿는다고 하면서 죄에 대한 개념이 없는 것은 참으로 유감이다. 그러면 예수를 믿지 않는 것이 어느 만큼 끔찍한 일인지 모르게 된다. 세상에서 예수 믿은 덕을 보는 것이 신앙의 가치인 줄 오해하게 된다. 하지만 예수를 믿지 않는 것이 얼마나 끔찍한 일인지 알면 그다음 문제는 죄에서 멀어지는 것이 된다. 우리는 예수가 아니어도 그럭저럭 살 수 있었는데 더 잘살기 위해서 예수를 믿는 사람들이 아니다. 예수가 아니었으면 아무 소망이 없었는데 이제 비로소 소망이 생긴 사람들이다.

죄에 대한 각성이 없으면 신앙이 행복을 위한 수단이 된다. 하지만 죄에 대한 각성이 있으면 거룩을 위한 통로가 된다. 예전에 성경 공부를 인도하면서 이런 말을 했더니 한 분이 물었다. "그럼 우리 좋은 일은 포기하고 하나님 좋은 일만 해야 합니까?" 일단 질문이 마음에 안 들었다. 하나님과 우리가 같은 편일까, 다른 편일까?

"행복이냐, 거룩이냐?"는 "우리 좋은 일을 하느냐, 하나님 좋은 일을 하느냐?"를 묻는 것이 아니다. "우리의 진정한 복이 무엇인 줄 아느냐?"를 묻는 것이다. 애들은 공부보다 컴퓨터 게임을 더 좋아한다. 하루 종일 게임하는 것은 행복한 것이고 하루 종일 공부하는 것은 지루한 것인 줄 안다. "행복이냐, 거룩이냐?"가 바로 거기에 걸린다.

마크 트웨인의 〈톰 소여의 모험〉에서 주인공 톰 소여가 허클베리 핀을 마냥 부러워한다. 부러워하는 이유가 특이하다. 허클베리 핀은 고아이기 때문에 학교에 가지 않는다. 흙구덩이에서 뒹굴어도 꾸중 들을 일이 없고 식탁에서 기도를 하지 않아도 된다.

그렇다고 해서 톰 소여가 쓸데없이 부모가 있는 바람에 학교에 가서 공부를 해야 하고 옷을 깨끗이 입어야 하고 식사 때마다 기도를 해야 하는 고달픈 일과를 보내야 하는 아이일 수는 없다. 오히려 고아인 허클베리 핀의 부러움을 사야 한다. 이런 내용을 성경은 "또한 그로 말미암아 우리가 믿음으로 서 있는 이 은혜에 들어감을 얻었으며 하나님의 영광을 바라고 즐거워하느니라"라고 말한다.

애인이 없는 사람은 애인이 없으니까 혼자 영화 보러 가고, 애인이 있는 사람은 애인에게 영화 보러 간다고 말하고 혼자 영화 보러 가면 애인 있는 사람과 애인 없는 사람이 뭐가 다를까? 애인이 있느냐, 없느냐 하는 차이가 영화 보러 간다는 말을 할 사람이 있느냐, 없느냐의 차이일 수는 없다. 당연히 영화를 같이 볼 사람이 있느냐, 없느냐의 차이라야 한다.

불신자들에게는 하나님과의 화목이라는 개념이 없다. 그들은 하나님과 관계없이 살아간다. 그런데 우리는 하나님과 화목하게 되었는데도 하나님과 관계없이 살아간다. 어디가 잘못되었을까?

사실 우리 중에 하나님을 사랑하지 않는 사람은 없다. 그런데 여전히 죄를 사랑한다는 사실이 문제다. 우리에게 단지 신앙이 있는 정도로는 모자라다. 그것을 누려야 하고 그것을 즐거워해야 한다. 하나님이 우리를 기뻐하신다. 우리 역시 하나님을 기뻐하는 것이 마땅하다.

### 5:3-4〉 다만 이뿐 아니라 우리가 환난 중에도 즐거워하나니 이는 환난은 인내를, 인내는 연단을, 연단은 소망을 이루는 줄 앎이로다

환난과 즐거움은 전혀 어울리지 않는다. 즐거워할 수 있으려면 환난이 없어야 한다. 그런데 성경은 우리가 환난 중에도 즐거워한다고 말한다.

부도가 나도 하나님 한 분으로 만족하고 교통사고가 나도 하나님 한 분으로 만족한다는 말을 들은 적이 있다. 자기에게 어떤 일이 있든지 하나님만 있으면 충분하다는 것이다. 그런 식의 신앙관을 나무랄 마음은 없다. 하지만 객관적이지 못하다. 교회 밖에서는 그런 식으로 예수를 믿는 사람과 히로뽕에 취한 사람을 구분하지 못할 것이다.

그러면 환난 중에도 즐거워한다는 말이 무슨 영문일까? 예수를 믿는 기쁨이 워낙 크기 때문에 환난 따위에 신경 쓰지 않는다는 뜻이 아니다. 자기에게 있는 환난이 신앙에 도움이 되기 때문에 즐거워한다는 뜻이다.

다이어트가 즐거운 사람이 있을까? 다이어트 자체는 즐겁지 않다. 다이어트를 한 결과가 즐거울 뿐이다. 환난 중에도 즐거워한다는 말이 그렇다. 환난이 있어야 환난이 인내를 만들고 인내는 연단을 만들고 연단을 통하여 소망이 이루어지는 줄 알기 때문이다. 환난 자체가 즐거운 것이 아니라 환난을 통하여 이루어질 소망을 즐거워하는 것이다.

본문은 '다만 이뿐 아니라…'로 시작했다. 본문 앞에는 "우리는 아무 공로 없이 의롭다 함을 받았다. 하나님과 화평한 사이가 되었다. 그러니 그것을 누려야 한다. 그것이 얼마나 좋은 것인지에 대한 기대가 있어야 한다."라는 내용이 나왔다. 그런 내용에 이어서 '다만 이뿐 아니라'고 했다. "그것이 전부가 아니라 더 있다"라는 뜻이다. 뭐가 더 있느냐 하면, 앞으로는 환난이 있어도 오히려 즐거워할 수 있게 된 것이 더 있다. 그 환난이 소망으로 이어지는 것을 알기 때문이다.

정원을 가꾸려면 가지치기를 하고 잡초를 뽑아야 한다. 화초가 왜 괴롭히느냐고 불평하는 것은 말이 되지 않는다. 가지치기도 필요 없고 잡초도 뽑을 필요가 없다는 얘기는 정원의 가치를 포기했다는 뜻이다. 가지를 치고 잡초를 뽑는다는 사실이 곧 정원의 영광이다.

환난이 그렇다. 하나님이 우리를 구원만 하고 그냥 놓아두는 것이 아니다. 하나님과의 화평을 누리게 하신다. 우리가 하나님의 호적에 입적만 하면 되는 것이 아니라 하나님과 같이 살아야 한다. 하나님은 우리 인생 전부를 원하신다. 고작 생명책에 이름을 올리는 정도로는 안 된다. 당연히 지금보다 더 다듬어져야 한다. 환난은 우리가 하나님의 계획 속에 있다는 반증이다. 하나님이 우리의 구원을 완성하시는 과정으로 환난이 있는 것이다.

이런 사실에서 알 수 있는 것이 있다. 신앙은 형통과 연결되는 것이 아니다. 우리에게 있는 신앙은 세상을 남보다 잘사는 방법으로 써먹을 만큼 무

가치한 것이 아니다. 우리를 완성시키는 통로다.

보디발 부인 때문에 옥에 갇혔던 요셉이 나중에 애굽의 총리가 되었다. 요셉이 인생 만년에 자서전을 쓴다면 옥에 갇혔던 기간을 어떻게 회상할까? 하나님께 버림받은 고통스러운 기간이었다고 회상할 리가 없다. 하나님의 은혜로 자기가 한 단계 업그레이드된 복된 기간이었다고 회상할 것이다.

요셉이 인생을 두 번 산다고 가정해 보자. 옥에 갇혀서 어떤 생각을 할까? 자기의 옥중 생활이 자기 인생을 어느 만큼 복되게 했는지 경험했으면서 처음 옥에 갇혔을 때와 마찬가지로 낙담하고 좌절하면 정말 어리석은 사람이다.

남의 얘기할 것 없다. 우리 중에 지금까지 마냥 평탄하게 살아온 사람은 아무도 없다. 그래서 어떻게 되었는가? 혹시 지금까지 겪은 어려움 때문에 손해 본 것이 있는가? 그 어떤 어려움도 지난 다음에 생각해 보면 전부 신앙 유익으로 귀결된 것을 우리가 안다. 그런 경험이 있으면서 사소한 어려움마다 우왕좌왕하는 것은 말이 되지 않는다. 밤늦게 공부하는 고달픔을 감수해야 실력이 쌓이는 것처럼 환난이 있어야 우리가 성장한다. 우리가 겪는 모든 환난이 우리의 소망으로 연결된다. 그런 소망을 주신 하나님을 찬양한다.


**5:5〉 소망이 우리를 부끄럽게 하지 아니함은 우리에게 주신 성령으로 말미암아 하나님의 사랑이 우리 마음에 부은 바 됨이니**

본문 바로 앞에 우리가 환난 중에도 즐거워한다는 말이 있었다. 환난이 구원을 완성하는 과정이기 때문이다. 그런 내용에 이어서 본문이 나온다.

젊어서 고생은 사서도 한다는 말이 있다. 젊었을 때 고생한 것이 나중에 성공할 수 있는 밑바탕이기 때문이다. 이런 사실을 아는 사람은 젊은 시절의 고생을 인생 공부로 여겨서 기꺼이 감수할 것이다. 그런데 젊었을 때 고생하다가 늙어서까지 비참하게 살면 젊은 시절의 고생이 무색하게 된다. 소망이 부끄럽게 되는 것이 그런 경우다. 하지만 우리에게는 그럴 염려가 없다. 우리에게는 성령님이 계시기 때문이다.

우리는 예수를 주로 고백한다. 하지만 모든 사람이 그런 것은 아니다. 이런 차이가 왜 있을까?

그러므로 내가 너희에게 알리노니 하나님의 영으로 말하는 자는 누구든지 예수를 저주할 자라 하지 아니하고 또 성령으로 아니하고는 누구든지 예수를 주시라 할 수 없느니라(고전 12:3)

우리가 예수를 주로 고백하는 것은 우리 안에 성령님이 계시기 때문이다. 하나님이 우리에게 성령님을 허락하셨다. 우리가 지옥에 가려면 성령님도 같이 가거나 아니면 우리를 버리고 떠나야 한다. 그런데 성령님은 그 속성상 지옥에도 갈 수 없고 우리를 버릴 수도 없다. 결국 우리는 천국에 갈 수밖에 없다. 흔히 하는 말로 한번 얻은 구원은 취소되지 않는다.

결국 본문은 "소망이 우리를 부끄럽게 하지 않는다. 우리의 구원이 무산

되는 일은 절대 일어나지 않는다. 어떻게 알 수 있느냐? 하나님이 우리에게 성령님을 허락하셨다는 사실로 알 수 있다."라는 뜻이다.

**5:6-8) 우리가 아직 연약할 때에 기약대로 그리스도께서 경건하지 않은 자를 위하여 죽으셨도다 …(중략)… 우리가 아직 죄인 되었을 때에 그리스도께서 우리를 위하여 죽으심으로 하나님이 우리에 대한 자기의 사랑을 확증하셨느니라**

예수님은 기약대로 우리를 위하여 죽으셨다. 우리가 하나님이 제시하신 조건을 충족하면 우리를 위하여 죽으시고 그렇지 않으면 죽지 않으시는 것이 아니라 죽음이 작정되어 있었다.

부교역자 시절, 어떤 분이 말했다. "하나님이 저를 보면 고민 많이 되실 거예요. 자녀로 인정해주려니 한심하고, 모른 척 하려니 불쌍하고… 난감하실 거예요."

"하나님이 집사님을 하나님의 자녀로 인정한 시점이 언제인데요?"

"창세전이요."

"창세전에 하나님 앞에 합격 점수를 받아서 자녀가 되었나요?"

"아뇨, 그건 아닌데요…"

"어차피 합격 점수를 받아서 자녀가 된 것도 아니면서 이제 와서 무슨 자격을 따져요? 하나님이 집사님을 부르셨을 적에는 집사님에게 영적인 감각도 없을 때입니다. 영적인 감각도 없을 때 하나님의 자녀로 삼으셨는데 영적인 감각이 생긴 다음에 버리는 것은 말이 안 되죠."

돈이 많다는 이유로 교회에서 거들먹거리면 한심한 사람이다. 그러면 돈이 없다는 이유로 기를 펴지 못하는 사람은 어떤가? 겸손한 사람이 아니다. 신앙이 무엇인지 모르기는 매일반이다. 예수를 믿는다고 하면서도 자기 죄에 무감각한 사람은 참 꼴불견이다. 그러면 예수를 믿는다고 하면서도 늘 죄를 자책하는 사람은 어떤가?

예수님은 우리가 죄인일 때 우리를 위해 죽으셨다. 예수님으로 인해 우리가 죄를 사함받았다. 그렇다고 해서 완전한 사람이 된 것은 아니다. 하지만 죄를 사함받기 전보다 더 심한 죄인일 수는 없다. 하나님은 우리가 죄인일 때도 예수님을 죽게 하시고 우리 죄를 사해주셨다. 그런데 이제 와서 우리를 외면하실까?

모세가 시내산에 십계명을 받으러 올라간 사이에 산 밑에 있던 이스라엘이 금송아지 우상을 섬겼다. 하나님이 모세에게 말씀하셨다. "이스라엘은 도무지 구제불능이다. 전부 멸하고 너에게 새로운 나라를 맡기겠다." 모세가 간구했다. "하나님, 안 될 말씀입니다. 애굽 사람들이 뭐라고 하겠습니까? 하나님이 자기 백성을 가나안까지 인도할 능력이 없어서 중간에 죽여 버렸다고 하지 않겠습니까? 하나님의 위엄에 누가 됩니다."

이스라엘이 가나안에 가느냐, 못 가느냐 하는 것은 비단 이스라엘의 일로 끝나지 않는다. 하나님의 이름이 걸린 문제다. 애초에 하나님은 이스라엘을 홍해 건너편으로 옮기려고 일을 시작하신 것이 아니라 가나안으로 인도하려고 일을 시작하셨다.

우리가 그런 사람들이다. 우리에게 허락된 구원은 이루어질 수밖에 없다. 그런데 은혜로 구원 얻은 것은 인정하면서 구원 얻은 신분을 유지하기 위해서는 노력해야 하는 줄로 착각한다. 우리가 신자답게 살지 않을 수는 있다. 하지만 얻은 구원을 취소시킬 수는 없다. 우리의 노력은 구원 얻은 신분을 유지하기 위해서 필요한 것이 아니라 신자답게 살기 위해서 필요한 것이다.

**5:9-10〉 그러면 이제 우리가 그의 피로 말미암아 의롭다 하심을 받았으니 더욱 그로 말미암아 진노하심에서 구원을 받을 것이니 …(중략)… 화목하게 된 자로서는 더욱 그의 살아나심으로 말미암아 구원을 받을 것이니라**

유대인들은 율법을 지키느라 평생을 보냈다. 하지만 우리는 아등바등 율법과 싸움을 해야 하는 사람들이 아니라 허락된 구원을 누려야 하는 사람들이다. 특히 본문에는 '더욱'이 반복해서 쓰였다. 우리는 구원을 얻되, 그냥 얻으면 안 된다. '더욱' 얻어야 한다.

지금까지 가장 자주 들은 질문이 하나님이 왜 선악과를 만들었느냐는 질문이다. 하나님이 선악과를 만들지 않았으면 죄가 시작되지도 않았을 텐데 왜 선악과를 만드시고는 예수를 믿으라 말라 하느냐는 말을 한두 번 들은 것이 아니다. 그 질문에는 한 가지 전제가 있다. 범죄 이전의 아담, 하와의 신분과 예수 그리스도 안에 있는 우리의 신분을 동등하게 여기는 것이다.

-10과 +10을 합산하면 0이 되는 것처럼 선악과로 인한 마이너스 효과와

예수님의 보혈로 인한 플러스 효과가 동등하면 그럴 수 있다. 하지만 수평저울 한쪽에 선악과가 있고 다른 쪽에 예수님이 있는데 그 수평저울이 균형을 이룬 그림은 도무지 상상이 되지 않는다.

예수를 믿는다는 얘기는 선악과를 먹지 않은 아담, 하와처럼 된다는 뜻이 아니다. 범죄 이전의 아담, 하와보다 우리가 훨씬 고급한 신분이다. 그리스도는 아담, 하와의 범죄 때문에 별수 없이 오신 것이 아니라 창세전부터 하나님의 경륜 안에 있었다. 아담, 하와 역시 그리스도를 통과해야 하는 사람들이었다.

아담, 하와의 범죄 후에 하나님이 하와에게 잉태하는 고통을 크게 더하신다고 하셨다. 아이를 낳을 때의 고통이 전에는 없었다가 범죄 후에 생긴 것이 아니라 전에도 있었다. 고통이 있다면 완전한 몸이 아니다.

아담, 하와에게 허락된 생명은 선악과를 먹지 않는 한도 안에서 주어진 조건적인 생명이었다. 처신을 잘하면 유지되지만 처신을 잘못하면 박탈당할 수도 있었다. 우리에게 허락된 생명은 그렇지 않다. 우리에게는 영원하고도 완전한 생명이 기다리고 있다.

**5:11〉 그뿐 아니라 이제 우리로 화목하게 하신 우리 주 예수 그리스도로 말미암아 하나님 안에서 또한 즐거워하느니라**

우리가 죄인의 상태에서 구원 얻었다. 우리를 구원하신 것은 전적인 하나님의 은혜다. 또 우리에게는 완성될 구원이 기다리고 있다. 그 또한 하나님의 은혜다. 우리의 과거가 하나님의 은혜 아래 있었던 것처럼 미래도 하나님의 은혜 아래 있다. 그러면 그 둘을 연결하는 현재는 어떨까? 우리의 삶은 당연히 "예수 그리스도로 말미암아 하나님 안에서 즐거워하는 것"으로 채워져야 한다. 우리는 하나님 안에서 즐거워하는 것으로 신앙을 점검할 수 있어야 한다.

애인이 있는 사람과 애인이 없는 사람은 즐거워하는 사유가 다르다. 성적 잘 나오면 좋아하고, 월급 받으면 좋아하는 것은 애인 있는 사람이나 애인 없는 사람이나 똑같다. 애인이 있으면 애인 없는 사람에게 없는 즐거움이 있어야 한다.

이 말을 우리에게 옮기면 어떻게 될까? 돈 벌면 좋아하고, 합격하면 좋아하고, 출세하면 좋아하는 것으로는 모자라다. 세상 사람들은 모르고 오직 우리만 아는 즐거움이 있어야 한다. 그런 즐거움을 주신 하나님을 찬양한다.

**5:12-19〉 그러므로 한 사람으로 말미암아 죄가 세상에 들어오고 죄로 말미암아 사망이 들어왔나니 …(중략)… 한 사람이 순종하지 아니함으로 많은 사람이 죄인 된 것같이 한 사람이 순종하심으로 많은 사람이 의인이 되리라**

노아와 그 가족이 방주 안에 있음으로 해서 구원 얻었다. 홍수로 온 세상이 물에 잠겼지만 방주 안에 있으면 홍수와 상관이 없다.

우리는 그리스도 안에 있는 사람들이다. 우리가 실패하려면 예수님이 실패해야 한다. 홍수가 아무리 거세도 방주가 망가지지 않으면 안전한 것처럼 예수님이 실패하지 않는 한 구원은 견고할 수밖에 없다. 요컨대 신자는 그리스도 안에 있는 사람을 말한다. 자기 운명을 자기가 책임지는 것이 아니라 예수님과 더불어 운명 공동체로 묶인 사람이다.

우리가 전에는 아담 안에 있었다. 아담의 후손은 아담의 신분을 상속한다. "아담, 하와가 선악과를 먹은 것에서 죄가 시작되었다. 사람은 모두 죄인이다."라는 말을 하면 "그것이 나와 무슨 상관이냐? 나는 그때 존재하지도 않았다."라고 하는 사람이 있다. 하지만 별수 없다. 1930년대에 태어난 사람은 자기 의사에 관계없이 일제 치하에서 살아야 했다. 마찬가지로 1946년에 태어났으면 자기가 독립운동을 하지 않았어도 독립된 나라의 백성이라는 지위를 누릴 수 있었다.

아담의 신분을 상속한 모든 인류는 죄인이다. 어떻게 알 수 있느냐 하면, 모든 사람이 죽는 것으로 알 수 있다. 간혹 태어나자마자 죽는 아이도 있다. 사람이 죽는 것은 죄의 값인데 죄를 지을 틈도 없이 죽는 것이 무슨 경우일까? 죄가 행위의 문제가 아닌 성향의 문제이기 때문이다. 사과나무는 사과가 열리지 않아도 사과나무다. 본래 사과나무가 아니었는데 사과 열매를 맺어서 사과나무가 되는 것이 아니라 사과나무이기 때문에 사과가 열리는 것과 같다. 사람은 죄를 지어서 죄인이 되는 것이 아니라 죄인으로 태어난다. 예수 안에 있는 사람이 예수의 신분을 상속하는 것처럼 아담 안에 있는 사람은 아담의 신분을 상속하기 때문이다.

아담의 신분이 어떤 신분일까? 자기가 행한 일을 자기가 책임지는 신분이다. 하나님이 아담에게 "동산 각종 나무의 열매는 네가 임의로 먹되 선악을 알게 하는 나무의 열매는 먹지 말라 네가 먹는 날에는 반드시 죽으리라"라고 하셨다. 아담은 하나님 편에 설 수도 있고 그 반대편에 설 수도 있는 위치에 있었다. 그리고 아담의 처신으로 후손의 운명이 결정되었다.

예수님은 그렇지 않다. 예수님이 어떻게 하는지에 따라 우리 운명이 바뀌는 것이 아니라 애초부터 우리 운명을 바꿔주기 위해서 오셨다. 15절에 은사라는 단어가 나오는 이유가 이 때문이다. 15절에서 "그러나 이 은사는 그 범죄와 같지 아니하니…"라고 했다. 이 은사가 어떤 은사이고 그 범죄가 어떤 범죄인지 확인하려면 그 앞 절을 봐야 한다.

그러나 아담으로부터 모세까지 아담의 범죄와 같은 죄를 짓지 아니한 자들까지도 사망이 왕 노릇 하였나니 아담은 오실 자의 모형이라(롬 5:14)

아담은 오실 자, 즉 예수님의 모형이다. 그런 말에 이어 "그러나 이 은사는 그 범죄와 같지 아니하니…"가 나온다. 은사는 값없이 주어진 선물을 말한다. 결국 예수님이 은사라는 뜻이다. 예수님이 오셔서 행한 일의 결과가 은사가 아니다. 예수님이 오신 사실 자체가 은사다.

그러면 그 범죄는 어떤 범죄일까? 아담의 범죄와 같은 범죄다. 본래 범죄는 그에 상응하는 대가를 치르는 법이다. 죄를 범한 만큼 벌을 받는다. 은사는 그렇지 않다. 은사는 자격이나 조건에 관계없이 받는다.

선물의 경우로 생각해 보자. 선물은 주는 쪽의 의지에 달린 문제다. "선물을 받고 싶은 마음이 얼마나 간절한가?"는 전혀 중요하지 않다. "선물하는 사람이 선물 받는 사람을 어느 만큼 사랑하는가?", "선물하는 사람의 능력은 어느 정도인가?'가 중요하다.

아담이 자기를 위하여 할 수 있는 유일한 일은 선악과를 먹지 않는 일이었다. 우리는 그렇지 않다. 우리는 하나님이 그리스도 안에서 우리에게 허락하신 것들을 넉넉히 누릴 수 있는 사람들이다. 이 사실을 간과하면 죄 안 짓는 것이 신앙의 전부인 줄 알게 된다. 물론 죄를 짓는 것은 곤란하다. 하지만 그것이 신앙의 전부일 수는 없다. 우리는 마땅히 하나님 쪽으로 진도가 나가야 한다.

예수를 믿으면 구원 얻는다. 흔히 하는 말로 천국에 간다. 예수를 믿는 사람에게는 죽음이 없다. 우리는 이다음에 천국에서 영원히 살 것이다. 예수를 믿으면 천국에 간다는 사실은 참으로 놀랍다. 하지만 분명히 알아야 할 사실이 있다. 하나님께는 죽어서 천국 갈 사람이 필요하지 않고 살아서 하나님 나라를 확장할 사람이 필요하다. 우리는 "지금 죽어도 천국에 갈 자신이 있다"라는 사실로 자신의 신앙을 확인할 것이 아니라 "나로 인하여 하나님의 나라가 얼마나 확장되고 있는가?'로 확인해야 한다. 아담 안에서 잃어버린 것보다 예수 안에서 누릴 복과 은혜가 훨씬 많기 때문이다.

## 5:20〉 율법이 들어온 것은 범죄를 더하게 하려 함이라 그러나 죄가 더한 곳에 은혜가 더욱 넘쳤나니

율법에 대해서는 오해가 참 많다. 구원은 율법을 지켜서 얻는 것이 아니라 믿음으로 얻는다고 하면 "그럼 율법은 필요 없는 거네?"라는 생각을 할 수 있다. 특히 "구약시대에는 율법을 다 지켜야 했기 때문에 구원 얻는 것이 힘들었다. 하지만 지금은 율법을 지킬 필요 없이 예수만 믿으면 누구나 구원 얻는다."라는 식으로 오해하는 경우가 많다. 만일 그 얘기가 사실이면 하나님이 처음에는 율법을 통해서 인간을 구원하려 했다가 그것이 여의치 않자 예수님을 보낸 것이 된다. 하나님이 그처럼 변덕을 부리는 것은 말이 되지 않는다.

하나님은 율법을 구원의 방도로 주신 적이 없다. 율법은 "이것을 지켜서 구원 얻어라"라는 뜻으로 주신 것이 아니라 "이것으로 너희가 누구인지 확인해라"라는 뜻으로 주신 것이다.

율법이 있기 전에도 죄가 있었다. 하지만 율법이 없으면 죄를 정하는 기준이 없게 된다. 살인하지 말라는 법이 있어야 살인을 죄로 정할 수 있고 도둑질하지 말라는 법이 있어야 도둑질을 죄로 정할 수 있다. 문제는 그다음이다. 그렇게 법이 주어지면 죄를 짓지 않느냐 하면 그렇지 않다. 법이 있기 전에도 죄가 있었던 것처럼 법이 주어진 다음에도 죄가 없어지지 않는다. 어떤 것이 죄인지 알면 죄를 짓지 않을 것이라는 기대는 착각에 불과하다. 살인이 죄인 것을 알면서도 살인을 범하고 도둑질이 죄인 것을 알면서도 도둑질한다는 정도의 얘기가 아니다.

오래전의 일이다. 어떤 집에 심방을 갔는데 '예수만 섬기는 우리 집'이라고 쓰인 그림이 걸려 있었다. 그런데 이상한 말을 들었다. 그분이 "그런 얘기 마세요. 세상이 안 그렇잖아요. 말씀만 가지고는 못 살아요."라고 했다.

그런 말을 하는 그분 뒤에는 '예수만 섬기는 우리 집'이라는 액자가 걸려 있었다. '예수도 섬기는 우리 집'이라고 써야 하는데 잘못 쓴 모양이다.

그분을 흉보려고 지난 일을 들추는 것이 아니다. 이것이 우리 마음이다. 하나님이 이 세상 주인이라는 사실을 모르는 신자는 없다. 그런데 실제로 그렇게 살지는 않는다. 하나님이 이 세상 주인이라는 사실을 알기만 한다. 하나님이 이 세상 주인이라는 사실이 주어지면 우리가 하나님을 주인으로 모시고 있지 않다는 사실만 확인되는 것이 아니다. 하나님을 주인으로 모실 마음이 없다는 사실도 확인된다. 세상 눈치를 보는 것은 당연한 일로 여기면서 하나님 눈치를 보는 것은 과도한 부담으로 여긴다.

율법이 제시되면 우리의 죄가 드러난다. 우리가 율법의 기준에 어느 만큼 미치지 못하는지 알 수 있다. 그것이 전부가 아니다. 우리는 율법을 지킬 실력이 없을 뿐만 아니라 지킬 마음이 없다는 사실도 확인된다.

홍해를 건너기 전의 이스라엘은 애굽의 노예였다. 자기들의 행보를 애굽이 결정했다. 하나님의 백성으로 살고 싶어도 여건이 안 되었다. 그런 그들을 하나님이 구해주셨다. 그런데 걸핏하면 "차라리 애굽에 있을 때가 좋았다. 애굽으로 돌아가자."라고 불평했다. 하나님의 백성으로 살 여건이 안 되는 그들에게 하나님의 백성으로 살 여건을 마련해주자, 하나님의 백성으로 살 마음이 없다는 사실이 확인되었다.

율법이 들어온 것은 범죄를 더하게 하려 함이라고 했다. 율법을 적용하면 우리가 죄인이라는 사실이 나타난다. 우리는 죄의 지배를 받는 정도가 아니라 죄와 한통속이다. 그래서 성경은 죄가 더한 곳에 은혜가 더욱 넘쳤다고 한다. 우리가 어느 만큼 죄에 붙들려 있는지 알수록 하나님의 은혜가 확인되기 때문이다.

**5:21〉 이는 죄가 사망 안에서 왕 노릇 한 것 같이 은혜도 또한 의로 말미암아 왕 노릇 하여 우리 주 예수 그리스도로 말미암아 영생에 이르게 하려 함이라**

하나님이 우리의 죄를 덮고도 남을 은혜를 주시는 이유가 무엇일까? 전에는 죄가 우리에게 왕 노릇하여 우리가 사망에 이르렀던 것 같이 이제는 은혜가 우리에게 왕 노릇하여 우리를 영생에 이르게 하기 위해서다.

죄가 왕 노릇한다는 말은 죄에 항거할 수 없는 처지를 말한다. 출애굽 전의 이스라엘처럼 우리 예전 모습이 그랬다. 죄가 우리에게 왕 노릇했다. 예수를 모르는 사람은 무엇을 하든지 하나님 반대쪽으로 갈 수밖에 없다. 그런데 지금은 은혜가 왕 노릇한다.

어떤 학생이 공부 열심히 하기로 마음먹고는 그냥 자고, 공부한답시고 책상 정리만 하고는 그냥 자고, 잠 깬답시고 커피 마시고는 맑은 정신으로 그냥 자고, 잠깐 바람 쐰다고 하고는 2시간 바람 쐬고 그냥 잤다. 그러면 성적은 보나마나 엉망이어야 한다.

우리가 신앙생활을 그런 식으로 한다. 금년에 꼭 성경 일독하기로 마음먹고는 창세기만 읽는다. 새벽예배 나가기로 마음먹고는 사흘을 못 넘기고 혼자 QT를 하는 것도 그렇다. 뭐든지 결심한 대로 하는 것이 없다. 주님을 생각하면 부끄럽고 송구스럽기만 하다. 그런데 희한한 일이 있다. 그런 식으로 신앙생활을 해도 신앙이 자란다. 뭔가 잘한 일이 있어서 신앙이 자라는 것이 아니라 은혜가 왕 노릇을 해서 그렇다.

포도나무 가지에 탐스러운 포도 열매가 열렸다. 가지가 한 일이 무엇일까? 아무것도 없다. 그냥 줄기에 붙어 있기만 했다. 포도나무 가지는 참으로 볼품없다. 그런 가지에 아주 소담스러운 열매가 열린다. 가지가 열매를 만드는 것이 아니라 뿌리가 열매를 만들기 때문이다. 은혜가 왕 노릇한다는 말이 그렇다. 우리 운명을 우리가 결정하지 않고 하나님의 은혜가 결정한다.

9절에서 "그러면 이제 우리가 그의 피로 말미암아 의롭다 하심을 받았으니 더욱 그로 말미암아 진노하심에서 구원을 받을 것이니"라고 했다. '더욱'에 주목할 필요가 있다. 우리는 이미 예수의 피로 의롭다 하심을 얻었다. 그런데 성경은 그것을 전부로 말하지 않는다. 앞으로 더욱 얻을 것이 있다고 한다.

남녀가 만난 장소가 호텔 커피숍이었다. 그러면 저녁 식사는 어떤 걸 할까? "커피 마셨으면 나가서 떡볶이나 먹을까?"라고 하는 것은 어울리지 않는다. 호텔 커피숍의 커피가 15,000원이면 둘이 만나기 위해서 30,000원을 쓴 셈이다. 저녁은 그보다 더 비싸야 어울린다.

하나님이 우리의 구원을 위해서 예수님을 죽게 하셨다. 예수님의 죽음으로 우리의 구원이 시작되었다. 그러면 우리가 완성에 이르도록 간섭하는 힘은 더 클 수밖에 없다. 예수님을 죽게 한 것이 우리를 향한 하나님의 은혜의 시작이다.

이런 사실을 알았으면 교회에 모일 때마다 은혜가 왕 노릇하는 분위기를 만드는데 힘써야 한다. 교회에 모였으면서도 아파트 평수 넓히는 얘기하고, 자녀 학원 보내는 얘기하고, 드라마 얘기나 하는 것은 곤란하다.

부교역자 시절, 청년회에서 '성경 통독 100일 계획'을 세웠다. 그 모습을 뿌듯한 마음으로 바라보았던 기억이 있다. "이제 100일만 지나면 전부 성경 박사가 되겠구나"라는 기대 때문이 아니다.

학교에서 쉬는 시간에 잡담을 할 수 있다. 방과 후에 농구하자는 얘기도 할 수 있고 PC방 가자는 얘기도 할 수 있다. 하지만 늘 그런 얘기만 하지는 않는다. 숙제 얘기도 하고 시험 범위 얘기도 한다. 성적에 대한 걱정도 얘기한다. 그런데 교회에서는 늘 쓸데없는 얘기만 한다. 교회에서도 거룩에 속한 얘기를 하지 않는데 학교나 회사에서 할 리는 없다.

그러니 '성경 통독 100일 계획'이 반가울 수밖에 없었다. 비로소 거룩에 속한 얘기를 할 여지가 생겼기 때문이다. 만나면 서로 지금 성경 어디 읽고 있는지를 물었다. 성경 읽기가 밀린 것에 대해서 고민하는 모습을 그때 처음 보았다. 실제로 "벌써 일주일 치나 밀렸는데 이따 도서관 가서 같이 성경 읽자"라는 말도 들렸다. 적어도 교회에서는 서로의 신앙을 격려하는 분위기가 만들어져야 한다.

어떤 집에서 미국으로 이민을 가기로 했다. 출국이 6개월 남았다. 아이한테도 말했다. 그러면 아이가 무엇을 해야 할까? 6개월 동안 영어 공부를 하는 것이 정답이다. 그런데 "와! 신난다. 다음 주부터 시험인데 공부하지 않아도 되겠다."라는 생각을 먼저 한다.

"하나님이 우리에게 얼마나 완벽한 구원을 허락하셨는지 아느냐?"라는 말만 나오면 죄다 이 철딱서니 없는 아이처럼 반응한다. 그런 구원을 얻었으니 딴짓 하느라 시간 낭비하지 말고 그 날을 예비해야 하는 줄 모른다.

구원 얻지 못한 사람들은 나중에 지옥에서 "이럴 줄 알았으면 진작 예수 믿을 걸…" 하고 후회할 것이다. 그러면 천국에서는 어떤 일이 벌어질까? "내가 진작 예수 믿길 잘했지"라며 자족하는 모습만 있을까? 혹시 "이럴 줄 알았으면 진작 더 잘 믿을 걸…" 하는 후회가 있지는 않을까?

천국에서 후회를 한다는 발상이 어색하기는 하다. 하지만 우리가 신앙에 소극적인 것이 불신자들이 예수를 믿지 않는 것만큼이나 어리석은 소행인 것은 확실하다. 불신자들이 예수를 믿지 않는 것이 딱한 일인 것처럼 신자가 신앙에 열심을 내지 않는 것 역시 딱한 일이다. 우리에게 약속된 장래가 어느 만큼 영광스러운지 안다면 오늘을 살아가는 우리의 모습은 약속된 영광을 지향하는 모습이어야 한다. 인생은 길지 않다. 하나님의 영광이 아닌 일로 시간을 낭비하는 일은 없어야 한다. 오직 거기에만 신자 된 가치가 있다.

# 6장 은혜로 얻은 구원

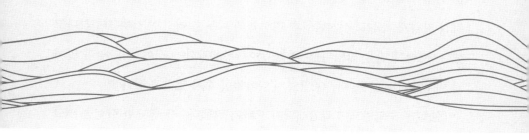

**6:1-2)** **그런즉 우리가 무슨 말을 하리요 은혜를 더하게 하려고 죄에 거하겠느냐 그럴 수 없느니라 죄에 대하여 죽은 우리가 어찌 그 가운데 더 살리요**

5장에서 우리가 얻은 구원이 얼마나 확실한지 설명했다. 그러면 의아할 수 있다. 우리 신분이 고정되었으면 신앙생활을 열심히 할 이유가 없기 때문이다. "그런즉 우리가 무슨 말을 하리요 은혜를 더하게 하려고 죄에 거하겠느냐"라는 의문이 생길 수밖에 없다.

결국 1절은 믿음으로 얻는 구원을 설명 듣는 과정에서 자연스레 생기는 의문이다. "그러면 죄를 많이 지을수록 은혜도 많이 받을 수 있다는 말이냐? 신앙생활에 성실한 것이 아무 소용이 없다는 뜻이냐?"라는 의문이 생기지 않으면 믿음으로 구원 얻는 것이 어떤 것인지 제대로 설명을 못 들은 것이다.

〈좋은 생각〉이라는 잡지에 실린 만화가 있다. 오누이가 앉아서 얘기를 나눈다. 누이동생이 엄마는 얘기가 너무 길다고 불평했다. 이건 이렇게 하고 저건 저렇게 하라고 시시콜콜히 말하는데 너무 길어서 듣기에 지루하다고 했다. 오빠가 말을 받았다. 아빠는 말이 너무 짧다는 것이었다. 엄마 말처럼 지루하지는 않은데 무슨 말인지 알아들을 수가 없다고 했다.

이런 말을 주고받으며 깔깔대다가 오빠가 말했다. "난 중요한 사실을 깨달았어." 누이동생이 묻는다. "뭔데? 엄마와 아빠가 다르다는 사실?" "아니, 우리는 어차피 엄마, 아빠 말을 들을 마음이 없다는 사실!" 엄마가 뭐라고 했느냐, 아빠가 뭐라고 했느냐가 문제가 아니다. 어쨌든 달갑지 않은 얘기다.

사람은 주어진 자극에 정당하게 반응할 줄 모른다. 어떻게 해서든지 하나님 반대쪽으로 가려고 한다. 5장에서 우리의 죄가 아무리 커도 하나님의 은혜가 더 크다고 했다. 그런 말을 들었으면 하나님의 은혜에 감격해야 한다. 그런데 오히려 방종의 기회로 삼으려는 경향이 있다. "그런 은혜를 생각해서라도 정신 차려서 신앙생활 해야 하겠구나"라는 생각을 하는 것이 아니라 "하나님이 우리를 사랑하시니까 이 정도는 이해해주시겠네"라는 생각을 한다.

물론 우리의 죄가 하나님의 은혜를 넘을 수는 없다. 우리가 죄를 지을수록 확인되는 것은 하나님의 은혜다. 탕자의 비유가 바로 그렇다. 자기 몫의 유산을 받아서 집을 나간 탕자가 급기야 돼지가 먹는 쥐엄열매조차 없어서 못 먹는 신세가 되었다. 견디다 못하여 집으로 돌아왔고, 아버지가 그런 탕자를 따뜻하게 맞아주었다.

그러면 탕자가 무엇을 해야 할까? 틈날 때마다 가출을 하면 될까? "내가 집을 나가는 불효를 범했어도 아버지는 나를 맞아주셨다. 역시 아버지는 나를 사랑하신다. 또 나가면 또 맞아주실 것이다."라는 생각으로 일주일에 한 번씩 가출하면 은혜는 일주일마다 새롭게 체험할 수 있겠지만 아들 노릇은 언제 할까?

"은혜를 더하게 하려고 죄에 거하겠느냐"가 그런 말이다. 은혜가 주어진 것만 알면 안 된다. 은혜가 왜 주어졌는지 알아야 한다. 성경은 "그럴 수 없느니라 죄에 대하여 죽은 우리가 어찌 그 가운데 더 살리요"라고 한다. "가출 해보니까 어떻더냐? 그런데 또 가출할 궁리를 한단 말이냐?"라는 뜻이다.

신자는 죄에 대해서 죽은 사람이다. 다시는 죄를 짓지 않는다는 뜻이 아니다. 본문에 나온 표현을 빌리면 죄에 거하지 않는다는 뜻이다. 우리는 죄의 지배를 받지 않는다. 스스로 죄를 선택할 뿐이다.

불신자는 예배에 참석하지 않는다. 참석하지 않는 쪽을 택하는 것이 아니다. 예배에 참석한다는 개념이 없으니 선택 여지가 없다. 신자는 그렇지 않다. 신자는 자기가 선택해서 예배를 빼먹는다. 불신자는 예배에 불참해도 아무런 거리낌이 없는데 신자는 예배에 불참하면 불편하다. 죄에 거할 수 없다는 얘기가 그런 뜻이다.

방금 신자는 죄에 대해서 죽은 사람이라고 했다. 다른 말로 하면 신자는 죄에 대해서 새로운 관계가 정립된 사람이다. 민감한 사람은 잠자리를 바꾸면 잠을 이루지 못하는 것처럼 우리가 그렇다. 우리는 죄 속에서 편안히 지낼 수 없다. 죄를 지으면 어딘가 불편하다. 그것이 우리의 달라진 신분이다.

## 6:3) 무릇 그리스도 예수와 합하여 세례를 받은 우리는 그의 죽으심과 합하여 세례를 받은 줄을 알지 못하느냐

성경은 우리가 죄에 거할 수 없는 이유로 세례를 말한다. 우리가 그리스도 예수와 합하여 세례를 받았기 때문에 죄에 거할 수 없다는 것이다. 세례가 무엇이기에 그럴까?

그들은 전에 노아의 날 방주를 준비할 동안 하나님이 오래 참고 기다리실 때에 복종하지 아니하던 자들이라 방주에서 물로 말미암아 구원을 얻은 자가 몇 명뿐이니 겨우 여덟 명이라 물은 예수 그리스도께서 부활하심으로 말미암아 이제 너희를 구원하는 표니 곧 세례라(벧전 3:20-21a)

노아 시대에 하나님이 물로 세상을 심판하셨다. 그런데 성경은 "물은 예수 그리스도께서 부활하심으로 말미암아 이제 너희를 구원하는 표니 곧 세례라"라고 말한다. 물이 어떻게 우리를 구원할까? 홍수 때의 물은 '구원용'이 아니라 '심판용' 아닌가? 하나님이 세상을 심판하신 이유에 그 답이 있다.

당시 세상이 너무 악했다. 하나님이 그런 세상에서 노아와 그 가족을 구원하기로 하셨다. 두 가지 방법이 있다. 악한 사람들이 없는 곳으로 데려갈 수도 있고 악한 세상을 멸할 수도 있다. 결국 노아 홍수가 당시 세상에 대해서는 심판이었지만 노아와 그 가족에게는 구원이었다. 세상은 홍수로 심판받았지만 노아와 그 가족은 안전하게 보호받았다. 즉 세례가 '이 세상에서의 분리'를 뜻한다. 지금까지 속했던 세상에서 분리되어 다른 세상에 편입하는 것이다.

형제들아 나는 너희가 알지 못하기를 원하지 아니하노니 우리 조상들이 다 구름 아래에 있고 바다 가운데로 지나며 모세에게 속하여 다 구름과 바다에서 세례를 받고(고전 10:1-2)

이스라엘이 홍해를 건넌 것이 세례의 상징이다. 이 사건을 놓고 "이스라엘이 모세에게 속하여 세례를 받았다"라고 한다. 성경의 표현이 특이하다. "모세의 인도로 세례를 받았다"라고 하지 않고 "모세에게 속하여 세례를 받았다"라고 한다. 세례를 받아서(홍해를 건너서) 모세에게 속하게 된 것이 아니다. 모세에게 속했기 때문에 세례를 받을 수 있었다(홍해를 건널 수 있었다)는 것이다.

본래 이스라엘은 애굽에 속해 있었다. 하지만 모세는 달랐다. 애굽이 아닌 미디안 광야에 있었다. 애굽 밖에 있던 모세가 애굽에 와서 이스라엘을 꺼낸 것이다.

물에 빠진 사람이 스스로 자기 머리채를 잡아 올린다고 해서 자기를 구원할 수는 없다. 물 밖에 있는 사람이 꺼내줘야 한다. 그런 일을 한 사람이 모세였다. 이스라엘이 애굽에서 나오려면 모세에게 속해야 했다. 즉 모세가 그리스도를 예표한다. 예수님은 이 세상에 속하지 않았다. 그런데 이 세상에 와서 우리를 구원하셨다. 우리가 구원 얻은 것은 죄와 싸워서 이겼기 때문이 아니라 예수님께 속했기 때문이다.

옛날 노아와 그 가족이 방주에 속하여 구원 얻고 이스라엘이 모세에게 속하여 구원 얻었던 것처럼 우리는 예수님께 속하여 구원 얻었다. 방주가 있는 곳이 노아와 그 가족이 있는 곳이고 모세가 있는 곳이 이스라엘이 있는 곳이고 예수님이 있는 곳이 우리가 있는 곳이다.

예수님은 하늘 보좌 우편에 계시다. 그런데 예수님께 속한 우리가 죄 중에 거하는 것은 말이 되지 않는다. 우리는 죄에 대해서 죽은 사람들이다. 그리스도 예수와 합하여 세례를 받았다는 얘기는 그리스도 예수의 죽으심과 합하여 세례를 받았다는 뜻이다.

이스라엘이 모세에게 속하여 홍해를 건넜다. 그때 홍해가 갈라져서 마른 땅이 되었지만 신령한 의미로는 이스라엘이 전부 바다에 빠져 죽은 것이다. 종의 신분에서 벗어나는 가장 확실한 방법이 죽는 것이다. 죽으면 더 이상 종이 아니다. 이스라엘이 홍해를 건넌 것에는 그런 의미가 있다. 죄다 물에 빠져 죽었다. 더 이상 애굽의 종이 아니다.

그것이 전부가 아니다. 홍해 건너편을 기준으로 하면 새로운 인류가 등장한 것이다. 모세에게 속한 이스라엘이 홍해에 빠져 죽었다가 홍해 건너편에서 다시 살아났다. 우리가 예수와 합하여 세례를 받았다는 얘기가 그런 뜻이다.

우리가 전에는 아담에게 속해 있었다. 아담에게 일어난 모든 일이 우리에게 귀결되었다. 아담의 신분이 우리의 신분이었다. 지금은 예수님께 속해 있다. 이제는 예수님께 일어난 모든 일이 우리에게 귀결된다. 예수님의 신분이 곧 우리의 신분이기 때문이다.

구원이 무엇일까? 탕자의 경우로 얘기하면 아버지 집으로 돌아오는 것이 구원일까, 아버지 집에 돌아와서 아버지의 아들답게 사는 것이 구원일까? 집에 돌아오는 것을 구원으로 알고 있으면 "은혜를 더하게 하려고 죄에 거하겠느냐"라는 질문이 나올 수밖에 없다. 가출을 자주 할수록 은혜도 더 많이 체험하게 된다. 하지만 아버지의 아들로 사는 것을 구원으로 알고 있으면 다시 가출할 이유가 없다. 그때는 "죄에 대하여 죽은 우리가 어찌 그 가운데 더 살리요"라는 말을 할 수 있다.

집을 나갔다가 돌아왔을 때 아버지가 맞아주면 물론 감격스럽다. 하지만 기왕이면 "나는 한 번도 집을 나간 적이 없다. 내 몫의 유산을 미리 달라는 말도 해보지 않았다. 아버지의 것이 전부 내 것이기 때문이다."라고 할 수 있어야 한다. 죄에 거하지 않는 것이 신앙이 아니라 의에 거하는 것이 신앙이다.


**6:4-10〉 그러므로 우리가 그의 죽으심과 합하여 세례를 받음으로 그와 함께 장사되었나니 …(중략)… 그가 죽으심은 죄에 대하여 단번에 죽으심이요 그가 살아 계심은 하나님께 대하여 살아 계심이니**


우리는 주님과 연합한 사람들이다. 주님의 죽으심은 우리의 죽음을 포함하는 죽으심이고 주님의 부활 또한 우리의 부활을 포함하는 부활이다. 우리는 주님이 죽으실 때 같이 죽었다가 주님이 부활할 때 같이 부활했다.

그런데 우리 중에는 죽음을 경험한 사람도 없고 부활을 경험한 사람도 없다. 성경은 "우리가 그리스도와 연합해 있다", "아담에게 속한 사람이 아담의 신분을 상속했던 것처럼 예수님께 속한 우리는 예수님의 신분을 상속한다"라고 하지만 실감이 나지 않는다.

대표적인 예가 우리를 죄인이라고 한다는 사실이다. 우리가 왜 죄인일까? 예수님이 이미 우리 죗값을 치르셨다. 그런데도 여전히 죄인이라고 하면 예수님의 사역을 무시하는 처사가 된다. 우리는 죄인이 아닌 의인이다.

하지만 신분으로만 그렇다. 수준은 여전히 죄인이다. 그런데 우리가 느낄 수 있는 것은 신분이 아닌 수준이다. 의인처럼 행동해본 적도 없고 말해본 적도 없고 생각해본 적도 없이 여전히 죄에 속한 생각, 죄에 속한 말, 죄에 속한 행동만 하는데 의인이라고 하려니 어색할 수밖에 없다. 그래서 "나는 죄인입니다"라는 말은 자연스럽게 나오는데 "나는 의인입니다"라고 하려면 괜히 난처하다.

그런데 성경에는 별도의 해결책이 없다. "달라진 신분을 실감하지 못하겠느냐? 그럼 이렇게 해봐라."라는 처방이 있으면 좋겠는데 그런 것이 없다. "우리는 예수님의 죽음과 합하여 세례를 받았다. 이는 하나님이 예수님을 죽은 자 가운데서 살리신 것처럼 우리도 또한 새 생명 가운데서 행하게 하려는 것이다", "만일 우리가 예수님과 함께 죽었으면 또한 예수님과 함께 살 줄을 믿는다", "이와 같이 너희도 너희 자신을 죄에 대해서는 죽은 자요,

그리스도 예수 안에서 하나님께 대하여는 살아 있는 자로 여겨라"라는 말이 있을 뿐이다.

"우리가 무엇을 경험했느냐?", "우리가 어떻게 느끼느냐?"는 전혀 문제가 되지 않는다. "하나님이 무엇을 하려고 하시느냐?", "예수님이 무엇을 경험했느냐?"가 중요할 뿐이다.

믿음이 왜 필요할까? 우리한테 그리스도와 함께 죽었다가 살아난 체험이 있으면 믿음이 필요하지 않다. 그때의 체험을 떠올리면 된다. "잘 생각해봐라. 네가 전에 예수님과 함께 죽었던 적이 있지 않느냐? 그때 네 모든 죗값이 다 치러졌다. 그리고 다시 살아나지 않았느냐? 죗값을 치르고 살아났으니까 죄와 상관없게 된 것이다. 넌 이제 새로운 신분이다."라고 하면 된다.

그런데 우리는 예수님과 함께 죽었던 경험도 없고 예수님과 같이 부활한 경험도 없다. 그것은 예수님의 경험일 뿐이다. 예수님의 경험을 우리의 경험으로 간주하려니 믿음이 필요하다. "우리가 무엇을 경험했느냐?"가 중요한 것이 아니라 "예수님이 무엇을 경험했느냐?"가 중요하다. 우리는 주님께서 경험하신 것이 우리의 경험이 될 것을 믿는 사람들이다. 우리가 얼마나 실감하느냐에 관계없이 그것이 객관적인 사실이다.

**6:11〉 이와 같이 너희도 너희 자신을 죄에 대하여는 죽은 자요 그리스도 예수 안에서 하나님께 대하여는 살아 있는 자로 여길지어다**

교회에서는 늘 신자답게 살라는 말을 한다. 불신자한테 그런 말을 하는 법은 없다. 신자이기 때문에 신자라는 신분에 맞게 살라고 하는 것이다. 그런 말을 "이와 같이 너희도 너희 자신을 죄에 대하여는 죽은 자요 그리스도 예수 안에서 하나님께 대하여는 살아 있는 자로 여길지어다"라고 한다.

한동대학교 김영길 총장의 일화를 소개한다. 제대로 갖춰지지 않은 학교의 총장을 맡고 보니 어려움이 이루 말할 수 없었다. 학교를 설립하는 일만도 버거운데 모함에 시달리기도 했다. 개교를 할 수 있는지 불투명했다. 하루 종일 사람들에게 시달리다 돌아와서 잠을 청하는데 아내가 말했다. "당신은 이런 상황에서 잠이 와요? 억울하지도 않고 속상하지도 않아요?" 김영길 총장이 답했다. "난 십자가에서 이미 죽었잖아. 죽은 사람에게 그런 게 어디 있어?"

죽은 사람은 감각이 없다. 침을 뱉어도 모르고 뺨을 때려도 모른다. 화를 낼 줄도 모르고 자존심 상하는 것도 모른다. 우리가 죄에 대해서 그렇다. 죄가 우리에게 영향력을 행사하지 못한다. 그렇다고 해서 우리가 정말로 미혹을 받지 않느냐 하면 그렇지는 않다. 죄는 여전히 우리를 미혹한다. 그래서 우리를 죄에 대하여 죽은 자로 여겨야 한다. 죄의 유혹이 있을 때마다 일일이 반응할 것이 아니라 "아! 나는 죽었지. 죽은 사람이 어떻게 움직여?" 하고, 자신을 제어해야 한다.

예전에 제3공화국을 배경으로 하는 드라마를 본 기억이 있다. 당시 경호실장 차지철과 중앙정보부장 김재규 사이에 상당한 알력이 있었다. 극 중에 경호실 직원이 차지철에게 김재규의 전갈을 전하는 내용이 있었다. "김 부장님이 여차여차하게 얘기했습니다"라고 하자, 차지철이 벌컥 화를 내면서 말한다. "누가 감히 이래라 저래라 하는 거야? 나한테 그런 말을 할 수 있는 사람은 지구상에 단 한 분밖에 없어!"

그 장면을 보면서 생각했다. "우리에게 저런 모습이 있어야 한다. 하나님 한 분 외에 누가 우리의 행보를 제어한단 말인가?" 우리는 오직 하나님에게만 영향을 받아야 한다. 차지철에게는 이래라 저래라 하는 존재가 외부에 있었지만 우리에게는 내부에 있다. 언제나 우리의 욕심이 문제다. 그것을 차단해야 한다. 주기도문에서 "아버지의 나라가 오게 하시며"라고 기도하는데 그 기도를 하기 전에 먼저 "나의 나라가 소멸되게 하시며"라고 기도해야 한다. 우리가 무엇을 하고 싶은가를 고려할 틈이 없다. 하나님이 무엇을 원하시는가에 관심을 집중해야 한다. 우리의 소원이 문제가 아니라 하나님의 소원이 문제다.

우리는 죄에 대하여 죽어본 경험도 없고 하나님에 대하여 살아본 경험도 없다. 경험만 없는 것이 아니라 우리 정서에도 맞지 않는다. 하지만 성경이 그렇게 선언한다. 그러면 그것을 사실로 받아들여서 거기에 맞게 살면 된다. 우리는 결국 주님을 만날 사람들이다. 그 준비를 해야 한다. 죄에 대해서는 아무런 감각이 없게 되는 것을 연습해야 하고 하나님에 대해서는 늘 민감하게 반응하는 법을 연습해야 한다.


**6:12-14〉 그러므로 너희는 죄가 너희 죽을 몸을 지배하지 못하게 하여 몸의 사욕에 순종하지 말고 …(중략)… 죄가 너희를 주장하지 못하리니 이는 너희가 법 아래에 있지 아니하고 은혜 아래에 있음이라**

예수를 믿으면 천국 간다고 한다. 이 말에는 맹점이 있다. 우리의 구원을 칭의, 성화, 영화로 얘기할 때 예수를 믿는다는 말은 칭의에 초점이 있다. 또 천국 간다는 말은 영화에 해당한다. 칭의도 있고 영화도 있는데 성화가 없다.

칭의는 우리의 선택이 아니라 하나님의 은혜로 얻어진다. 게다가 지나간 과거다. 칭의는 계속 얻어야 하는 것이 아니라 한번 얻으면 끝이다. 또 영화는 아직 오지 않은 미래다. 궁극적으로 우리에게 이루어질 일이기는 하지만 보챈다고 해서 빨리 이루어지지도 않고 기다리지 않는다고 해서 더디 이루어지지도 않는다. 때가 되면 하나님이 어련히 허락하실 것이다. 칭의나 영화는 그것이 우리에게 이루어진 일이고 이루어질 일이지만 우리 의지와 상관이 없다. 결국 우리 의지가 작용할 수 있는 영역은 성화뿐이다. 그런데 "예수를 믿으면 천국 간다"라는 말에는 칭의와 영화만 나타나고 성화가 나타나지 않는다.

예수를 믿으면 천국에 가는 것은 맞다. 그런데 예수는 지금 믿지만 천국은 지금 가지 않는다. "예수 믿는다"와 "천국 간다" 사이에 공백이 있다. 예수를 믿은 다음 천국에 갈 때까지 우리에게 주어진 과제가 성화다. 칭의를 얻은 우리는 이 땅에 사는 동안 성화에 힘쓰다가 때가 되면 영화에 이를 것이다.

성화에 힘쓰는 것을 "죄가 너희 몸을 지배하지 못하게 하라", "너희 지체를 불의의 무기로 죄에게 내주지 말라", "너희 지체를 의의 무기로 하나님께 드리라"라고 말한다.

우리에게서 죄의 욕구가 사라지는 법은 없다. 죄의 욕구는 늘 있다. 그래도 그 지배를 받지 말아야 한다. 또 우리에게서 하나님에 대한 욕구가 자연스럽게 생기는 법도 없다. 하지만 우리 지체를 하나님께 드려야 한다. 무엇보다도 이 모든 말이 명령문이라는 사실을 명심해야 한다. 그 명령에 복종하는 것이 신앙이라는 뜻이다.

우리나라에 전화가 개통된 것이 지난 1898년이고 가장 먼저 전화를 사용한 사람이 고종이다. 고종이 전화를 할 때는 내관이 미리 해당 신하에게 시간을 알려줬다. 신하는 시간에 맞춰 의관을 정제했다가 전화벨이 울리면 네 번 절하고 받았다.

성경 말씀을 받는 우리는 어떨까? 그 신하들보다 더 진지해야 하지 않을까? 우리는 당연히 죄의 지배를 받지 말아야 한다. 무슨 일이 있어도 우리 지체를 의의 무기로 하나님께 드려야 한다. 자기 상황을 고려할 여지가 없다. 지엄하신 왕명이기 때문이다.

신앙은 죄의 지배를 받는 것이 얼마나 피치 못할 상황인지 변명해서 넘어갈 수 있는 것이 아니다. 자신을 의의 무기로 하나님께 드리는 것으로만 따져야 한다. 불신앙으로 신앙을 대신할 수는 없다. 아무리 타당한 사유를 나열해도 자신을 의의 무기로 하나님께 드리지 않는 것은 불신앙이다.


**6:15-18〉 그런즉 어찌하리요 우리가 법 아래에 있지 아니하고 은혜 아래에 있으니 죄를 지으리요 그럴 수 없느니라 …(중략)… 너희에게 전하여 준 바 교훈의 본을 마음으로 순종하여 죄로부터 해방되어 의에게 종이 되었느니라**

한번 얻은 구원은 취소되지 않는다고 하면 사람들은 "그러면 신앙생활을 열심히 할 필요가 없는 것 아니냐?"라는 반응을 보인다. 우리에게 허락된 구원을 제대로 몰라서 그렇다. 취소되지 않는 구원도 있고 취소될 수 있는 구원도 있으면 어느 구원이 더 완벽한 구원일까?

성경은 이 문제에 대해서 "우리는 죄에 대해서 죽었는데 왜 아직도 죄 속에서 살 궁리를 한단 말이냐? 우리는 그리스도와 합한 사람들이다. 우리 몸을 불의의 무기로 죄에게 내어줄 것이 아니라 의의 무기로 하나님께 드려야 한다."라고 말한다. 구원 얻은 우리의 신분이 불변이기 때문에 게을러도 되는 것이 아니라 구원 얻은 우리의 신분이 불변이기 때문에 거기에 맞게 살아야 한다는 것이다. 그것이 2-14절에 있는 내용이다.

그런데 15절에서 "그런즉 어찌하리요 우리가 법 아래에 있지 아니하고 은혜 아래에 있으니 죄를 지으리요 그럴 수 없느니라"라고 한다. 앞에서 한 말을 반복하는 것 같다. 하지만 이어지는 16절에서 "너희 자신을 종으로 내주어 누구에게 순종하든지 그 순종함을 받는 자의 종이 되는 줄을 너희가 알지 못하느냐 혹은 죄의 종으로 사망에 이르고 혹은 순종의 종으로 의에 이르느니라"라고 한 것을 보면 그렇지 않다.

어떤 사람이 A의 말을 들으면 A의 종이고 B의 말을 들으면 B의 종이다. 또 A의 종이든지 B의 종이든지 A나 B에게 임한 일이 자기에게도 임한다. 그래서 "(생각해봐라) 너희가 누구에게 순종하든지 너희가 순종을 바치는 자의 종이 되는 것 아니냐? 혹은 죄의 종이 되어서 사망에 이르기도 하고 혹은 순종의 종이 되어서 의에 이르기도 한다. (이것도 저것도 아닌 법은 없다.)"라고 한다.

그렇다고 해서 결단을 촉구하는 것이 아니다. "그러니까 정신 차려서 순종의 종이 되도록 해라"라는 내용을 말하는 것이면 이어지는 17절에서 "하나님께 감사하리로다"가 나올 이유가 없다.

16-18절은 "너희가 누구에게 순종하든지 너희가 순종을 바치는 자의 종이 되는 것 아니냐? 혹은 죄의 종이 되어서 사망에 이르기도 하고 혹은 순종의 종이 되어서 의에 이르기도 한다. 그런데 너희는 얼마나 감사하냐? 너희가 본래 죄의 종이었는데 이제는 의의 종이 되었으니 말이다."라는 뜻이다. 그런데 "본래 죄의 종이었는데 지금은 의의 종이 되었다"라는 내용이 복잡하게 설명되어 있다.

"너희가 본래 죄의 종이더니"라는 말은 어려울 것이 없다. "죄로부터 해방되어 의에게 종이 되었느니라"라는 말도 우리에게 익숙하다. 그런데 "너희에게 전하여 준 바 교훈의 본을 마음으로 순종하여"라는 표현이 어색하다. 우리가 언제 하나님께 마음으로 순종한 적이 있을까? 우리는 늘 나름대로 재해석한 순종을 할 뿐이다. 게다가 우리가 마음으로 순종하여 죄에게서 해방되어 의에게 종이 되었으면 "하나님께 감사하리로다"라는 말을 할 이유가 없다.

특히 16-18절이 15절에 대한 설명이라는 사실에 유념해야 한다. "우리는 법 아래에 있지 않고 은혜 아래에 있다. 우리의 구원이 그만큼 견고하다. 설령 우리가 죄를 짓는다고 해도 하나님의 백성이라는 신분은 취소되지 않는다. 그렇다고 해서 죄를 지을 수는 없다."라는 것이 15절의 내용이다. 그러면 16-18절은 우리가 죄를 지을 수 없는 이유에 대한 설명이어야 한다.

관주성경을 보면 17절의 "너희에게 전하여 준 바 교훈의"에 1)이 있다. 관주에는 '헬'이라는 말과 함께 "너희를 맡은 바 교훈의"라고 되어 있다. 우리말 성경에는 "너희에게 전하여 준 바 교훈의 본을 마음으로 순종하여"라고 되어 있지만 헬라어로는 "너희를 맡은 바 교훈의 본을 마음으로 순종하여"라는 뜻이다. 능동태가 아니라 수동태다.

"너희에게 전하여 준 바 교훈의 본을 마음으로 순종했다"라고 하면 우리에게 교훈의 본이 제시되자 우리가 그것을 받아들인 것이 된다. 그런데 원문은 그렇지 않다. 우리가 교훈의 본에게 맡겨졌다. 하나님이 우리를 교훈의 본에게 맡겨서 우리로 하여금 그것을 온전히 받아들이게 했다.

교훈의 본은 로마서가 시작된 이후 지금까지 나온 내용, "인간이 어느 만큼 죄에 사로잡혀 있는가?", "하나님이 무엇에 대해 진노하시는가?", "인간에게 스스로를 구원할 능력이 있는가?", "하나님이 어떤 구원을 베푸셨는가?" 등등을 말한다. 하나님이 우리를 죽 앉혀 놓고 이런 교훈의 본을 설명하자, 우리가 말귀를 알아듣고 예수를 믿기로 작정한 것이 아니다. 하나님이 우리를 교훈의 본이라는 틀에 집어넣으셨다. 17절이 "하나님께 감사하리로다"로 시작하는 이유가 여기에 있다. 우리가 선택한 것이 아니라 하나님이 우리를 그렇게 만드셨다.

본문은 "그런즉 어찌하리요 우리가 법 아래에 있지 아니하고 은혜 아래에 있으니 죄를 지으리요 그럴 수 없느니라"라는 말로 시작했다. 우리는 은혜 아래에 있다. 설령 우리가 잘못한다고 해도 구원이 취소되지 않는다. 그렇다고 해서 죄를 지을 수는 없다. 우리는 이미 하나님이 의도하신 작품으로 만들어지는 중이다. 우리의 최종 목적지가 지옥에서 천국으로 바뀐 것에만 하나님의 은혜가 나타나는 것이 아니다. 하나님이 의도하신 틀에 부어졌으니 그 틀에 맞게 만들어지는 것, 지옥이 어울릴 만한 인생에서 천국이 어울릴 만한 인생으로 바뀌는 것 역시 하나님의 은혜의 영역이다.

요즘은 권투의 인기가 예전만 못하다. 내가 학생 때는 권투 중계가 있는 날은 거리가 한산할 정도였다. 1974년에 홍수환 선수가 아놀드 테일러를 이기고 WBA 밴텀급 타이틀을 땄을 때는 카퍼레이드가 벌어지기도 했다.

기자가 인터뷰를 하기 위해서 홍수환 선수를 찾아갔다. 마침 홍수환 선수가 TV를 보고 있었는데 눈을 감은 채 TV 앞에 앉아 있었다. 기자가 영문을 묻자 이렇게 답했다. "권투 선수에게 가장 중요한 것이 눈입니다. 눈이 좋아야 상대방의 움직임을 제대로 파악할 수 있습니다. 그래서 눈을 보호하기 위해서 불필요한 것은 보지 않습니다."

권투를 잘하기로 마음먹은 사람도 필요 없는 것은 보지 않는다. 하물며 우리는 그런 사람들이 아니다. 우리는 예수를 닮아가기로 목표를 세워서 열심히 노력해야 하는 사람들이 아니라 이미 교훈의 본이라는 틀에 부어진 사람들이다. 챔피언이 될 수도 있고 안 될 수도 있는 사람이 그 정도 노력을 한다면 챔피언이 되어야만 하는 사람은 얼마나 노력해야 할까? 그 내용을 "하나님께 감사하리로다 너희가 본래 죄의 종이더니 너희에게 전하여 준 바 교훈의 본을 마음으로 순종하여 죄로부터 해방되어 의에게 종이 되었느니라"라고 한다.

옛날에는 우리가 죄의 종이었지만 지금은 의의 종이 되었다. 우리가 죄에게서 벗어나서 의를 택해서 그렇게 된 것이 아니다. 하나님이 그렇게 만들어주셨다. 16절에 "혹은 죄의 종으로 사망에 이르고 혹은 순종의 종으로 의에 이른다"라는 말이 있다. 대조가 어색하다. 죄의 종으로 사망에 이르면 순종의 종으로는 생명에 이르러야 하는 것 아닐까? 성경은 그렇게 말하지 않는다. 만일 죄의 종으로 사망에 이르고 순종의 종으로 생명에 이른다면 우리는 사망과 생명 사이에서 선택을 해야 한다. 그런데 우리에게는 이미 생명이 주어졌다. 설령 불순종한다고 해도 생명이 박탈되는 법은 없다. 우리는 열심히 순종해서 생명을 얻어야 하는 사람들이 아니라 확보된 생명을 바탕으로 의를 이루어야 하는 사람들이다.

우리가 죄의 종이었을 적에는 죄의 종다웠다. 생각하고 말하고 행동하는 모든 것이 죄를 이루는 것들이었다. 그러면 지금은 생각하고 말하고 행동하는 모든 것이 의의 종다워야 한다. 그런데 이상한 사실이 있다. 우리가 죄의 종이었을 적에는 죄의 종다운 면모가 나왔는데 의의 종이 된 지금은 도무지 의의 종다운 면모가 나오지 않는다. 불신자 때 불신자다웠으면 신자가 된 다음에는 신자다워야 하는 것 아닐까? 불신자 때는 철저하게 불신자로 살았으면서 신자가 된 다음에 신자로 살지 않는 것은 모순이다.

구원이 무엇일까? 지옥에 가지 않고 천국에 가는 것일까? 그렇게 알고 있으면 지금 당장 할 일이 없게 된다. 물에 빠진 사람이 구원을 얻는 경우는 위치가 물속이었다가 물 밖으로 바뀐 것이다. 물 밖으로 나왔다고 해서 그 사람의 인격이 달라지는 법은 없다. 하지만 우리가 얻은 구원은 그런 식이 아니다.

성경 여러 곳에서 우리가 얻은 구원을 '예수님과의 합일'로 얘기한다. 교회를 주님의 몸이라 하고 주님을 교회의 머리라고 한다. 머리와 몸은 분리해서 생각할 수 없다. 머리 없는 몸통이 있을 수 없고 몸통 없는 머리가 있을 수 없다.

예수님이 "나는 포도나무요 너희는 가지다"라고 하셨다. 포도나무 줄기에서 한 조각을 떼어내고 가지에서 한 조각을 떼어내어 유전자 검사를 하면 같은 형질이 나올 것이다. 이렇게 따지면 구원을 얻었다는 얘기는 천국 입장권을 확보했다는 뜻이 아니다. 이제 예수님의 틀에 찍혔으니 완성될 날을 기다린다는 뜻이다.

구원을 천국 가는 표로 알고 있으면 다시 죄를 지을 수 있다. 죄를 지어도 어차피 천국에 갈 것이다. 하지만 예수님의 틀에 찍힌 것으로 알고 있으면 죄를 지을 틈이 없다. 우리에게 제시된 결론에 맞게 살아야 한다. 죄를 지어도 구원이 취소되지 않는 것이 은혜가 아니다. 전에는 죄를 벗어날 수 없었는데 이제는 죄를 벗어날 수 있게 된 것이 은혜다. 전에는 의를 선택할 수 없었는데 이제는 의를 선택할 수 있게 된 것이 은혜다.

시간이 마냥 주어진 것이 아니다. 이것저것 잡다한 일에 신경 쓸 겨를이 없다. 길지 않은 인생, 하나님의 뜻이 아닌 것에 시간 낭비하는 일은 없어야 한다. 우리의 인생은 오직 하나님의 뜻을 선포하는 일로만 채워져야 한다.

**6:19-21〉 너희 육신이 연약하므로 내가 사람의 예대로 말하노니 전에 너희 가 너희 지체를 부정과 불법에 내주어 불법에 이른 것 같이 …(중략)… 이제 는 너희가 그 일을 부끄러워하나니 이는 그 마지막이 사망임이라**

6장은 "그런즉 우리가 무슨 말을 하리요 은혜를 더하게 하려고 죄에 거하 겠느냐"라는 말로 시작했다. 그에 대한 대답이 "그럴 수 없느니라 죄에 대 하여 죽은 우리가 어찌 그 가운데 더 살리요"였다. 우리는 죄에서 나온 사 람들이다. 죄 근처에서 서성거릴 이유가 없다.

문제는 사람이 그렇게 쉽게 말귀를 알아듣지 않는다는 사실이다. "우리는 이미 죄에서 나온 사람들이다. 그런데 왜 죄를 기웃거린단 말이냐?"라는 한 마디로 "아! 그렇구나." 하고 알아차린다면 6장은 1-2절로 끝나야 한다. 그런 데 그게 아니다. 그래서 우리가 왜 죄와 상관없어야 하는지 계속 설명한다.

가장 먼저 우리가 그리스도와 연합했다는 말을 했다. 예수님이 죄에 대하 여 죽고 하나님에 대하여 산 것처럼 우리 역시 그렇다. 우리는 우리의 신분 을 알아서 그 신분에 맞게 처신해야 한다. 이것이 3-14절이다. 15-18절에서 는 한 단계 더 진전된 말을 한다. 누구든지 죄에게 순종하면 죄의 종이 되 고 의에게 순종하면 의의 종이 되는 법인데 우리는 이미 의의 종이 되었으 니 얼마나 감사하냐는 것이다. 그것만이 아니다. 하나님이 우리를 예수님 의 틀에 부어 넣으셨다. 밀가루 반죽이 붕어빵 틀에 들어가면 붕어빵 모양 이 만들어지는 것처럼 우리 역시 그렇게 될 것이다.

예수를 믿으면 천국에 간다. 그런데 예수는 지금 믿는데 천국은 지금 가지 않는다. "예수를 믿는다"와 "천국에 간다" 사이에 기간이 있는데 그 기간 동안 성화를 이루어야 한다. 이 문제를 "전에 너희가 너희 지체를 부정과 불법에 내주어 불법에 이른 것 같이 이제는 너희 지체를 의에게 종으로 내주어 거룩함에 이르라"라고 한다. 죄의 종이었을 때 죄의 종처럼 굴었던 것 같이 이제 의의 종이 되었으니까 의의 종처럼 처신하라는 것이다. 죄의 종처럼 처신하는 것이 어떤 것일까?

허영만 화백의 만화를 원작으로 하는 영화 〈타짜〉에 나오는 내용이다. 주인공 고니가 정 마담이 운영하는 도박장에서 일을 하는데 며칠째 계속 돈을 잃는 교수가 있었다. 그 날도 돈을 다 잃고 돌아가는 것을 본 고니가 쫓아가서 개평은 받아야 하지 않겠느냐며 몇 다발의 돈을 준다. 그러면서 말한다. "당신은 노름하지 마. 한 번만 여기 더 오면 내가 죽여 버린다." 돈다발을 받아든 교수는 고맙다며 연신 허리를 굽힌다. 그런데 몇 발자국 가다가 주변을 두리번거리더니 다시 놀음판으로 돌아간다. 고니가 화를 내며 쫓아가려는데 정 마담이 한마디 한다. "저 사람, 지금 하나님도 못 말려. 자기도 다 해봤잖아."

부정과 불법에 빠진 사람을 말릴 방법은 없다. 누가 무슨 말을 해도 듣지 않는다. 같은 일이 우리에게 일어나야 한다. 부정과 불법에 빠진 사람을 말릴 방법이 없는 것처럼 우리 지체를 의에게 종으로 내주는 일을 말릴 수 있는 것도 없어야 한다.

학생 때 공부는 하면 한 만큼 유익이다. 하지 않으면 하지 않은 만큼 손해다. 예수를 믿는 것도 마찬가지다. 신앙에 열심이면 열심인 만큼 유익이고 게으르면 게으른 만큼 손해다. 그런데 이 사실을 납득하는 것이 참 어렵다. 그래서 "너희가 죄의 종이 되었을 때에는 의에 대하여 자유로웠느니라 너희가 그때에 무슨 열매를 얻었느냐 이제는 너희가 그 일을 부끄러워하나니 이는 그 마지막이 사망임이라"라고 한다. "그렇게 의의 종으로 살기 싫으냐? 그러면 죄의 종 때를 생각해봐라. 그렇게 살아보니 어떻더냐? 너희가 생각해도 부끄럽지 않으냐? 그러면서 한사코 의의 종으로 살기 싫어하는 것이 무슨 경우냐?"라는 뜻이다.

내가 야구를 제법 좋아한다. 예전에는 뻔질나게 야구장에 드나들었다. 내가 응원하는 팀이 코리안시리즈에서 2:1로 이기고 있다가 9회 말에 동점 홈런을 맞고 연장 12회에 1점을 더 실점해서 2:3으로 역전패한 적이 있다.

다음날 인터넷에 접속해보니 패인을 분석한 글이 많았다. 번트 실패가 패인이라는 글도 있었고, 투수 교체 타이밍이 잘못되었다는 얘기도 있었고, 마무리 투수가 실투했다는 얘기도 있었다. 결정적인 찬스에서 병살타가 나왔다는 얘기도 있었고, 무기력하게 삼진을 당하는 등 파이팅이 부족했다는 얘기도 있었다. 전부 일리가 있었다. 문제는 야구를 하다 보면 그런 일이 늘 일어난다는 사실이다.

기회가 왔을 때마다 번트 사인을 내고 그때마다 성공하면 얼마나 좋겠는가만 실패할 수도 있다. 투구를 하다 보면 삼진을 잡을 수도 있지만 홈런을 맞을 수도 있다. 병살타도 마찬가지다. 자기가 친 공이 수비수 정면으로 가는 것을 어떻게 하란 말인가? 자기는 볼이라고 생각해서 가만히 있었는데 심판이 스트라이크로 판정 내릴 수도 있다. 이런 일이 늘 반복되는데 그때마다 선수를 비난하는 것은 무리다.

문제는 그렇게 했더니 졌다는 것이다. 이것도 있을 수 있는 일이고 저것도 있을 수 있는 일인데, 그렇게 있을 수 있는 일로만 얘기하면 경기에서 이길 재간이 없게 된다.

교회에서 쉬 볼 수 있는 풍경이기도 하다. 무슨 변명이 그리 많은지 죄다 변명을 늘어놓는다. 그리고 그 모든 사유를 귀담아들으면 예수를 믿을 틈이 없게 된다. 본문이 우리에게 묻는다. "너희들이 지금까지 예수를 믿었다고 하면서 한 게 뭐냐? 신앙 얘기만 나오면 부끄러워하면서 앞으로도 계속 그렇게 할 셈이냐?" 이 질문에 뭐라고 답해야 할까?

절두산에 가톨릭 순교기념관이 있다. 절두산의 본래 이름이 잠두봉이다. 우리나라 최대 규모의 천주교 박해가 병인박해인데 어떤 기록에는 8,000명이 순교했다고도 하고 어떤 기록에는 20,000명이 순교했다고도 한다. 그들이 참수된 잠두봉이 그 일 이후에 절두산으로 이름이 바뀌었다. 거기에 가면 교육관 입구에 "그리스도는 당신만을 믿습니다"라고 쓰여 있는 것을 볼 수 있다. 김수환 추기경이 생전에 쓴 글이다.

우리는 으레 우리를 믿음의 주체로 얘기한다. 그런데 항상 믿음의 주체이기만 한 것이 아니다. 우리가 믿음의 대상이 될 수도 있다. 주님께서 친히 우리를 믿으신다. 아니, 주님은 이 세상에서 오직 우리만 믿으신다. 우리는 불신자 때 불신자다웠던 것만큼 신자다워야 하는 사람들이다.

**6:22〉 그러나 이제는 너희가 죄로부터 해방되고 하나님께 종이 되어 거룩함에 이르는 열매를 맺었으니 그 마지막은 영생이라**

"교회에 다니는 사람은 술 마시면 안 되죠?"

"응"

"그런데 마시는 사람도 있죠?"

"있겠지."

"술 마시면 지옥 가나요?"

"아니"

"술 마셔도 천국 가죠?"

"그렇겠지"

"그런데 왜 안 마셔요? 기왕이면 마시고 천국 가는 게 더 좋잖아요."

6장에서 다루는 문제가 이런 문제다; 6장은 "그런즉 우리가 무슨 말을 하리요 은혜를 더하게 하려고 죄에 거하겠느냐"로 시작했다. 그에 대한 답이 "그럴 수 없느니라 죄에 대하여 죽은 우리가 어찌 그 가운데 더 살리요"였다.

이어서 우리가 왜 죄를 지을 이유가 없는지 설명한다. "우리는 그리스도와 합한 사람들이다. 하나님이 우리를 예수님의 틀에 부어 넣으셨으니 우리 역시 예수님처럼 되어야 한다."가 그 내용이다. 또 우리가 죄의 종이었을 때를 기억해보라고도 했다. 그때 아무런 열매 없는 삶을 살았던 것을 부끄러워하면서 다시 그렇게 살고 싶으냐는 것이다.

죄다 하나님의 은혜를 말하는 내용이다. 우리가 그리스도와 합한 사람이 된 것, 우리가 예수님의 틀에 부어진 것, 전에는 죄의 종으로 살았는데 지금은 의의 종이 된 것이 모두 하나님의 은혜다.

애초에 제기된 질문은 "어차피 하나님의 은혜가 우리를 지배하고 있으니 신앙생활을 제대로 하지 않아도 되는 것 아니냐?"였다. 신앙생활을 제대로 하지 않아도 되는 근거로 하나님의 은혜를 내세웠다. 그런데 성경은 "하나님의 은혜를 입고 있으니 신앙생활을 제대로 해야 한다"라고 답한다.

성경은 하나님의 은혜를 거룩의 차원에서 설명한다. 죄의 종이었다가 의의 종으로 신분이 바뀌면 가장 먼저 나타나는 특징이 거룩이다. 거룩에 관심이 있으면 의의 종이고 관심이 없으면 죄의 종이다.

겉으로 드러나는 신자와 불신자의 가장 큰 차이가 주일 예배 참석이다. 신자가 교회에 가는 이유는 교회 안 가는 것보다 가는 것이 더 좋기 때문이다. 거룩에 관심이 있다는 증거다. 신자는 일요일에 늦잠을 자거나 놀러가는 것보다 하나님을 예배하는 것에 더 큰 가치를 부여하는 사람이다. 예수를 믿으면 가치관이 변한다. 거룩에 눈을 뜨기 때문이다.

해리슨 포드가 주연한 〈헨리의 이야기〉라는 영화가 있다. 실제로 있었던 내용을 극화한 것이다.

헨리 터너는 상당히 이름을 날리는 변호사다. 숱한 사람이 돈을 싸들고 찾아 왔다. 하루는 헨리 터너가 담배를 사려고 가게에 갔는데 공교롭게도 강도가 들어왔다. 그리고 강도가 쏜 총에 맞았다. 구사일생으로 목숨은 건졌지만 식물인간이 되었다. 설상가상으로 기억상실증까지 겹쳤다. 친구의 헌신적인 도움으로 몸은 조금씩 회복되었지만 기억이 돌아오지 않았다. 헨리 터너가 기억을 되찾기 위해서 노력할 것은 당연하다. 과거의 동료들을 만나기도 하고 예전에 했던 변론 기록을 찾아보기도 했다. 자기가 한때 최고로 이름 날린 변호사라는 사실을 알았기 때문에 하루속히 그때로 돌아가고 싶었다.

그런데 자기가 수임했던 사건 기록을 확인하던 중에 충격적인 사실을 알게 된다. 자기가 승소로 이끈 사건들이 죄다 거짓으로 얼룩져 있었다. 그가 누리던 부와 명성도 거짓을 발판으로 이룬 것이었다.

결국 과거를 찾으려는 노력을 포기하고 만다. 그 대신 자기 때문에 패소한 상대방을 찾아다니며 사죄한다. "죄송합니다. 제가 예전에 당신 상대방의 소송을 맡았을 때 거짓으로 변론했습니다. 당신이 입은 모든 손해는 다 제 탓입니다."

핸리 터너가 왜 과거의 호화스러운 삶을 포기했을까? 죽었다가 살아났기 때문이다. 총에 맞아서 죽었다가 다시 새로운 생명을 얻고 보니 불의와 타협하며 사는 것이 어느 만큼 가치 없는 삶인지 생생하게 깨달은 것이다.

죽었다가 살아났다는 말을 다른 표현으로 바꾸면 '거듭났다'가 된다. 예수를 믿는 사람은 전부 거듭난 사람들이다. 우리에게는 죽었다가 살아난 경험이 없으면 도무지 알 수 없는 새로운 가치가 있어야 한다. 그것이 거룩이다.

우리가 예수를 믿으면 그 연수가 경과할수록 점점 더 거룩해져야 한다. 그런 내용을 성경은 "그러나 이제는 너희가 죄로부터 해방되고 하나님께 종이 되어 거룩함에 이르는 열매를 맺었으니 이 마지막은 영생이라"라고 말한다.

**6:23〉 죄의 삯은 사망이요 하나님의 은사는 그리스도 예수 우리 주 안에 있는 영생이니라**

이 정도를 모르는 사람이 있을까? 앞에서는 흔히 생각하는 것보다 더 깊은 내용을 말했다. 사람들은 예수 믿고 천국 가는 것을 구원으로 생각하는 경향이 있다. 그런데 그렇지 않다는 것이 19-22절의 내용이었다.

예수 믿고 천국 가는 것을 구원으로 알고 있으면 "그런즉 우리가 무슨 말을 하리요 은혜를 더하게 하려고 죄에 거하겠느냐"라는 질문이 나올 수 있다. 술 안 마시고 천국 가는 것보다 술 마시고 천국 가는 것이 이익 아니냐는 생각을 할 수도 있다. 어차피 천국 가면 마찬가지라는 것이다.

하지만 예수를 믿었으면 그다음에는 거룩에 이르는 열매를 맺어야 한다. 천국은 우리가 노력해서 가는 곳이 아니라 하나님의 은혜로 가는 곳이다. 우리가 이 땅에서 기울이는 신앙생활의 결과는 "천국이냐, 아니냐?"로 나타나지 않고 "어느 만큼 거룩하게 되느냐?"로 나타난다.

그런데 이런 내용을 끝맺는 말이 "죄의 삯은 사망이요 하나님의 은사는 그리스도 예수 우리 주 안에 있는 영생이니라"이다. 지금까지 말한 내용보다 더 깊은 내용을 말하는 것이 아니라 굳이 하지 않아도 되는 말을 한다. 아무래도 용두사미 같은 느낌이다.

우리말 성경에는 누락되었지만 원문에는 본문이 '왜냐하면'으로 시작한다. "죄의 삯은 사망이요 하나님의 은사는 그리스도 예수 우리 주 안에 있는 영생이니라"라고 하면 우리가 아는 내용을 반복하는 것에 지나지 않는다. 그런데 '왜냐하면'이 있으면 달라진다. 앞에서 말한 내용의 근거가 23절이다.

앞에서 "너희가 전에는 죄의 종이었지만 지금은 하나님의 종이다. 전에 죄에게 충성했던 것처럼 이제는 하나님께 충성해야 한다."라고 했다. 그렇게 해야 하는 이유가 죄의 삯은 사망이고 하나님의 은사는 그리스도 예수 안에 있는 영생이기 때문이다.

마라톤을 하는 사람은 경기 중에 다른 것에 신경 쓰지 않는다. 주식 시세가 어떻게 되는지, 길가에 핀 꽃이 철쭉인지 진달래인지 알 바 아니다. 묵묵히 달리기만 한다. 혹시 결승선에 애인이 기다리고 있으면 더욱 그렇다. "마라톤 선수가 왜 다른 일에 신경을 쓰면 안 되느냐 하면 그것이 자기에게 손해이기 때문이다"라는 얘기를 성경은 "우리가 왜 죄의 종처럼 살면 안 되느냐 하면 죄의 삯이 사망이기 때문이다"라고 한다. 또 "마라톤 선수가 왜 골인 지점을 향하여 묵묵히 달려야 하느냐 하면 그것이 자기의 본분이기 때문이다"라는 얘기를 "우리가 왜 하나님의 종으로 살아야 하느냐 하면 하나님이 우리에게 영생을 주셨기 때문이다"라고 한다.

어떤 사람이 죽었다. 천사가 묻는다. "당신은 천국에 가든지, 지옥에 가든지 둘 중에 한 곳에 가야 합니다. 어느 곳에 가고 싶습니까?" 그 사람이 잠시 고민하다가 천국과 지옥이 어떤 곳인지 보여 달라고 했다. 천사가 먼저 천국을 보여줬다. 그런데 전혀 생소했다. 천국에 있는 사람들은 전부 자기가 세상에서 한 번도 해보지 않은 일만 하는 것 같았다. "여기는 아무래도 제 체질이 아닌 것 같습니다. 지옥이라는 곳을 보여주십시오." 천사가 지옥을 보여줬다. 그곳에서 벌어지는 풍경은 죄다 낯익었다. 술도 있고 여자도 있고 카지노도 있고 경마도 있고 온갖 재미있는 것이 다 있었다. 그 사람이 냉큼 결정했다. "여기가 좋습니다. 지옥을 택하겠습니다."

그 말을 하자마자 갑자기 장면이 바뀐다. 주변이 음산하게 변하면서 어디선가 흉측하게 생긴 천사가 나타나더니 다짜고짜 그 사람을 불구덩이로 밀어 넣었다. 그 사람이 다급하게 소리 질렀다. "이보세요! 어떻게 된 거요? 방금 본 것과 다르지 않소?" 천사가 싸늘하게 웃으면서 답했다. "관광비자로 입국한 사람과 영주권을 가진 사람을 어떻게 똑같이 대접한단 말이냐?"

지옥 영주권을 좋아하는 사람은 없다. 하지만 관광비자라면 한 번쯤 가보고 싶어 할 것이다. 우리 중에 아예 예수를 믿지 않겠다는 사람은 없지만 가끔 예수 믿지 않는 사람처럼 살고 싶다는 충동은 느끼는 것과 같다.

〈동물의 왕국〉 같은 TV 프로에서 사자가 얼룩말을 사냥해서 뜯어 먹는 장면을 볼 수 있다. 또 그런 사자를 멀찍이 있는 하이에나가 부러운 듯 바라볼 수 있다. 하지만 하이에나가 고기를 뜯는 걸 사자가 구경하는 것은 말이 되지 않는다.

우리와 불신자 중에 누가 사자이고 누가 하이에나일까? 신자가 불신자를 부러워해야 할까, 불신자가 신자를 부러워해야 할까? 본래 불신자가 신자를 부러워하는 것이 맞다. 교회 안에는 생명과 진리가 있지만 교회 밖에는 사망과 불의뿐이다. 그런데 희한한 일이 있다. 불신자는 신자를 부러워하지 않는데 신자 중에서 불신자를 부러워하는 사람은 한둘이 아니다.

불신자가 우리를 부러워하지 않는 것은 우리 책임이 아니다. 그들이 우매

해서 그렇다. 하지만 우리가 불신자를 부러워하는 것은 전적으로 우리 책임이다. 우리 역시 똑같이 우매하다.

현대인은 건강에 관심이 많다고 한다. 건강하고 싶어 하지 않는 사람이 없다. 그런데 문제가 있다. 건강하지 못할 일만 하면서 건강하기를 바란다. 복도 마찬가지다. 복 받기를 좋아하지 않는 사람은 없다. 그런데 한사코 복 받지 못할 일만 하면서 복 받기를 고대한다.

복을 받으려면 어떻게 하면 될까? 하나님이 만복의 근원이다. 하나님이 이 세상 주인이고 우리가 그 피조물이니 우리의 모든 복이 하나님으로 말미암는다. 복은 우리가 만드는 것이 아니라 하나님께 받는 것이다. 하나님 말씀대로 살면서 곁눈질하지 않는 것, 거기에 우리의 복이 있다. "봐라! 나는 하나님 말씀대로 살았다. 그랬더니 하나님이 내 인생을 이렇게 만들어 주셨다."라는 간증을 남에게 들을 것이 아니라 자기가 직접 해야 한다.

# 7장 율법 율법 율법

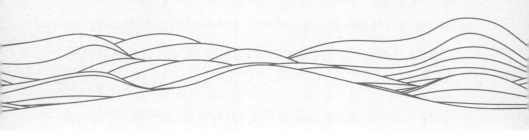

**7:1-4〉 형제들아 내가 법 아는 자들에게 말하노니 너희는 그 법이 사람이 살 동안만 그를 주관하는 줄 알지 못하느냐 …(중략)… 이는 다른 이 곧 죽은 자 가운데서 살아나신 이에게 가서 우리가 하나님을 위하여 열매를 맺게 하려 함이라**

사형수도 예수를 믿으면 천국 가느냐는 질문을 받은 적이 있다. 그렇다고 했더니 말도 안 된다며 펄쩍 뛰었다. 왜 말이 안 될까? 사형 판결이 면제된다고 하면 말이 안 된다. 하지만 천국에 가는 것은 영혼 문제다. 구원은 도덕성에 대한 보상이 아니다. 구원이 도덕성에 대한 보상이면 예수님의 십자가와 학교에서 배우는 바른생활의 가치가 같다는 뜻이 된다. 정말 말이 안 된다.

예전에 이단에 속한 사람에게서도 비슷한 말을 들은 적이 있다. 아무리 예수를 믿으면 구원 얻는다고 하지만 행실이 변하지 않으면 무슨 소용이 있느냐면서, 행실이 뒷받침되어야 구원을 얻는다는 것이었다.

"예수를 믿는다면서 행실이 변하지 않으면 무슨 소용이 있느냐?"라는 말이 성화를 강조하는 측면에서는 설득력이 있다. "학교에만 가면 뭘 하느냐? 공부를 해야 하지 않느냐?"와 같은 맥락이다. 하지만 성화 되지 않은 삶이라고 해서 칭의가 취소되는 것은 아니다. 성적이 아무리 엉망이어도 학교에 입학했으면 학생이다.

예수를 믿기만 하고 행실이 변하지 않으면 무슨 소용이 있느냐는 말이 신앙을 강조하는 것처럼 들리지만 사실은 반대일 수 있다. 예수를 믿는 것으로는 구원을 얻지 못하고 거기에 의로운 행실이 추가되어야 한다면 보혈의 능력을 부인하는 처사가 된다. "예수님 혼자서 우리를 구원할 수는 없다. 우리가 의롭게 살아서 예수님을 도와드려야 한다."가 말이 될까?

"구원은 은혜로 얻는다"라고 하면 "그러면 신앙생활에 성실할 필요가 없는 것 아니냐?"라는 의문이 생길 수 있다. 그에 대한 설명이 6장이었다. 그런 생각만 하는 것이 아니다. "그러면 율법은 왜 있는 것이냐?"라는 생각도 할 수 있다. 그에 대한 설명이 7장이다.

어떤 남자가 일찍 죽었다. 여자 혼자 아이들을 키우다가 다른 남자를 만나게 되었다. 결혼 얘기가 나오자 아이들이 극구 반대했다. 알지도 못하는 사람을 아빠라고 부를 수 없다는 것이었다. 아이들 입장에서는 당연하다. 지금까지 자기들을 키워준 아빠에 대한 미련보다 누군지 알지는 못하지만 새로 아빠가 된다는 사람에 대한 기대가 더 크다면 그것이 이상하다.

율법과 복음의 관계가 그렇다. 우리는 처음부터 복음으로 시작했지만 초대교회 당시에는 율법이 더 익숙했다. 아무리 복음을 강조해도 율법에 미련이 있을 수밖에 없다. 그런 사람들한테 남편과 사별하고 재혼하는 여자를 예로 들어 율법에 대한 우리의 입장을 설명한다.

5장에서 우리가 전에는 아담 아래 있었지만 지금은 그리스도 아래 있다는 내용으로 구원을 설명했다. 우리는 더 이상 아담의 영향 아래 있지 않다. 율법이 우리에게 그와 같다. 우리는 율법으로 인한 정죄감에 시달릴 이유가 없다. 요컨대 하나님이 왜 율법을 주셨는지 바로 알아야 한다.


그런즉 우리가 무슨 말을 하리요 율법이 죄냐 그럴 수 없느니라 율법으로 말미암지 않고는 내가 죄를 알지 못하였으니 곧 율법이 탐내지 말라 하지 아니하였더라면 내가 탐심을 알지 못하였으리라(롬 7:7)


율법이 아니면 죄를 알지 못한다. 율법은 어떤 것이 죄인지 알려주는 기능을 한다. 율법이 주어지자, 우리의 죄성이 나타났다.

체중을 줄이기로 마음먹으면 저울에 올라가는 빈도가 잦게 마련이다. 저울에 올라간다고 해서 그것으로 체중이 줄지는 않는다. 간혹 저울에게 화를 내는 사람도 있는데 저울은 아무 잘못이 없다. 율법이 그렇다. 저울에 문제가 없는 것처럼 율법에도 문제가 없다.

하나님이 아담에게 선악과를 먹지 말라고 하셨다. 그러면 선악과를 먹지 않는 것이 아담의 책임이다. 우리가 그리스도에게 속하기 전에는 아담에게 속했었다. 그때는 우리도 율법의 요구 아래 있었다. 그런데 아담이 대표로 율법을 범했다. 우리는 선악과를 먹느냐, 먹지 않느냐를 선택할 기회도 없이 선악과를 먹은 사람과 동류가 되었다. 신분은 율법의 요구 아래 있는데 수준은 이미 율법을 범한 수준이니 아무런 소망이 없게 되었다. 율법을 지켜야 살 수 있는데 지킬 실력이 없었다. 하나님이 그런 우리를 그리스도 아래로 옮겨주셨다.

그러므로 내 형제들아 너희도 그리스도의 몸으로 말미암아 율법에 대하여 죽임을 당하였으니 이는 다른 이 곧 죽은 자 가운데서 살아나신 이에게 가서 우리가 하나님을 위하여 열매를 맺게 하려 함이라(롬 7:4)

우리는 율법에 대하여 죽었다. 하나님이 그리스도의 몸으로 말미암아 우리를 율법에 대하여 죽임을 당하게 하셨다. '그리스도로 말미암아'라고 해도 되는데 굳이 '그리스도의 몸으로 말미암아'라고 했다. 주님의 몸으로 이루신 일이라는 사실을 강조하는 표현이다.

코리 텐 붐이라는 네덜란드 사람이 있다. 2차 대전 중에 유대인을 숨겨주었다가 적발되는 바람에 가족 모두가 수용소에서 지내야 했다. 수용소 생활은 말로 할 수 없을 만큼 비참했다. 가족들은 다 죽고 혼자 살아남았다. 전쟁이 끝난 다음 세계 각지를 다니면서 복음을 증거했는데 이렇게 기도하곤 했다. "주님은 저를 위해 고난을 받으셨습니다. 이제는 제가 주님을 위해서 고난을 받을 차례입니다. 그런데 제가 어떤 고난을 받고 있습니까?"

교회에서는 늘 예수님이 우리를 구원하셨다고 한다. 예수님이 말 한마디로 우리를 구원하신 것이 아니다. 이 땅에 오셔서 우리와 똑같이 사셨다. 십자가에 달리셔서 그 몸이 찢기셨고 직접 피를 흘리셨다. '엘리 엘리 라마 사박다니'라고 처절하게 절규하셔서야 했다.

그런데 우리는 구원을 너무 경솔히 여기는 경향이 있다. 주님께서 세상에 오신 것이 실제 상황이라면 제아무리 헌신한다고 해도 헌신이 아니다. 주님께서 십자가에 달리신 것이 사실이라면 우리의 그 어떤 희생도 희생이 아니다.

이어지는 내용 "이는 다른 이 곧 죽은 자 가운데서 살아나신 이에게 가서 우리가 하나님을 위하여 열매를 맺게 하려 함이라"는 여자가 재혼하는 비유와 연결된 얘기다. 남편이 있으면 남편에게 속해야 하지만 남편이 죽으면 다른 사람에게 갈 수 있다. 다른 사람에게 가는 이유가 무엇일까? 그 사람 그늘에서 옛 남편을 그리워하기 위해서가 아니다. 그 사람의 아내로 충실히 살기 위해서다. 하나님이 예수의 몸으로 말미암아 우리를 율법에 대하여 죽게 하신 것은 우리로 하여금 하나님을 위하여 열매를 맺도록 하기 위해서다.

6장에서 우리가 죄에 대하여 죽었다고 했다. "너희가 전에는 죄에 속해 있었다. 하지만 이제는 죄에서 나왔다. 그런데 왜 다시 죄에 속하려고 하느냐?"를 말하기 위해서다. 하나님의 은혜는 죄를 범해도 구원이 취소되지 않는다는 사실로 확인할 것이 아니라 거룩에 속한 열매를 맺을 수 있게 되었다는 사실로 확인해야 한다. 율법에 대하여 죽었다는 얘기도 마찬가지다. 율법의 지배만 받지 않으면 되는 것이 아니라 하나님을 위하여 열매를 맺을 수 있어야 한다.

〈하나님, 제 덕 좀 보셔요〉라는 책이 있다. 제목이 다분히 불경스러운데 저자가 그런 제목을 붙인 이유가 있었다. 말라기 3장 10절 말씀을 묵상하다가 충격을 느꼈다는 것이다.

> 만군의 여호와가 이르노라 너희의 온전한 십일조를 창고에 들여 나의 집에 양식이 있게 하고 그것으로 나를 시험하여 내가 하늘 문을 열고 너희에게 복을 쌓을 곳이 없도록 붓지 아니하나 보라(말 3:10)

하나님은 이 세상 우주만물의 주인이다. 한낱 하나님 집의 양식을 걱정하실 분이 아니다. 그런데 그것을 우리의 십일조로 준비하고 싶으신 것이 하나님의 마음이다.

연세 드신 분들의 말을 들어보면 노후에 자식 덕을 보지 않는 것을 미덕으로 여기는 것 같다. 먹고살기 빠듯한 자식이 허리띠 졸라매며 부모를 모시는 것이라면 부모 입장에서 편하지 않을 것이다. 또 자식이 부양해주지 않으면 대책이 없는 것도 곤란하다. 하지만 노후에도 아무 불편 없이 생활할 능력이 있는데도 자식이 성공해서 덕을 볼 수 있으면 그것이 훨씬 더 자랑스럽지 않을까? 경제생활에서 물러난 다음에 부부가 여행을 즐기면서 노후를 보낸다면 주변에서 전부 부러워할 것이다. 하물며 그런 여행을 자식이 보내준다면 얼마나 부러워할까?

우리가 하나님을 위하여 열매를 맺어야 한다는 말이 그렇다. 하나님께 무슨 열매가 필요할까? 하나님은 모든 것이 충분하신 분이다. 그럼에도 불구하고 우리에게 열매를 기대하신다.

특히 아담에게 속했던 우리가 그리스도에게 속하게 되었다는 내용을 여자가 남편이 죽은 다음에 다른 남자와 재혼하는 것에 비유한 것은 너무도 적절하다. 우리가 그리스도의 신부이기 때문이다. 신부는 언제나 신랑과 같은 수준으로 대접받는다. 남편이 장관이면 장관 부인이고 남편이 왕자면 왕자비다. 우리가 그런 사람들이다. 성경에서 말하는 구원은 그리스도와의 연합이다. 지옥에 가지 않고 천국에 가는 것이 구원이 아니라 예수님처럼 되는 것이 구원이다.

수학 참고서에 보면 앞에는 문제가 있고 뒤에는 해답이 있다. 문제가 있고 해답이 있으니까 그 책만 사면 누구나 거기 있는 문제를 다 풀 수 있게 되느냐 하면 그렇지 않다. 자기 눈으로 해답을 확인하는 것과 직접 풀어서 정답을 찾는 것은 별개의 문제다.

예수를 믿는 것이 그렇다. 지옥에 가지 않고 천국에 가는 것이 구원이 아니라 그리스도와 합일을 이루는 것이 구원이라는 사실을 우리는 다 안다. 하나님을 위하여 열매를 맺어야 한다는 사실도 안다. 그러면 다 되느냐 하면 그렇지 않다. 실제로 그 수준에 이르러야 한다. 그것이 각자에게 주어진 과제다. 마치 수학 문제 푸는 것처럼 머리 싸매고 고민해서 직접 익혀야 한다. 문제를 알고 답을 알면 전부가 아니라 정답을 끄집어낼 실력이 있어야 한다.

불한당이라는 말을 좋아하는 사람은 없다. 불한당이라는 단어는 점잖게 쓰이지 않는다. "야! 이 불한당 같은 놈아!"라는 식으로 쓰인다. 불한당(不汗黨)의 한(汗)이 '땀 한'이다. 땀을 흘리지 않는 사람이 불한당이다. 이렇게 따지면 우리야말로 불한당이다. 예수를 믿는 문제에 아무도 땀을 흘리지 않는다. 저절로 예수를 잘 믿게 되면 좋지만 굳이 기를 쓰고 믿을 마음은 없다. 정말로 예수님이 우리를 위해서 죽은 것을 알고 신앙생활을 하는 것인지, 예수님이 우리를 위해서 죽었다 치고 신앙생활을 하는 것인지 분간이 안 된다.

하나님이 그런 우리를 그리스도와 함께 묶으셨다. 비록 지금은 하나님의 은혜를 핑계 삼고 율법의 눈치를 보는 것이 우리 수준이다. 하지만 우리가 아는 사실이 있다. 우리 인생이 이런 상태에서 끝나지 않는다는 사실이다. 하나님이 우리를 그리스도와 연합시켰다는 사실이야말로 우리의 가장 큰 복이다.


**7:5-6) 우리가 육신에 있을 때에는 율법으로 말미암는 죄의 정욕이 우리 지체 중에 역사하여 우리로 사망을 위하여 열매를 맺게 하였더니 …(중략)… 영의 새로운 것으로 섬길 것이요 율법 조문의 묵은 것으로 아니할지니라**


문장이 너무 길다. 토막토막 나눠서 생각해 보자. 우선 "우리가 육신에 있을 때"는 어려울 것이 없다. "죄의 정욕이 우리 지체 중에 역사하여 우리로 사망을 위하여 열매를 맺게 하였다"도 익히 듣던 말이다. 그런데 "율법으로 말미암는 죄의 정욕"이라는 표현이 어색하다. 우리에게 죄의 정욕이 있는 것은 맞지만 그것이 율법 때문에 생긴 것은 아니다. 하여간 5절은 "율법으로 말미암는 죄의 정욕"이라는 말을 빼면 어려울 것이 없다. 우리가 예수를 알기 전에는 우리 안에 있는 죄의 정욕으로 인해 우리가 사망의 열매를 맺을 수밖에 없었다.

이제는 어떤가? 그 내용이 6절이다. 이제는 우리가 얽매였던 것에 대하여 죽었다. 앞에서 "죄에 대하여 죽었다", "율법에 대하여 죽었다"라는 표현이 나왔는데 그것과 같은 뜻이다. 우리가 얽매였던 것에 대하여 죽었다. 율법은 더 이상 우리에게 영향력을 행사하지 못한다. 노예가 죽으면 더 이상 노예가 아닌 것과 같다.

그러면 대충 정리가 된다. 5절은 "우리가 율법 아래 있을 때에는 율법으로 말미암는 죄의 정욕 때문에 사망을 위한 열매만 맺었다"라는 내용이고 6절은 "지금은 우리가 율법에 대하여 죽었으므로 율법을 좇아 섬길 것이 아니라 성령을 좇아 섬겨야 한다"라는 뜻이다. 결국 죄의 정욕을 왜 율법으로 말미암는다고 했는지 이해하면 5절이 풀리고, 율법을 좇아 섬기는 것이 어떤 것이고 성령을 좇아 섬기는 것이 어떤 것인지 알면 6절이 풀린다.

"시험을 보지 않았으면 떨어지지 않았을 텐데 시험을 보는 바람에 떨어졌다"가 말이 될까? 마찬가지다. 하나님이 율법을 주시지 않았으면 죄의 정욕이 생기지 않았을 텐데 율법을 주시는 바람에 죄의 정욕이 생긴 것이 아니다. 우리에게는 이미 죄의 정욕이 있다. 하지만 율법이 없으면 죄의 정욕이 드러나지 않는다. 우리에게는 율법에 의하면 죄로 규정된 것들이 있다. 아니, 율법의 존재 자체가 우리가 죄인임을 전제한다.

어린 시절, 설탕이 상당히 귀한 물건이었다. 요즘 한우 갈비를 선물하는 식으로 그때는 설탕을 선물하곤 했다. 하루는 어머니, 아버지가 외출하면서 "설탕 먹지 마"라고 하셨다. 그 말이 오히려 역효과를 냈다. 나와 형이 그 말을 "잘 찾아보면 집 어딘가에 설탕이 있다"라는 뜻으로 받아들였다. 대문 닫히는 소리가 나자마자 집안을 뒤지기 시작했다. 잠시 후 형이 불렀다. 장롱에 있는 설탕을 찾아낸 것이다. 그다음부터 어머니, 아버지가 외출만 하면 설탕을 꺼내어 형과 마주 앉아서 먹곤 했다가 야단맞은 기억이 있다.

설탕 먹지 말라는 말씀을 하지 않으셨으면 아무 일도 없었을 텐데 그 말씀을 하는 바람에 문제가 생긴 것이 아니다. 그 말씀을 하지 않았으면 나나 형에게 어머니 말씀에 순종하지 않으려는 마음이 있는 것이 드러나지 않았을 텐데 그 말씀을 통하여 드러난 것이다.

선악과를 먹지 말라고 하신 이유는 선악과가 있기 때문이다. 그런데 사람은 선악과가 있으면 안 먹고 못 배기는 존재다. 결국 선악과를 먹지 말라는 말씀이 있다는 사실만으로 사람은 죄인일 수밖에 없다. 이런 내용을 놓고 성경은 "전에는 우리에게 율법으로 말미암는 죄의 정욕이 있었다"라고 한다.


그런즉 우리가 무슨 말을 하리요 율법이 죄냐 그럴 수 없느니라 율법으로 말미암지 않고는 내가 죄를 알지 못하였으니 곧 율법이 탐내지 말라 하지 아니하였더라면 내가 탐심을 알지 못하였으리라(롬 7:7)

율법은 우리에게 죄가 무엇인지 알려준다. 율법이 없으면 어떤 것이 죄인지 모르게 된다는 뜻이다. 그런데 "율법이 탐내지 말라 하지 아니하였더라면 내가 탐심을 알지 못하였으리라"가 무슨 뜻일까?

다이어트의 경우를 생각해 보자. 피자를 보면서도 안 먹으면 되고 아이스크림을 보면서도 안 먹으면 된다. 먹지만 않으면 살은 빠진다. 하지만 먹고 싶다는 충동을 제어할 방법은 없다. 먹고 싶은 충동이 칼로리로 흡수된다면 다이어트를 할 수 있는 사람은 아무도 없을 것이다.

탐내지 말라는 계명이 그렇다. 살인도 자기가 하지 않으면 되고, 도적질도 자기가 하지 않으면 되고, 간음도 자기가 하지 않으면 되는데 탐심은 안 그렇다. 제어할 방법이 없다.

5장에서 아담과 그리스도로 구원을 설명했다. 아담에게 속한 사람은 아담의 신분을 이을 수밖에 없다. 선악과를 먹으면 죽고 먹지 않아야 살 수 있는 것이 아담의 신분이다. 우리가 그런 신분을 이어받았다. 그런데 아담이 이미 우리를 대표해서 선악과를 먹었다. 우리는 저절로 선악과를 먹은 수준이 되고 말았다. 이 노릇을 어떻게 해야 할까? 100점을 맞아야 합격인데 30점 맞을 실력밖에 안 되면 자기 실력으로 합격할 가능성이 도무지 없다.

지금은 그렇지 않다. 우리가 그리스도에 속한 사람이 되었다. 아담에게 속했을 때는 율법을 벗어날 방법이 없었는데 이제는 율법에 대하여 죽었다. 이스라엘이 홍해를 건너기 전에는 애굽의 지배를 벗어날 방법이 없었는데 홍해를 건넌 다음에는 애굽의 지배를 받지 않게 된 것과 같다. 그래서 "이제는 우리가 얽매였던 것에 대하여 죽었으므로 율법에서 벗어났으니 이러므로 우리가 영의 새로운 것으로 섬길 것이요 율법 조문의 묵은 것으로 아니할지니라"라고 한다.

논산훈련소에 입소해서 막 군복으로 갈아입자, 교관이 말했다. "너희들은 더 이상 민간인이 아닌 군인이다. 민간인에게 군인정신을 요구하지는 않는다. 하지만 군인이 된 다음에는 다르다. 지금부터 군인정신이 없는 놈에게는 군인정신을 불어넣어 주겠다."

신분이 달라졌으면 처신도 달라져야 한다. 우리가 전에는 아담에게 속한 사람이었다. 하지만 지금은 그리스도에게 속한 사람이 되었다. 그러면 하나님을 섬기는 모습도 달라져야 한다. 우리는 하나님을 섬기되, 율법을 좇아 섬길 것이 아니라 성령을 좇아 섬겨야 한다.

하나님이 요나에게 니느웨에 가서 말씀을 전하라고 했다. 그런데 요나가 그 말을 싫어했다. 다시스로 도망가려고 배를 탔는데 중간에 풍랑을 만났고 급기야 바다에 던져지게 되었다. 결국 물고기 배 속에서 사흘을 보내며 잘못을 회개하고 니느웨로 가서 말씀을 전했다. 적어도 겉으로는 할 일을 다한 셈이다. 비록 처음에 불순종했지만 나중에는 순종했다. 그리고 하나님은 한 번 정도는 얼마든지 용서해 주시는 분이다.

그런데 요나서는 요나가 하나님의 말씀을 선포하자, 니느웨 사람들이 회개했다는 내용으로 끝나지 않는다. 요나가 불평하는 내용으로 이어진다. 하나님이 박 넝쿨을 교보재로 삼아서 요나를 교훈하셨다. "너는 박 넝쿨조차도 아끼는데 내가 니느웨를 아끼지 않겠느냐?"라는 것이 하나님의 말씀이었다.

이때 요나가 하나님께 순종했을까, 불순종했을까? 니느웨에 가서 말씀을 전했으니 적어도 겉으로는 순종했다. 하지만 하나님의 마음은 헤아리지 못했다. 아니, 하나님의 마음을 헤아릴 생각이 없었다.

"하나님이 니느웨에 가서 외치라고 했다. 그래서 나는 외쳤다."라고 하는 것이 율법 조문의 묵은 것으로 섬기는 모습이다. 영의 새로운 것으로 섬기는 사람은 그렇게 하지 않는다. 하나님의 마음을 헤아려서 그 마음에 동참한다. 우리는 외모로만 하나님을 섬기는 사람들이 아니다. 마음을 다해서 하나님께 순종하기로 작정한 사람들이다.

구약시대의 이스라엘은 율법 조문의 묵은 것으로 하나님을 섬겼다. 그들이 아는 것이 그게 전부였다. 우리는 그렇지 않다. 우리는 영의 새로운 것을 받은 사람들이다. 율법 조문의 묵은 것으로 하나님을 섬기는 사람은 최소한의 책임에 민감하게 마련이다. 니느웨에만 가면 할 일을 다했다고 생각한다. 교회에만 나오면 할 일 다했다고 생각하고, 십일조만 하면 할 일 다했다고 생각하고, 봉사만 하면 할 일 다했다고 생각한다.

우리가 그런 자리에 머무를 수는 없다. 하나님은 우리를 사랑하시되, 더이상 사랑할 수 없을 정도로 사랑하신다. 최소한의 책임으로 사랑하지 않으신다. 우리에게 같은 모습이 있어야 한다. 한두 가지 종교 행위를 하는 것이 신앙 책임일 수 없다. 하나님 마음에 동참해야 한다.


**7:7-8〉 그런즉 우리가 무슨 말을 하리요 율법이 죄냐 그럴 수 없느니라 율법으로 말미암지 않고는 내가 죄를 알지 못하였으니 …(중략)… 이는 율법이**

## 없으면 죄가 죽은 것임이라

우리는 율법에 대하여 죽었다. 율법은 더 이상 우리를 지배하지 못한다. 그런데 7장 내내 율법 얘기가 나오는 것을 보면 율법이 아무 상관없는 것 같지는 않다.

선악과를 먹지 말라는 말씀이 성경에 나오는 첫 번째 율법이다. 선악과를 먹지 말라는 말씀이 주어졌으니 아담에게는 선악과를 먹지 말아야 하는 책임이 있다. 선악과를 먹느냐, 먹지 않느냐에 따라서 아담의 운명이 결정되었다. 이처럼 자기 운명을 자기가 책임지는 것을 율법 아래 있다고 한다.

우리는 그런 사람들이 아니다. 우리의 운명은 예수님에 의해 결정된다. 우리가 율법을 이룬 적은 없지만 율법의 요구를 충족시킨 예수님의 의가 우리에게 전이되어 하나님이 우리를 의롭다고 하셨다. 율법은 더 이상 우리에게 아무런 영향력을 행사하지 못한다. 율법에 대해서 죽었다는 말이 이런 뜻이다.

십계명 중의 여섯 번째 계명이 "살인하지 말라"이다. 이 계명을 지키려면 어떻게 해야 할까?

옛 사람에게 말한 바 살인하지 말라 누구든지 살인하면 심판을 받게 되리라 하였다는 것을 너희가 들었으나 나는 너희에게 이르노니 형제에게 노하는 자마다 심판을 받게 되고 형제를 대하여 라가라 하는 자는 공회에 잡혀가게 되고 미련한 놈이라 하는 자는 지옥 불에 들어가게 되리라(마 5:21-22)

살인하지 말라는 계명은 "사람을 죽였느냐, 말았느냐?"로 따지는 것이 아니다. 이웃 사랑을 못 박는 최소한의 조건으로 살인을 말하는 것이다. 다른 사람을 미워하는 일체의 마음을 단속하는 계명이 "살인하지 말라"이다. 이런 내용을 모르면 달랑 숙제만 하고는 공부 다 했다고 하는 것처럼 마음속에 증오를 간직한 채 계명을 지켰다고 우길 수 있다.

만일 계명이 행위를 단속한다면 얘기가 이상하게 된다. "나는 교회에 다닙니다. 그래서 사람을 죽이지 않습니다."라고 하면 사람들이 뭐라고 할까? "나는 교회 안 다녀도 그런 건 안 합니다."라고 하지 않을까? 신앙은 하나님과 우리를 연결하는 성스러운 단어다. 세상에서 지탄받는 범죄 행위를 하지 않는 것을 신앙 덕목으로 삼는 것은 말이 되지 않는다.

이런 내용을 알게 해주는 계명이 "네 이웃의 소유를 탐내지 말라"라는 열 번째 계명이다. 탐심은 마음의 문제인데 마음을 단속할 수는 없다. "먹지 마!"는 말이 되지만 "먹고 싶어 하지 마!"는 말이 안 된다. 결국 열 번째 계명은 우리가 도저히 지킬 수 없는 계명이다.

따지고 보면 다른 계명도 마찬가지다. "네 부모를 공경하라"라는 계명을 생각해 보자. 부모를 어느 만큼 공경하면 될까? 꼬박꼬박 용돈 드리고 일 년에 한 번 효도관광을 보내드리면 될까? 용돈을 두 배로 드리면 부모를 두 배로 공경하는 것일까?

계명을 지키는 문제는 그리 단순하지 않다. 우리가 계명을 지킬 수 있는 수준이 아니기 때문이다.

공부하라는 말만 하면 흔하게 들을 수 있는 대꾸가 있다. "그렇지 않아도 공부하려고 했는데 엄마가 공부하라고 하는 바람에 안 해!"이다. 물론 반대의 경우는 성립하지 않는다. "엄마가 놀라고 하는 바람에 놀기 싫어졌어. 공부할래!"라고 하는 법은 없다.

공부가 어느 만큼 하기 싫으면 공부하라는 말까지 공부하지 않는 이유가 될까? "죄가 기회를 타서 계명으로 말미암아 내 속에서 온갖 탐심을 이룬다"라는 말이 그렇다. 죄가 얼마나 지독하냐 하면, 계명까지도 죄의 도구가 될 만큼 지독하다. 우리에게서는 거룩한 것이 나오지 않는다. 우리는 계명까지도 죄의 핑계로 삼을 만큼 하나님 반대편이다. 계명조차 죄지을 핑계가 된다면 죄의 도구가 되지 않는 것이 무엇이 있겠는가?

이것이 죄의 무서움이다. 죄에게는 양보나 절제가 없다. 심지어 그 죄가 밖에서 들어오는 것이 아니라 우리 안에 있다. 그런 죄가 호시탐탐 기회를 노리다가 핑계만 있으면 밖으로 튀어나온다. 기회는 기다리는 자에게 온다고 한다. 기다리면 기회는 오게 마련인데 우리 안에 있는 죄가 늘 기회를 노리고 있으니 우리는 도무지 죄에서 벗어날 재간이 없다. 죄의 통로가 항상 개방되어 있다.

사람은 주어진 자극 그대로 반응하지 않는다. 죄가 우리 안에 있기 때문에 어떤 자극이든지 죄를 통과한 반응이 나온다. 설교자가 사랑을 말했다고 하자. "우리는 서로 사랑해야 합니다. 하나님이 우리를 사랑하셨기 때문입니다. 하나님이 우리를 사랑하신 것처럼 우리도 서로 사랑해야 합니다…" 등의 얘기에 교인들 모두 깊은 감명을 받았다. 설교 시종 전부 '아멘'을 연발했다.

그다음에 어떻게 되었을까? 교인들 전부가 서로 사랑하는 교회가 되었느냐 하면 그렇지 않다. "서로 사랑해야 하는데 왜 사랑하지 않느냐?"며 서로 싸운다. 사랑하자는 말을 들었다고 해서 사랑이 솟아나오지 않는다. 오히려 누가 사랑하지 않는지 서로 따진다.

사실 우리에게 거룩에 대한 관심이 전혀 없지는 않다. "목사도 그러더라", "남들도 다 하더라" 같은 말을 쓰는 것을 보면 알 수 있다. 어떤 것이 옳은지 알지만 그렇게 하기는 싫고, 하지 않으려니 신경 쓰일 때 그런 말을 한다. 하지만 반대의 경우는 성립하지 않는다.

어떤 목사가 운전 중에 신호를 위반했다. 그러면 자기가 신호를 위반할 때마다 그 얘기를 할 것이다. "괜찮아, 목사님도 위반했어." 그런데 그 목사가 성경을 한 달에 1독씩 한다고 하자. 그러면 그 사실에 자극받아서 열심히 성경을 읽느냐 하면 그렇지 않다. 그때는 "목사님이니까 그렇지"라며 넘어간다.

우리에게 거룩에 대한 관심이 있는 것은 다행한 일이다. 하지만 관심만으로는 부족하다. 그 관심이 열매로 이어져야 한다. 한때 우리에게 있는 모든 것이 죄를 위한 도구로 쓰였던 것처럼 이제는 의를 위한 도구로 쓰여야 한다. 참으로 감사한 것은 우리가 혼자가 아니라는 사실이다. 우리가 우리를 책임져야 했던 시절에 우리의 모든 것이 죄를 위해서만 동원되었다. 오죽하면 계명까지도 죄를 위한 도구가 되었다. 하지만 지금은 우리 혼자 우리를 책임지지 않는다. 우리의 인생이 예수님과 더불어 묶여 있다.

요두출수(搖頭出手)라는 말이 있다. 요두(搖頭)는 머리를 흔든다는 뜻이고 출수(出手)는 손이 나간다는 뜻이다. 상대방이 술을 권하면 그만 마신다면서 머리를 흔들지만 자기도 모르는 사이에 잔을 잡은 손이 앞으로 나가는 것을 말한다. 이런 경우에 요두가 그 사람의 수준일까, 출수가 그 사람의 수준일까?

전에는 우리가 죄를 위하여 요두출수했다. 죄의 유혹만 있으면 기꺼이 거기에 넘어갔다. 죄의 유혹을 한 번도 이겨본 적이 없다. 하지만 이제는 의를 위하여 요두출수해야 한다. 거룩에 대한 관심이 관심에 그치면 안 된다. 힘써 거룩을 이루어야 한다. 전에 죄를 범하는 것이 우리의 본성이었던 것처럼 이제는 거룩을 이루는 것이 우리의 본성이어야 한다. 예전에 우리의 인생이 사망을 위하여 동원되었던 것처럼 이제는 생명을 위하여 동원되어야 한다. 그 일을 위하여 예수님께서 친히 십자가에 달리셨다.

**7:9-13〉 전에 율법을 깨닫지 못했을 때에는 내가 살았더니 계명이 이르매 죄는 살아나고 나는 죽었도다 …(중략)… 그것으로 말미암아 나를 죽게 만들었으니 이는 계명으로 말미암아 죄로 심히 죄 되게 하려 함이라**

율법이 행위를 규제하는 것이면 마음먹기에 따라서 얼마든지 지킬 수 있다. 십계명을 생각해도 그렇다. 우리 중에 우상을 섬기는 사람은 없다. 살인을 한 사람도 없고 간음을 한 사람도 없다. 하지만 율법의 단속 범위에는 마음도 포함된다. 그렇지 않으면 사람을 옥상에서 밀어서 식물인간으로 만든 경우에도 율법을 어긴 것이 아니게 된다. 이런 내용을 알게 해주는 계명이 "네 이웃의 소유를 탐내지 말라"이다.

하나님이 왜 율법을 주셨는지 모르면 살인을 하지 않고 간음을 하지 않았다는 이유로 율법을 지켰다고 생각할 수 있다. "전에 율법을 깨닫지 못했을 때에는 내가 살았다"라는 말이 그렇다. 하지만 율법의 취지를 알면 상황이 달라진다. 율법을 지켰다는 자랑은 쏙 들어가고 자기가 율법을 지킬 수 없다는 사실을 알게 된다. "계명이 이르매 죄는 살아나고 나는 죽었도다"라는 말 그대로다.

참 어처구니없는 상황이다. 계명이 이르면 죄는 죽고 자기가 살아나야 하는 것 아닐까? 아이를 키우는 집이라면 어느 집에서나 "게임 그만하고 공부해라"라는 말을 한다. 그런 말을 들었으면 게임 그만하고 공부하면 된다. 그러면 성적도 올라갈 것이다. 즉 죄는 죽고 자기가 살게 된다.

그런데 이 말이 그렇게 단순하지 않다. "게임 그만하고 공부해라"라는 말을 하는 이유가 무엇일까? 아이가 게임은 하고 싶어 하고 공부는 하기 싫어하기 때문이다. 그래서 바울이 "생명에 이르게 할 그 계명이 내게 대하여 도리어 사망에 이르게 하는 것이 되었도다"라고 탄식한다. 우리는 이미 죄와 한통속이다.

하나님이 아담에게 "동산 각종 나무의 열매는 네가 임의로 먹되 선악을 알게 하는 나무의 열매는 먹지 말라 네가 먹는 날에는 반드시 죽으리라"라고 하셨다. 선악과를 먹으면 죽는다고 했으니까 선악과를 먹지 않으면 살 수 있다. 선악과를 먹지 말라는 계명이 본래 생명에 이르게 할 계명이었다. 그런데 선악과를 먹는 바람에 죽어야 할 운명이 되었다. "이것을 지키면 산다"라고 하는 데에도 그것을 범하고 죽겠다는 것을 무슨 수로 말릴까? 사람은 몰라서 죄를 짓지 않는다. 오죽하면 "죄가 기회를 타서 계명으로 말미암아 나를 속이고 그것으로 나를 죽였는지라"라고 할 정도다. 우리에게 계명이 주어지면 우리 안에 있는 죄는 그 계명까지도 죄의 빌미가 되게 만든다.

그러면 어떻게 하면 될까? 계명에 문제가 있는 것일까? 그렇지 않다. "그런즉 선한 것이 내게 사망이 되었느냐 그럴 수 없느니라 오직 죄가 죄로 드러나기 위하여 선한 그것으로 말미암아 나를 죽게 만들었으니 이는 계명으로 말미암아 죄로 심히 죄 되게 하려 함이라"가 그런 얘기다. 계명이 주어졌더니 우리에게 나타나는 것이 생명이 아닌 사망이었다. 사람은 계명까지도 죄를 짓는 도구로 동원한다. 우리가 그만큼 죄인이다.

삼손이 블레셋 여인과 결혼을 추진하면서 블레셋 사람들과 수수께끼 내기를 한 적이 있다. 베옷 삼십 벌과 겉옷 삼십 벌이 걸린 내기였다. 답을 맞힐 재간이 없는 블레셋 사람들이 술수를 부린다. 삼손의 아내를 협박한 것이다.

삼손의 아내가 삼손에게 답을 물었다. 삼손이 선뜻 가르쳐주지 않자, 투정을 부린다. 자기를 사랑하지 않는다는 것이었다.

삼손의 아내가 그런 말을 하는 것이 경우에 맞을까? 오히려 블레셋 사람들을 질책해야 하는 것 아닐까? "너희들, 무슨 수작이냐? 내기를 했으면 정정당당하게 해야지, 이런 법이 어디 있느냐?"라고 해야 한다. 그런데 삼손을 채근했다.

목회자들이 늘 듣는 투정이기도 하다. 목회자는 하나님의 말씀으로 교인을 가르치는 사람이다. 그런데 제대로 가르칠 수가 없다. 제대로 가르치면 죄다 원망하기 때문이다. 우리가 사는 세상은 성경적이 아니다. 그런 세상에서 성경 원칙을 지키려면 불편이 따르게 마련이다. 하나님 말씀이 틀린 때문이 아니라 세상이 틀린 때문이다. 그런데 세상을 원망하지 않고 죄다 목회자를 원망한다. "내가 세상 때문에 신앙을 손해 봤다"라는 불평은 들어본 적이 없다. 그런데 "목사님 때문에 손해 봤다"라는 불평은 한두 번 들은 것이 아니다. 관심이 세상에 있기 때문이다.

"아담, 하와가 에덴동산에서 쫓겨난 것은 하나님이 선악과를 먹으면 죽는다고 했기 때문이다"라고 하는 것이 말이 될까? 선악과를 먹으면 죽는다는 계명에 문제가 있는 것이 아니라 그것을 지킬 마음이 없는 것이 문제였다. 대체 무슨 정신으로 하나님 말씀보다 마귀의 얘기에 더 귀를 기울인단 말인가?

우리가 얻은 구원을 진정 구원으로 알 수 있으려면 먼저 우리가 어느 만큼 죄에 대하여 무력한지 알아야 한다. 우리에게는 죄를 이길 실력이 없다. 우리는 지금까지 단 한 번도 죄 밖으로 나가본 적이 없다. 그 사실을 깨닫게 해주는 것이 율법이다. 율법을 안다는 얘기는 "나는 죄를 벗어날 수 없구나"를 안다는 뜻이다. 또 복음을 안다는 얘기는 "내가 죄에서 나왔구나"를 안다는 뜻이다.

복음은 처음부터 복음이 아니다. 율법을 통과한 사람한테만 복음이다. 율법을 알아야 복음 안에서 허락된 우리 신분이 어느 만큼 귀한지 알게 된다. 그리고 우리는 그 사실을 안다. 우리가 하나님께 할 수 있는 일은 감사하는 일뿐이다.

**7:14-20〉 우리가 율법은 신령한 줄 알거니와 나는 육신에 속하여 죄 아래에 팔렸도다 …(중략)… 만일 내가 원하지 아니하는 그것을 하면 이를 행하는 자는 내가 아니요 내 속에 거하는 죄니라**

세계가 자본주의와 공산주의로 양분된 시절이 있었다. 지금은 소련을 위시한 동구 공산국이 다 무너졌다. 흔히 공산주의 제도의 자체적인 모순 때문에 붕괴되었다고 한다. 하지만 따져볼 필요가 있다. 공산주의 제도에 무슨 모순이 있을까?

공산주의 제도를 시행하면 본래 취지처럼 전부 잘살게 되는 것이 아니라 전부 못살게 된다. 자기가 일한 것을 자기가 가질 때와 공동으로 일해서 공동으로 나눌 때의 생산성이 확연하게 다르기 때문이다. 이것은 제도의 문제가 아니라 사람의 문제다. 공산주의 제도가 실패한 이유는 제도가 잘못된 때문이 아니라 사람이 죄인이기 때문이다.

이 세상에 죄가 시작되는 얘기가 창세기 3장에 나온다. 아담과 하와가 선악과를 먹은 것이다. 창세기 4장에는 가인이 아벨을 죽이는 얘기가 나온다. 5장에는 아담의 족보가 나온다. 거기에 보면 아담은 930년, 셋은 912년, 에노스는 905년을 살고 죽었다. "아무리 오래 살아도 결국 죽어야 했다"라는 뜻이다. 이어서 6장에 노아 홍수가 나온다.

이 내용을 전부 연결하면 어떻게 될까? "이 세상에 죄가 들어오더니 형이

동생을 죽이는 세상이 되었다. 사람들 수명이 아무리 길어도 결국 죽음으로 끝나는 인생이 되었고, 마침내 하나님의 심판을 면하지 못하는 상황에 이르고 말았다."라는 뜻이다. 요컨대 세상에 있는 모든 문제는 죄 때문이다. 죄가 세상 모든 부조리의 원인이다.

그런데 죄를 심각하게 느끼지 않는다. 어쩌면 죄에게 속아서 그럴 수 있다. 사람들이 죄를 윤리나 관습, 법률의 차원에서 다루려고 한다. 하지만 죄는 우리 안에 있는 부정적인 성향이 아니라 우리를 장악하고 있는 실제적인 힘이다.

사람은 옳고 그른 것을 분별해서 옳은 것을 택할 능력이 없다. 옳고 그른 것은 알기만 하고 택하기는 죄를 택한다. "우리가 율법은 신령한 줄 알거니와 나는 육신에 속하여 죄 아래에 팔렸도다"라는 말 그대로다.

시험공부를 하다가 졸리면 엄마에게 새벽에 깨워달라고 한다. 그런데 막상 깨우면 딴소리를 한다. "10분만 10분만" 하면서 계속 이불을 끌어안는다. 이불을 잡아채면 화를 내기도 한다. 그러면 어느 쪽이 본 모습일까? 깨워달라고 부탁한 것이 본 모습일까, 일어나기 싫다고 짜증을 내는 것이 본 모습일까? 어쨌든 분명한 것은 죄가 실제적인 힘으로 작용한다는 사실이다.

C. S. 루이스가 쓴 〈스크루테이프의 편지〉라는 책이 있다. 스크루테이프가 조카 웜우드에게 보낸 편지 형식으로 된 책인데, 둘 다 악한 영이다. 높은 지위에 있는 악한 영이 수하에 있는 악한 영에게 인간을 타락시키는 술책을 교육하는 지침서인 셈이다. 몇 가지 예를 들어보자.

"네가 경계해야 할 것은 네가 맡고 있는 사람이 현재의 일들을 그리스도에게 순종할 기회로 삼는 것이다. 어떻게 해서든지 세상을 목적으로 만들고 믿음을 수단으로 삼게 해라. 그렇게만 된다면 그 사람은 우리 밥이 된 것이나 마찬가지다." 우리의 목적이 신앙일까, 세상일까? 스크루테이프가 가장 싫어하는 사람은 이 세상을 자기 신앙을 나타내는 기회로 삼는 사람이고, 가장 좋아하는 사람은 신앙을 도구로 삼아서 세상을 얻으려는 사람이다.

"네가 맡은 사람에게 만사에 중용을 지키라고 말해주거라. 신앙도 지나치지 않아야 좋은 것이라고 믿게만 해놓으면 그의 영혼에 대해서는 아무 걱정 없다. 중용을 지키는 종교란 우리에게 무교나 마찬가지니까. 아니, 무교보다 훨씬 즐겁지." 교회 다니는 것은 좋지만 너무 깊이 빠지는 것은 좋지 않다고 하는 사람이 있다. 스크루테이프에게 속아서 하는 얘기다.

"즐거운 집단과 지루한 집단의 차이를 신자와 불신자의 차이로 착각하게 만들어라." 교회는 재미없는 곳이고 온갖 재미있는 것은 세상에 있다고 생각한다면 스크루테이프에게 속은 탓이다.

"인간들은 노상 자기가 주인이라고 주장하는데 천국에서 듣든지 지옥에서 듣든지 우습기 짝이 없는 소리다. 인간이 그런 우스운 소리를 계속 떠들게 하는 것이 우리 일이다." 우리에게는 주인이 따로 있다. 자기가 자기의 주인인 줄 아는 사람은 천국에서 보기에만 우습게 보이는 것이 아니라 지옥에서 보기에도 우습게 보인다고 한다. 그 사람의 주인이 사탄이기 때문이다.

이런 내용만 있는 것이 아니다. 회개한 사람에게 대응하는 방법도 있다.

"이제 이 재난을 수습하는 일이 남았구나. (우리가 회개하는 것이 악한 영에게는 재난이다.) 하지만 방법이 없는 것은 아니다. 아무것도 행동으로 옮기지 못하게 해라. 회개에 대하여 아무리 많이 생각한들 행동으로 옮기지 않는 한 전혀 문제 될 게 없다. 경건한 상상을 아무리 많이 해도 의지와 연결되지 않으면 해로울 게 없다. 느끼기만 하고 행동으로 옮기지 않는 경우가 많아질수록 점점 더 행동할 수 없을 뿐만 아니라 결국에는 느낄 수도 없게 된다." 회개한다고 하면서도 늘 마음에만 그치는 사람이 한둘이 아니다. 그 역시 스크루테이프의 술책에 넘어간 탓이다.

〈스크루테이프의 편지〉가 출판된 직후의 일이다. 기자가 물었다.

"마귀의 생각과 전략을 어떻게 그리 잘 알고 있습니까? 혹시 마귀를 직접 만난 적이 있습니까?"

"아닙니다. 그런 적은 없습니다."

"그러면 책에 나온 내용들은 어떻게 알았습니까?"

"그냥 제가 생각하는 대로 썼습니다. 제 마음속에 있는 죄악과 제 안에 있는 유혹들을 그대로 썼을 뿐입니다."

죄를 알기 위해서 따로 연구할 필요가 없다. 우리 내면을 들여다보면 그것으로 충분하다.

우리가 죄를 사모하지는 않는다. 죄를 선택하도록 끊임없이 죄가 요구하는 것이다. 율법은 우리에게 선을 행하라고 한다. 우리 역시 선을 행할 마음이 있다. 그런데 악만 나온다. 우리 속에 있는 죄 때문이다. 죄가 우리의 사고 판단에 직접 작용한다.

이런 내용을 알게 해주는 것이 율법이다. 율법을 알아야 우리 속에 죄가 있다는 사실을 알게 되고, 우리 속에 있는 죄가 어떤 것인지 알아야 복음의 가치를 알게 된다. 그리고 우리가 누구인지 알게 된다. 우리가 율법 아래 있을 적에는 죄에 항거할 수 없었다. 행하는 일마다 죄에 속한 것이었고, 무엇이 죄이고 무엇이 죄가 아닌지 분별할 줄도 몰랐다.

지금은 그렇지 않다. 우리는 "내가 죄 아래 있구나"를 아는 사람들이 아니라 "내가 죄 아래 있었구나"를 아는 사람들이다. 우리가 율법에 속한 사람이 아니라 복음에 속한 사람이기 때문이다.

우리는 우리의 과거 모습을 안다. 우리가 율법의 저주 아래 있었을 적에는 죄가 우리의 친구였다. 우리의 장래 모습도 안다. 장차 우리는 의와 거룩으로 옷 입고 주님과 더불어 세세토록 왕 노릇 할 것이다. 그러면 우리의 지금 모습은 과거 모습에 가까워야 할까, 장래 모습에 가까워야 할까? 그것은 우리의 선택이다.


**7:21-24〉 내가 한 법을 깨달았노니 곧 선을 행하기 원하는 나에게 악이 함께 있는 것이로다 …(중략)… 오호라 나는 곤고한 사람이로다 이 사망의 몸에서 누가 나를 건져내랴**


본문에서 가장 유명한 구절을 꼽으면 단연 24절이다. "오호라 나는 곤고한 사람이로다 이 사망의 몸에서 누가 나를 건져 내랴"라는 탄식에 누구나 동의한다. 그런데 24절은 신학적으로 상당한 난해 구절이다.

한번 따져보자. 24절이 바울의 어느 시점의 한탄일까? 예수를 만나기 전의 심경을 말한 것일까, 예수를 만난 다음의 심경을 말한 것일까? 불신자가 구원을 갈망하면서 하는 탄식일까, 신자가 성결한 삶을 갈망하면서 하는 탄식일까?

여기에는 이상한 모순이 있다. 불신자는 자기가 사망의 몸에 갇힌 것을 모르고 신자는 사망의 몸에 갇혀 있지 않다. 결국 24절은 신자도 할 수 없고 불신자도 할 수 없는 이상한 탄식이다. 그러면 우리가 공감하는 것은 어떻게 된 영문일까? 신자도 아니고 불신자도 아닌 채 어정쩡하게 살기 때문에 공감하는 것일까?

이 내용을 이해하려면 바울이 무슨 말을 하는지 알아야 한다. 바울은 7장에서 구원과 율법의 관계를 설명한다. 요컨대 24절은 예수를 만나기 전에 구원을 얻기 위하여 발버둥 치던 때의 심경을 얘기한 것도 아니고, 구원을 얻은 다음에 말씀대로 살고 싶은데 그렇게 하지 못하는 안타까움을 얘기한 것도 아니다. 신자의 탄식도 아니고 불신자의 탄식도 아닌 가공인의 탄식이다. 즉 가공의 인물을 내세워서 율법 아래 있는 인간의 현실을 설명하는 것이다. 율법을 구원의 방도로 받아서 그것을 지키려고 애쓰는 사람은 24절 같은 갈등을 겪을 수밖에 없다.

그러면 이런 구절에 우리가 공감하는 이유는 무엇일까? 24절은 신자도 경험할 수 없고 불신자도 경험할 수 없는 가상의 상황인데 우리는 늘 그런 마음을 갖는다. 신자답게 살고 싶은 마음은 굴뚝같은데 그렇게 되지 않는다고 푸념하는 사람이 한둘이 아니다.

내 속사람으로는 하나님의 법을 즐거워하되 내 지체 속에서 한 다른 법이 내 마음의 법과 싸워 내 지체 속에 있는 죄의 법으로 나를 사로잡는 것을 보는도다(롬 7:22-23)

신자가 겪는 갈등은 죄의 힘에 압제당하기 때문이 아니다. 죄의 힘 때문에 별수 없이 죄를 짓는 것이 아니라 죄를 택하는 것이다. 이스라엘이 출애굽 전에는 애굽의 노예였기 때문에 애굽이 시키는 대로 했지만 출애굽 한 다음에는 욕심에 미혹되어 스스로 죄를 택한 것과 같다.

그런데 본문은 그렇지 않다. 죄가 실제로 힘을 발휘하는 것으로 말한다. 한 다른 법이 자기 마음의 법과 싸워서 자기를 죄의 법으로 사로잡는다는 것이다. 자기 속에 있는 하나님의 법을 즐거워하는 마음으로는 도저히 역부족이다.

한밤의 출출함을 달래줄 라면의 유혹을 뿌리치는 것은 쉽지 않다. 하지만 사람이 직접 라면을 끓여 먹지 않으면 라면 혼자서는 아무 힘도 쓰지 못한다. 라면이 사람 손발을 묶고 강제로 입을 벌리게 해서 들어오는 법은 없다.

그런데 그런 식으로 말하고 있다. 바울이 묘사하는 인물은 하나님의 법을 즐거워하는 마음이 있음에도 불구하고 하나님의 법을 준행하지 못한다. 죄를 지을까 말까 갈등하다가 죄를 선택하는 것이 아니다. 그가 깨달은 것은 선을 행하기 원하는 자기에게 악도 함께 있는 것이다. 그렇다고 해서 선과 악이 경쟁하다가 악이 이기는 것도 아니다. 악의 힘이 선을 행하기 원하는 자기를 죄의 법으로 사로잡을 만큼 강하다.

다윗이 밧세바를 범할 때 아무 거리낌이 없었다. 왕궁 지붕을 거닐다가 밧세바가 목욕하는 것을 보고는 "저 여자 데려와라"라고 하는 것이 전부였다. 밧세바가 유부녀인 것을 알고는 갈등하다가 정욕에 못 이겨서 일을 저지른 것이 아니라 아무렇지도 않게 일을 저질렀다.

다윗에게 하나님을 사랑하는 마음이 없었느냐 하면 그렇지 않다. 그런데도 밧세바를 범할 때는 아무런 브레이크도 작용하지 않았다. "내 속사람으로는 하나님의 법을 즐거워하되 내 지체 속에서 한 다른 법이 내 마음의 법과 싸워 내 지체 속에 있는 죄의 법으로 나를 사로잡는 것을 보는도다"라는 말씀 그대로다.

7장이 말하는 내용은 "우리가 율법을 지킬 마음을 먹는다고 해도 하나님이 우리를 구원해주시지 않는다면 우리에게 남는 것은 좌절뿐이다"라는 사실이다. 죄가 윤리나 도덕처럼 관념에 속한 문제가 아니라 세력이나 힘처럼 실제적이기 때문이다. 만일 죄가 관념의 문제라면 율법이 주어진 것으로 충분해야 한다. "이건 이렇게 하고 저건 저렇게 해라"라고 얘기하는 것으로 죄에서 벗어날 수 있어야 한다. 그런데 죄를 극복하는 문제에 율법은 전혀 힘을 쓰지 못했다.

율법을 통해서 일차적으로 알 수 있는 것은 "무엇이 옳고 무엇이 그르냐?"이다. 그것만이 아니다. 옳은 것을 행할 수 없고 틀린 것을 거절할 수 없는 우리의 처지도 알게 된다. "인간은 죄에 대해서 철저하게 무능하구나", "율법을 아무리 말해도 안 되는구나"라는 사실을 안다. 그러면 하나님이 율법만 주시고 더 이상 간섭하지 않으셨으면 어떻게 될 뻔했는가? "오호라 나는 곤고한 사람이로다 이 사망의 몸에서 누가 나를 건져내랴"라고 탄식할 수 밖에 없다.

우리에게 허락된 구원을 제대로 인식하려면 먼저 우리가 사망의 몸에 있었다는 사실을 알아야 한다. 우리가 어느 만큼 절망적인 형편이었는지 알면 알수록 구원의 가치를 더 잘 알 수 있다.

### 7:25〉 우리 주 예수 그리스도로 말미암아 하나님께 감사하리로다 그런즉 내 자신이 마음으로는 하나님의 법을 육신으로는 죄의 법을 섬기노라

"우리 주 예수 그리스도로 말미암아 하나님께 감사하리로다"라는 말을 할 수 있으려면 먼저 "오호라 나는 곤고한 사람이로다 이 사망의 몸에서 누가 나를 건져내랴"라는 탄식이 있어야 한다. 그렇다고 해서 "오호라 나는 곤고한 사람이로다"라는 과정을 거쳐서 "우리 주 예수 그리스도로 말미암아 하나님께 감사하리로다"라는 말을 하게 되는 것이 아니다.

"오호라 나는 곤고한 사람이로다"라는 탄식은 실제로 존재하지 않는다. 결국 이 얘기는 구원 얻은 다음에 "구원 얻지 못했으면 얼마나 큰일 날 뻔했는가?"를 생각해 보라는 뜻이다. "예수를 안 믿으면 지옥 가는구나. 내 능력으로는 지옥을 벗어날 재주가 없구나."라는 사실을 알아서 예수를 믿는 사람은 없지만 예수를 믿는 사람이라면 누구나 예수를 안 믿었으면 큰일 날 뻔했다는 사실에 동의하는 것과 같다.

그런데 이어지는 내용이 의아하다. "그런즉 내 자신이 마음으로는 하나님의 법을 육신으로는 죄의 법을 섬기노라"라는 말이 나오기 때문이다. 방금 "우리 주 예수 그리스도로 말미암아 하나님께 감사하리로다"라고 했는데 대체 무엇을 감사한다는 얘기일까? 자기가 마음으로는 하나님의 법을 섬기고 육신으로는 죄의 법을 섬기는 것을 감사한다는 것은 말이 되지 않는다. 결국 인간의 실상에 대한 올바른 이해에 기인한 감사다. "제가 언제 하나님을 제대로 섬긴 적이 있습니까? 저는 늘 딴짓만 했습니다. 하나님을 섬긴다고 하면서도 제 마음은 세상 욕심으로 가득했습니다. 그런 저의 인생을 저에게 맡기지 않으시고 친히 인도해주시니 감사합니다."라는 뜻이다.

이스라엘이 출애굽을 했을 때의 일이다. 홍해를 건넌 것으로 더 이상 애굽의 종이 아니다. 하나님이 그들에게 가나안을 약속하셨다. 약속만 하신 것이 아니다. 구름 기둥, 불 기둥으로 인도하셨다. 그런데 이스라엘은 오히려 애굽을 그리워했다. 우리가 보기에는 답답하기 짝이 없지만 그럴 수 있다. 그들이 경험한 곳이 애굽과 광야뿐이기 때문이다. 가나안에 대해서는 아는 것이 없다. 가나안과 애굽을 비교하면 가나안이 좋은데 애굽과 광야를 비교하면 차라리 애굽이 낫다.

우리 역시 예수를 믿는다고 하면서도 믿음 안에서 소망을 갖는 것이 아니라 이 세상 생각만 한다. "차라리 예수 믿기 전이 좋았는데…"라는 한탄을 하는 사람이 얼마든지 있다. 불신자 때의 삶과 신앙으로 승리하는 삶을 비교하면 당연히 신앙으로 승리하는 삶이 좋다. 하지만 신앙으로 승리하는 삶은 경험한 적이 없다. 우리 경험 속에 있는 삶은 불신자로서의 삶과 '나이롱 신자'로서의 삶뿐이다. 그 둘을 비교하면 불신자 때가 더 좋게 느껴질 수 있다.

참으로 다행인 것은 차라리 애굽으로 돌아가자는 망발을 일삼는 이스라엘을 하나님이 끝까지 포기하지 않으시고 가나안으로 인도하셨다는 사실이다. 여기에 우리의 소망이 있다. 우리가 언제 마음을 다하여 하나님을 섬긴 적이 있는가? 우리의 마음은 이 세상에만 있다. 하나님이 그런 우리를 영원한 나라로 인도하신다.

이런 내용을 앞에서는 은혜가 왕 노릇한다고 했다. 죄가 우리의 왕이 아니다. 은혜가 우리의 왕이다. 물론 지금도 죄를 지을 수 있다. 하지만 그것은 죄가 우리의 주인이기 때문에 별수 없이 복종하는 것이 아니라 우리가 죄와 타협하는 때문이다. 23절에서 말하는 것처럼 "내 지체 속에서 한 다른 법이 내 마음의 법과 싸워 내 지체 속에 있는 죄의 법으로 나를 사로잡는 것을 보는도다"라는 일은 우리에게 일어날 수 없다.

그러면 "오호라 나는 곤고한 사람이로다 이 사망의 몸에서 누가 나를 건져 내랴"라는 탄식에 공감하는 것은 무슨 까닭일까? 그것은 변명하는 것에 불과하다. 죄가 우리를 사로잡아가는 것이 아니라 단지 유혹할 뿐인데 거기에 넘어가놓고는 "나는 그렇지 않으려고 했는데 죄가 너무 강해서 어쩔 수 없었다"라고 둘러대는 것이다. 죄가 자기보다 강한 것이 문제가 아니라 죄와 싸울 의사가 없는 것이 문제다. "오호라 나는 곤고한 사람이로다 이 사망의 몸에서 누가 나를 건져 내랴"라는 탄식이 나오면 "아차! 내가 또 핑계를 대고 있구나."라고 생각하면 된다.

그래서 현실적인 당부를 드린다. 적어도 예수를 믿었으면 징징 짜기 없기

하자. 우리가 죄에 협조하지 않는 한, 죄는 우리에게 아무런 영향력도 행사하지 못한다. 죄를 지을 수밖에 없었다고 지레 엄살할 준비를 할 것이 아니라 작정하고 죄와 결별해야 한다. 일찍이 패튼 장군이 한 말이 있다. "우리가 우리의 조국을 위해 목숨을 바칠 것이 아니라 적들로 하여금 그들의 조국을 위해 목숨을 바치게 하자." 우리에게 같은 결의가 있어야 한다.

# 8장 생명의 성령의 법

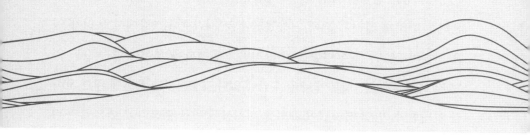

8장은 5장에 연결된 내용이다. 지금까지 나온 내용을 차근차근 떠올려보면 알 수 있다.

1장은 바울의 자기소개와 하나님의 진노에 대한 내용이었다. 2장에는 유대인도 역시 진노 대상이라는 내용이 나왔다. 그래서 3장에서 "모든 사람이 죄인이다. 그런 죄인들을 대상으로 하나님이 하나님의 의를 선포하신다."라는 내용을 말했다. 4장에서는 믿음이 무엇인지 설명한다. 믿음은 하나님이 우리를 구원하신 통로다. 하나님이 아브라함에게 후사를 허락하신 것처럼 우리에게 구원의 은총을 베푸셨다.

5장에서는 우리가 얻은 구원을 대표성의 원리로 설명했다. 아담 안에 있는 사람이 아담의 신분을 상속했던 것처럼 그리스도 안에 있는 사람은 그리스도의 신분을 상속한다. 그런 내용에 이어서 "그러므로 이제 그리스도 예수 안에 있는 자에게는 결코 정죄함이 없나니…"라고 하면 부드럽게 연결된다.

6장과 7장은 일종의 삽입절이다. 6장은 "그런즉 우리가 무슨 말을 하리요 은혜를 더하게 하려고 죄에 거하겠느냐"로 시작했다. 5장에서 우리가 얻은 구원의 견고성을 설명했으니 "그러면 신앙생활을 성실히 할 필요도 없는 것 아니냐?"라는 의문이 나올 수밖에 없다. 7장에서는 율법에 대한 오해를 설명한다. 만일 하나님이 율법을 지켜서 구원을 얻으라고 했으면 우리는 전부 "오호라 나는 곤고한 사람이로다 이 사망의 몸에서 누가 나를 건져내랴"라는 탄식을 할 수밖에 없을 것이다. 이런 내용을 알면 복음의 은혜를 새롭게 새길 수 있다.

**8:1-2) 그러므로 이제 그리스도 예수 안에 있는 자에게는 결코 정죄함이 없나니 이는 그리스도 예수 안에 있는 생명의 성령의 법이 죄와 사망의 법에서 너를 해방하였음이라**

그리스도 안에 있는 자에게는 결코 정죄함이 없다고 한다. 그리스도 밖에 있는 사람에게는 정죄함이 있음을 전제로 한다. 예수 안에만 구원이 있고 예수 밖에는 멸망이 있다.

부모를 기쁘게 하면 효자가 되고 시부모를 기쁘게 하면 효부가 된다. 남편을 기쁘게 하면 좋은 아내이고 아내를 기쁘게 하면 좋은 남편이다. 선생님을 기쁘게 하면 모범생이고 회사 오너를 기쁘게 하면 좋은 직장인이다.

하지만 하나님을 기쁘시게 하지 못하면 모든 인생이 다 똑같다.

평생 성실하게 일을 한 사람이 있다. 평생 술 마시고 노름만 한 사람도 있다. 둘의 인생에는 현격한 차이가 있다. 하지만 둘 다 불신자라면 하나님 앞에서 무슨 차이가 있을까? 부자다 가난하다, 오래 살았다 일찍 죽었다, 성공했다 실패했다 등의 모든 평가가 예수를 믿은 다음이라야 의미를 갖는다. 예수 밖에 있는 사람의 인생은 아무리 아름답게 채색되어도 결국 마찬가지다.

그리스도 안에 있는 사람에게는 정죄함이 없다는 말을 하는 이유가 일차적으로 그리스도 밖에 있는 사람에게는 정죄함이 있기 때문이다. 또 있다. 우리가 자꾸 정죄 의식을 갖기 때문이다. 실제로 "나 같은 것도 구원 얻을 수 있을까?" 하고, 탄식하는 사람을 한두 번 본 것이 아니다. 자기에게 신자다운 면모가 없기 때문이다.

아기 칫솔이 엄마 칫솔에게 묻는다.

"엄마, 나 칫솔 맞아?"

"그럼"

열흘쯤 지난 후에 또 물었다.

"엄마, 나 칫솔 맞아?"

"그래, 맞아."

보름쯤 지났다. 아기 칫솔이 또 물었다.

"엄마, 나 진짜 칫솔 맞아?"

"맞다고 했잖아. 왜 자꾸 그래?"

"그런데 난 왜 운동화만 빨아?"

자기에게 정죄가 없는 것을 확신할 수 있으려면 자기한테서 신자다운 면모가 나와야 한다. 명색이 칫솔이면 이를 닦아야 할 것 아닌가? 허구한 날 운동화만 빨면서 칫솔이라고 하니 믿기지가 않는다. 신자답게 산 기억은 없고 신자답게 살지 않은 기억만 있으니 성경이 아무리 구원을 말해도 남의 얘기로 들리는 것이 무리가 아니다.

참으로 다행인 것은 "그러므로 이제 그리스도 예수 안에 있는 자에게는 결코 정죄함이 없나니" 다음에 "이는 그리스도 예수 안에 있는 자들은 두 번 다시 정죄받을 짓을 하지 않음이니라"라고 하지 않았다는 사실이다. 오히려 "이는 그리스도 예수 안에 있는 생명의 성령의 법이 죄와 사망의 법에서 너를 해방하였음이라"라고 했다. 우리가 정죄받지 않는 근거가 예수님께 있다.

하나님께서 이스라엘을 구원하셨다. 그때 "일단 홍해는 건너게 해주마. 가나안까지는 너희가 알아서 가라."라고 하신 것이 아니다. 홍해를 가르기 전에 바로의 항복을 받아내는 일부터 하나님께서 하셨다. 홍해를 건너게 하신 다음에도 구름 기둥, 불 기둥으로 인도하셨다. 먹을 것이 없다고 하면 하늘에서 만나를 내리셨고 목이 마르다고 하면 반석에서 물이 나오게 하셨다.

하나님께서 애초에 가나안을 염두에 두고 이스라엘을 구원하셨다. 만일 이스라엘이 가나안에 가지 못하면 이스라엘의 문제로 끝나지 않는다. 하나님의 전능하심에 위배된다.

우리에게 허락된 구원이 그렇다. 그래서 "그러므로 이제 그리스도 예수 안에 있는 자에게는 결코 정죄함이 없나니"라고 선언한다. 우리가 정죄받을 일을 하지 않기 때문이 아니다. 그리스도 예수 안에 있는 생명의 성령의 법이 죄와 사망의 법에서 우리를 해방하였기 때문이다. 우리의 구원이 완성될 수밖에 없는 근거가 하나님께 있다. 우리는 죄와 사망의 법 아래 있지 않고 생명의 성령의 법 아래 있는 사람들이다.

죄와 사망의 법은 율법을 말한다. 율법은 자기가 자기를 책임지는 법이다. 하나님이 아담에게 선악과를 먹지 말라고 하신 것이 대표적이다. 선악과에 대한 한 아담은 자기 운명을 스스로 책임져야 했다. 그런데 아담에게 선악과를 먹지 않을 실력이 없었다. 선악과를 먹지 않을 실력은 없는데 선악과를 먹으면 죽는다는 법이 주어지면 그 법은 죄와 사망의 법일 수밖에 없다.

생명의 성령의 법은 그렇지 않다. 성령의 법 아래 있는 사람은 자기가 자기를 책임지지 않는다. 형벌 받을 일은 자기가 했는데 그 형벌을 자기가 책임지지 않으면 자기에게 돌아오는 것은 생명뿐이다. 우리는 그리스도께서 이루신 일의 결과를 누리는 사람들이다. 우리의 신분이나 운명이 우리의 능력이나 자격에 관계없다.

이스라엘이 하나님 마음에 들게 처신했던 적은 한 번도 없다. 애굽에서 나오자마자 배고프다고 불평했고 만나를 내리자마자 목마르다고 불평했다. 가나안에 가는 동안에도 걸핏하면 애굽에 있을 때가 좋았다는 망발을 서슴지 않았다.

가나안에 들어간 다음에도 계속 하나님을 떠난 삶을 살았다. 하나님이 그때마다 징계하셨지만 도무지 변할 줄 몰랐다. 미디안을 통해서 징계해도 정신을 못 차리고, 모압, 암몬, 블레셋, 미디안, 아람을 통해서 징계해도 정신을 못 차렸다. 결국 북 왕국 이스라엘은 앗수르에게 망했고 남 왕국 유다는 바벨론에게 망했다.

마침내 하나님이 예수님을 보내셨다. 그들을 심판하기 위해서 보낸 것이 아니다. 구원하기 위해서 보냈다. 예수님이 이 땅에 오신 것은 "내가 반드시 너희를 구원하고야 말겠다"라는 하나님의 의지 선언이다.

우리를 용서하기 위해서 예수님이 오셨다. 우리를 의롭다 하기 위하여 예수님이 다시 살아나셨다. 우리가 얻은 구원이 영원할 수밖에 없는 이유는 하나님께서 하시는 일이기 때문이다. 우리가 예수님을 붙잡은 것이 아니라 하나님이 예수님을 통해서 우리를 붙잡았다. 하물며 예수님을 십자가에 못 박기까지 하셨다. 그 '극성'을 누가 감당하겠는가?

세상에 대한 우리의 미련이 아무리 강해도 우리를 향한 하나님의 사랑 앞에서 결국 굴복되고 말 것이다. 우리가 즐겨 순종하면 상 받고 칭찬 받으면서 그 일이 이루어질 것이고, 게을러서 불순종하면 벌 받고 책망 받으면서 그 일이 이루어질 것이다. 우리를 거룩하게 만드시고야 말겠다는 하나님의 의지가 예수님을 보내신 것으로 구체화되었다. 그런 하나님의 의지에 빨리 순종하는 것이 우리의 복이다.

**8:3-4) 율법이 육신으로 말미암아 연약하여 할 수 없는 그것을 하나님은 하시나니 곧 죄로 말미암아 자기 아들을 죄 있는 육신의 모양으로 보내어 육**

**신에 죄를 정하사 육신을 따르지 않고 그 영을 따라 행하는 우리에게 율법의 요구가 이루어지게 하려 하심이니라**

우리가 율법을 통해서 구원을 얻을 수는 없다. 그래서 하나님이 직접 우리를 구원하셨다. 율법으로 구원을 얻을 수 없는 이유는 우리 육신이 연약하기 때문이고, 우리 육신이 연약한 이유는 죄 때문이다.

하나님은 우리를 구원하시되, 우리에게 있는 죄를 해결하셔서 구원하셨다. 예수님을 우리와 같은 사람으로 이 세상에 보내시고는 예수님을 통하여 죄를 해결하신 것이다. 왜 그렇게 하셨느냐 하면, 우리에게서 율법의 요구가 이루어지도록 하기 위해서다. 본문에 의하면 율법의 요구를 이루는 것이 구원이다.

사람들은 종교를 바른생활의 연장선으로 생각하는 경향이 있다. "만일 천국이 있다면 착한 사람이 가야 하는 것 아니냐?"라는 말을 한두 번 들은 것이 아니다. 예전에 어떤 청년과 새 신자 성경 공부를 하면서 그 부분을 한참 설명하노라니 그 청년이 이렇게 답했다. "착한 사람이 교회 다니는 것은 아니지만 교회 다니면 착해져야 한다는 말이죠?" 그 말을 신학적으로 다듬으면 "율법을 통해서 구원을 얻는 것은 아니지만 구원을 얻었으면 율법의 요구를 이루어야 한다"가 된다. 우리가 하나님 마음에 들어서 구원 얻은 것은 아니다. 하지만 구원 얻었으면 하나님 마음에 들어야 한다.

이스라엘의 출애굽에 이런 내용이 그대로 나타난다. 이스라엘이 애굽의 노예로 지내는 중에 열심히 율법을 지켰더니 하나님이 합격 판정을 내려서 홍해를 건너게 해주신 것이 아니다. 일단 홍해부터 건너게 하셨다. 그러고 는 시내산으로 인도해서 율법을 주셨다. 율법을 잘 지켜서 애굽에서 나온 것은 아니지만 가나안에 들어가 살려면 율법이 필요하기 때문이다.

가나안은 아무나 살 수 있는 곳이 아니다. 하나님 앞에 합당해야 살 수 있 다. 이스라엘이 가나안에 들어갈 때 가나안에는 원주민이 있었다. 하나님 이 그들을 쫓아내시고 이스라엘에게 가나안 땅을 주셨다. 이스라엘을 편애 해서 무고한 원주민을 쫓아낸 것이 아니다. 그들이 하나님 앞에 합당하지 못했기 때문에 벌하신 것이다. 그런데 이스라엘 역시 하나님 앞에 합당하 게 살지 못했다. 본문의 표현을 빌리면 율법의 요구를 이루는 일에 실패했 다. 결국 쫓겨날 수밖에 없었다.

4절에 "육신을 따르지 않고 그 영을 따라 행하는 우리에게 율법의 요구가 이루어지게 하려 하심이니라"라고 되어 있다. 이스라엘이 율법의 요구를 이루는 일에 실패한 것은 그들이 육신을 따랐기 때문이다. 거기에 반하여 우리는 영을 따르는 사람들이다. 요컨대 하나님이 우리를 구원하신 이유는 우리에게서 율법의 요구가 이루어지도록 하기 위해서다. 우리는 영을 따르 는 사람들이기 때문에 우리에게서는 율법의 요구가 이루어질 수밖에 없다. 우리가 율법의 요구를 이루는 것이 아니다. 율법의 요구가 우리에게서 이 루어지는 것이다.

"육신을 따른다", "영을 따른다"라는 말은 어느 쪽을 추종하기로 결단한 다는 뜻이 아니다. 육신을 따르는 사람은 자기가 자기의 주인인 사람이다. 즉 불신자들이다. 자기가 자기의 주인이면 자기의 운명도 자기가 책임져야 한다. 반면 영을 따르는 사람은 하나님이 자기 주인인 것을 인정하는 사람, 자기의 운명을 자기가 책임지지 않는 사람이다. 이런 내용을 5장에서는 "아담에게 속했다", "그리스도에게 속했다"라고 했다.

아담에게 속한 사람은 율법의 요구를 이룰 수 없다. 자기 인생을 스스로 책임져야 하는데 자기에게 율법의 요구를 이룰 실력이 없기 때문이다. 우리는 다르다. 우리 인생이 우리에 의해서 좌우되지 않는다. 하나님이 우리 인생을 그리스도에게 귀속시키셨다. 우리는 우리가 행한 것을 받는 사람들이 아니라 그리스도께서 행한 것을 누리는 사람들이다.

윌리엄 와일러 감독의 〈벤허〉는 세계적인 명화다. 영화의 하이라이트는 단연 전차 경주 장면이다. 전차 경주 장면 15분을 위해서 1만 5천 명이 4개월 동안 연습해야 했다. 전차 경주에서 가장 강력한 우승 후보가 메살라였는데 그가 끄는 마차는 바퀴 축에 톱날을 장착한 희랍전차였다. 다른 마차와 경합을 벌일 때마다 그 톱날로 상대방 마차의 바퀴를 망가뜨렸다. 벤허 역을 맡은 찰톤 헤스톤이 그런 악조건 속에서 메살라를 이기는 연기를 해야 했다.

그 연기를 위해서 상당히 고생했다고 한다. 두 달 넘게 연습을 하고서야 겨우 마차를 탈 수 있게 되었다. 가까스로 마차를 탈 수 있게 되었을 때 와일러 감독에게 말했다. "마차는 그럭저럭 탈 수 있을 것 같은데 이런 실력으로 경주에서 이길 수 있을지 모르겠습니다." 와일러 감독이 답했다. "끝까지 남아 있기만 해요. 그러면 이기게 만들어줄 테니까."

우리가 그런 인생을 사는 사람들이다. 하나님이 우리에게 승리를 약속하셨다. 우리 인생은 실패로 끝날 수 없다. 8장 전체를 흐르는 내용이 "우리가 구원을 얻은 것이 얼마나 놀라운 사건인지 아느냐?"이다. 특히 본문에서는 "내가 너희에게서 율법의 요구가 이루어지도록 하겠다"라고 말씀하신다. 우리를 향한 하나님의 구원 계획이 그만큼 놀랍다.

그런데 우리가 생각하는 구원은 다분히 소극적이다. 의를 기준으로 신앙을 따지지 않고 죄를 기준으로 따진다. "어느 만큼 잘해야 하나?"에는 관심을 갖지 않고 "어느 만큼 못해도 되나?"에 관심을 갖는다. 지금까지 "이렇게 하면 벌 받아요?", "이런 것도 죄예요?"라는 질문은 한두 번 받은 게 아니다. 그런데 "내가 무엇을 하면 하나님이 기뻐하실까요?"라는 질문은 한 번도 받은 적이 없다. 율법의 요구를 이루는 일에 관심이 없어서 그렇다.

하나님이 이스라엘을 구원하신 이유가 무엇인가? 어디에서 무엇을 해도 상관없으니까 무조건 홍해 건너편에서 살게 하려는 것이 아니었다. 가나안으로 인도해서 젖과 꿀이 흐르는 삶을 누리도록 하기 위해서였다. 이스라엘은 가나안에 입성하는 일회적인 경험만 있으면 되는 것이 아니라 거기 정착해서 살아야 했다.

우리를 구원하신 이유가 그렇다. 우리로 하여금 지옥 형벌을 모면하도록 하기 위한 것이 아니라 우리에게서 율법의 요구가 이루어지도록 하기 위해서다. 우리는 예수를 주로 고백하는 일회적인 경험만 있으면 되는 사람들이 아니다. 율법의 요구를 이룬 바탕 위에서 살아야 하는 사람들이다.

이런 사실을 감안하면 신앙의 눈높이를 높여야 한다. "내가 신앙생활을 어떻게 하고 싶은가?"를 고려할 이유가 없다. "하나님이 나에게 무엇을 원하시는가?"를 고려해야 한다. 하나님의 요구는 언제나 마음을 다하고 뜻을 다하고 성품을 다하여 하나님을 사랑하는 것이다. 우리한테는 하나님을 사랑하는 마음 외에 다른 마음이 있으면 안 된다. 그런데 과연 그럴까? 그렇지 않다면 그 이유가 무엇일까?

주님을 사랑하지 않는 것은 분명히 아니다. 그런데 주님만 사랑하지도 않는다. 주님 없으면 못 산다고 하는데 주님만 있어도 못 산다. 늘 주님과 세상 사이에서 줄타기를 한다. 혹시 그렇게 살아서 삶에 만족이 있으면 계속 그렇게 살아도 무방하다. 하지만 그렇지 않다면 바꿔야 한다. 성령님께서 그 결단을 도우실 것이다.

**8:5-8) 육신을 따르는 자는 육신의 일을, 영을 따르는 자는 영의 일을 생각하나니 육신의 생각은 사망이요 영의 생각은 생명과 평안이니라 …(중략)… 육신에 있는 자들은 하나님을 기쁘시게 할 수 없느니라**

세상을 재미있게 살려면 두 가지가 필요하다는 말을 들은 적이 있다. 우선 돈이 많아야 하고 또 예수를 믿지 않아야 한다는 것이었다. 돈이 많아야 한다는 말은 쉽게 수긍할 수 있다. 세상에서는 뭐든지 돈으로 따진다. 그런데 예수를 믿지 않아야 한다는 말은 무슨 영문일까? 사람들이 별로 바람직하지 않은 데서 재미를 느낀다는 뜻이다. 요컨대 다음 세상이 있는 것을 몰라서 그렇다. 이 세상 살다 죽는 것으로 모든 것이 끝나면 어떻게 해서든지 재미있게 살아야 한다. 그보다 더 중요한 일이 없다.

전 세계 CEO들이 가장 닮고 싶어 하는 기업가가 미국의 잭 웰치라고 한다. 1981년부터 2001년까지 20년 동안 제너럴 일렉트릭사의 CEO였다. 1999년에는 미국 경제 전문지 〈포춘〉에 의해 20세기 최고의 경영자로 선정된 바 있고 2001년에는 영국의 〈파이낸셜 타임스〉에 의해서 세계에서 가장 존경받는 경영인으로 선정되기도 했다.

그가 심장에 이상이 있어서 죽을 뻔한 적이 있는데 다행히 수술이 잘 되어서 고비를 넘겼다. 누군가 물었다. "이번 일로 인생에 새로운 시각이 열렸을 것 같은데 어떤 교훈을 얻었습니까?" 그런 질문에 어떤 답이 나와야 할까? "그동안 인생을 너무 무의미하게 살았다는 사실을 깨달았습니다. 앞으로는 이웃과 사회를 위해서 보람된 일을 할 생각입니다."가 정답일 것이다.

그런데 전혀 엉뚱한 답을 했다. "그동안 돈을 충분히 쓰지 않은 것을 깨달았습니다." 사람들이 그 말을 알아듣지 못했다. 무슨 뜻인지 다시 물었더니 그가 진지하게 말했다. "심장 수술을 받은 다음부터 저는 한 병에 100달러 미만의 와인은 마시지 않기로 했습니다. 써야 할 돈이 너무 많습니다."

한 사람이 두 주인을 섬기지 못할 것이니 혹 이를 미워하고 저를 사랑하거나 혹 이를 중히 여기고 저를 경히 여김이라 너희가 하나님과 재물을 겸하여 섬기지 못하느니라(마 6:24)

한 사람이 두 주인을 섬기지 못한다. 그리고 성경은 사람이 섬길 수 있는 두 주인으로 하나님과 재물을 얘기한다. 이 세상에는 하나님을 섬기는 사람도 있고 돈을 섬기는 사람도 있다.

5장에서는 이 세상 사람을 아담에게 속한 사람과 그리스도에게 속한 사람으로 나눴다. 또 본문은 육신을 따르는 사람과 영을 따르는 사람으로 나눠서 얘기한다. 육신을 따르는 사람은 아담에게 속한 사람이고 아담에게 속한 사람은 돈을 섬기는 사람이다.

예전에 나이 드신 분들이 하는 말을 귀 너머로 들은 적이 있다. 자식에게 유산을 미리 물려주면 안 된다는 것이었다. 나이 들면 돈이라도 있어야 자식에게 괄시받지 않는다는 말도 했다. 언제부터인지 부모 자식 관계도 돈으로 따지는 세상이 되고 말았다. 자기가 낳은 자식에게도 돈이 있어야 대접을 받는다.

내가 그 말을 어디서 들었을까? 양로원에서 들은 것이 아니다. 구역예배를 마치고 다과를 나누는 자리에서 들었다. 평생 예수를 믿었다는 나이 든 권사가 그렇게 말하자, 전부 고개를 끄덕였다.

이렇게 따지면 얘기가 이상하게 된다. 육신을 따르는 자는 육신의 일을 생각하고 영을 따르는 자는 영의 일을 생각한다고 했는데, 우리나 불신자나 별 차이가 없다. 우리에게는 아직도 불신자 때의 버릇이 남아 있다. 하지만 다른 점이 있다. 불신자들은 돈이 전부인 줄 알지만 우리는 돈이 전부가 아닌 것을 안다. 단적인 증거가 십일조를 한다는 사실이다. 불신자들은 꿈도 못 꿀 일이다.

오래전에 재미있는 말을 들었다. 옆집 아주머니의 전도로 교회에 호기심이 생긴 사람이 있었다. 그런데 남편이 뭐라고 할지 걱정되었다. 저녁 식사를 마친 어느 날, 신문을 보는 남편에게 조심스레 물었다.

"나, 교회 다녀도 돼요?"

"다니고 싶으면 다녀요."

남편이 신문에서 눈길도 떼지 않은 채 심드렁하게 답했다. 남편 동의를 얻은 것은 다행이지만 너무 무신경한 것 같아서 서운한 생각이 들려는 차에 남편이 신문을 내려놓으면서 말했다. "교회 다니는 것은 마음대로 하는데 십일조 같은 건 절대 하지 마!"

교회 가도 좋다는 말을 할 때는 신문에서 눈길을 떼지 않았다. 그런데 십일조 하지 말라는 말을 할 때는 신문을 내려놓고 말했다. "아내가 어디에 가느냐?"보다 더 중요한 것이 "거기에 가서 돈을 얼마나 쓰느냐?"였다.

노사분규의 초점은 단연 돈이다. "5% 올려 달라", "3%만 올리자"라며 분쟁을 벌이다가 주장이 관철되지 않으면 분신을 시도하기도 한다. 이 세상에서는 단 몇 %의 임금 인상을 놓고 분신까지 하는데 우리는 그런 세상에서 십일조를 한다. 이런 일을 할 수 있는 원동력이 무엇이냐 하면, 이 세상의 주인이 돈이 아닌 것을 알기 때문이다. 이 세상의 주인은 돈이 아니라 하나님이다.

우리는 영에 속한 사람들이다. 이 세상이 전부가 아니라 다음 세상이 있는 것을 알고 하나님이 우리 주인인 것도 안다. 불신자들은 아무리 잘한 일이 있어도 죄로 귀결되지만 우리는 아무리 한심해 보여도 그 모든 것이 은혜로 포장된다.

누가복음에 탕자 이야기가 나온다. 그때 탕자는 재산을 다 탕진하고 비참한 신세가 되었다. 하지만 상황을 바꿔서 생각해 보자. 만일 탕자가 허리띠를 졸라매고 열심히 일해서 재산을 두 배로 불렸으면 어떻게 될까? 그래도 불효이기는 마찬가지다. 육신에 있는 자들은 하나님을 기쁘시게 할 수 없다.

우리는 그렇지 않다. 우리는 하나님을 기쁘시게 해드릴 수 있다. 집을 나간 자식은 무엇을 하든지 불효일 수밖에 없지만 집에 있는 자식은 마음먹기에 따라 얼마든지 효도를 할 수 있다. 그렇게 하지 않는 것이 문제다. 어쩌면 가출하지 않고 집에 있다는 이유만으로 자기 할 일을 다했다고 착각할 수도 있다.

이런 내용은 참 안타깝다. 6절에서 "육신의 생각은 사망이요 영의 생각은 생명과 평안이니라"라고 했다. 육신의 생각은 사망이다. 사망에는 등급이 없다. 사망 한 가지로 끝이다. 반면 생명은 그렇지 않다. 생명에는 다양한 등급이 있다.

지난 1998년에 형수가 세상을 떴다. 장례를 치르는데 형이 얘기했다. 형과 함께 어딘가를 다녀오는 엘리베이터 안이었다.

"사람이 죽으니까 참 허망하더라."

"……"

"형수가 죽으니까 시신을 옮겨야 할 거 아냐?"

"그런데요?"

"어디로 옮긴 줄 아냐?"

"어디로 옮겨요?"

"화물용 엘리베이터로 옮기더라. 숨이 끊어지니까 사람이 아니고 짐으로 취급하더라."

형수 시신이 짐칸으로 옮겨지는 것이 상당한 충격이었던 모양이다. 하지만 별수 없다. 그것이 사망이다. 사망에는 등급이 없다. 그리고 불신앙 또한 그렇다.

하나님이 세상을 심판하실 때 우선 신자와 불신자가 나뉠 것이다. 불신자는 불신자라는 이유만으로 더 이상 다른 말이 필요 없다. 모두가 똑같다. 하지만 신자는 그렇지 않다. 신자는 그가 누구인지에 따라서 다 다르게 말씀하실 것이다. 불신앙에는 아무런 내용이 없지만 신앙에는 다양한 내용이 있게 마련이다.

6절은 그 표현이 특이하다. "육신의 생각은 사망이요 영의 생각은 생명과 평안이니라"라고 했다. 육신의 생각과 영의 생각을 대조하는데 육신의 생각에 대해서는 사망 한 가지만 얘기하면서 영의 생각에 대해서는 생명과 평안을 얘기한다. 육신의 지배 아래 있는 사람은 그의 모든 것이 사망으로 귀결된다. 하지만 성령의 지배 아래 있는 사람은 하나님이 주신 생명을 누린다. 또 있다. 성령의 지배 아래 있는 사람은 하나님과 화목하게 된 사람이다. 그러면 육신의 지배 아래 있는 사람은 하나님과 불화한 사람이다. 7절에서 "육신의 생각은 하나님과 원수가 되나니"라고 말한 그대로다.

육신의 생각은 하나님과 원수가 된다. 그러면 영의 생각은 하나님과 원수된 것의 반대라야 한다. 이런 사실을 감안하면 죄 안 짓는 것을 신앙으로 말하는 것은 너무 구차하다. 우리는 죄를 안 짓는 것으로 우리의 신분을 확인할 것이 아니라 하나님과 원수 된 것의 반대쪽으로 가는 것에서 신분을 확인해야 한다.

그런데 문제는 우리가 하나님과 원수는 아닌데 그렇다고 해서 하나님 쪽으로 진도 나가는 것도 없다는 사실이다. 하나님을 대적할 만큼 악하지는 않지만 작정하고 하나님을 편들 열심도 없다. 그냥 엉거주춤하게 서 있을 뿐이다.

죽을 뻔한 경험을 한 잭 웰치가 앞으로는 돈을 더 열심히 쓰기로 결심했다고 했다. 참 한심한 발상이다. 그런데 은근히 부럽기도 하다. 그것이 문제다. 성령의 지배는 받는데 여전히 죄가 즐겁다. 그런 자리에서 벗어나야 한다. 우리가 하나님을 기쁘시게 해드릴 수 없었던 것은 지난 시절로 족하다. 우리의 남은 날은 하나님을 기쁘시게 해드리는 일로 가득 차야 한다. 우리는 성령의 지배를 받는 사람들이다.

**8:9-11〉 만일 너희 속에 하나님의 영이 거하시면 너희가 육신에 있지 아니하고 영에 있나니 …(중략)… 그리스도 예수를 죽은 자 가운데서 살리신 이가 너희 안에 거하시는 그의 영으로 말미암아 너희 죽을 몸도 살리시리라**

누구든지 그리스도의 영이 없으면 그리스도의 사람이 아니라고 한다. 이런 말을 들으면 "나한테 그리스도의 영이 없으면 어떻게 하나?"라는 생각을 할 수 있다. 하지만 그런 염려는 안 해도 된다. 본문은 "너희에게 그리스도의 영이 없으면 아무리 예수를 믿어도 소용없다"라는 뜻이 아니라 "너희가 그리스도의 사람인 것은 너희 안에 있는 그리스도의 영이 보증한다"라는 뜻이다.

8장 시작하면서 "육신을 따른다", "영을 따른다"라는 말이 나왔다. 우리는 영을 따르는 사람들이다. 성령의 지배 아래 있다. 5장에서는 이런 내용을 그리스도에게 속했다고 했고 6장에서는 은혜가 다스린다고 했다. 본문에서 한 가지를 더 추가한다. 우리 안에 하나님의 영이 거한다. 구원받은 사람은 하나님의 영이 거하는 사람이다.

초신자 시절에는 신앙을 근거로 하나님이 자기를 챙겨줄 것을 기대한다. 자기가 아쉬울 때가 아니면 하나님을 찾을 일도 없다. 늘 하는 기도가 "… 해주십시오"이다. 그러다가 신앙 연륜이 조금 쌓이면 "하나님께 늘 해달라고 할 것이 아니라 나도 뭔가 해드려야 하는 것 아닌가?"라는 생각을 한다. 신앙이 자라는 과정에서 나타나는 자연스런 현상일 수 있다. 하지만 모범 답안은 아니다. 성경은 우리의 구원을 그런 식으로 설명하지 않는다. "예수를 영접했느냐? 참 잘했다. 앞으로 필요한 것이 있으면 말해라. 무슨 말이든지 다 들어주마."라는 말도 없고 "넌 대체 구원 얻은 것이 언제인데 아직까지 달라는 얘기만 하느냐? 너도 철이 들었으면 나를 위해서 살아봐라."라는 얘기도 없다.

성경이 말하는 구원은 언제나 하나님과의 화목을 전제로 한다. 우리가 전에는 하나님과 불화한 사이였는데 지금은 화목한 사이가 되었다. "하나님과 화목한 사이가 되었으니 필요하면 언제든지 하나님의 도움을 구할 수 있다. 우리가 부르면 하나님이 응답하신다."라는 정도가 아니다. 하나님이 우리 안에 거하신다.

여호와께서 이르시되 나의 영이 영원히 사람과 함께하지 아니하리니 이는 그들
이 육신이 됨이라(창 6:3a)

노아 홍수 직전, 성령님이 더 이상 사람들과 함께하실 수 없었다. 사람들
이 죄다 육체의 욕심을 따라 행하기 때문이다. 사람에게 가득한 것이 죄인
데 성령님이 죄 가운데 거할 수는 없지 않은가?

그런데 오순절 마가 다락방에 성령님이 임하신다는 내용이 사도행전 2장
에 나온다. 하나님께서 창세기 6장에서 거두어 가셨던 성령님을 다시 보내
신 것이다. 성령님을 거두어 가신 것은 인간의 죄 때문이었다. 그런데 다시
보내셨으니 성령님을 거두어 가신 사유가 소멸되었다는 뜻이다. 즉 인간의
죄 문제가 해결되었다. 예수님의 십자가 사역으로 인한 결과다.

예수님이 십자가에 달려 돌아가시기 전의 우리는 성령님이 함께하실 수
없는 형편이었다. 그런데 이제는 함께하실 수 있게 되었다. 이것이 성경이
말하는 구원이다. 이런 관점에 따르면 신앙은 결국 주님과 동거하는 삶이
된다. 주님이 우리를 위해서 무엇을 해주시느냐, 우리가 주님을 위해서 무
엇을 하느냐가 문제가 아니다. 주님과 같이 사는 것이다.

너희는 너희가 하나님의 성전인 것과 하나님의 성령이 너희 안에 계시는 것을
알지 못하느냐(고전 3:16)

우리는 예배당에 하나님을 모셔 놓고 일주일에 한 번 알현하러 오는 사람

들이 아니다. 왕이 거하는 곳이 왕궁인 것처럼 하나님의 성령이 거하시는 우리가 성전이다. 구원을 얻었다는 얘기는 필요할 때 하나님을 찾을 수 있다는 뜻이 아니라 하나님이 늘 함께하신다는 뜻이다. 우리가 하나님이 거하실 만큼 고귀한 신분이 되었다. 찬송가 가사 그대로 주 예수와 동행하니 그 어디나 하늘나라다. 그곳이 초막이든 궁궐이든 전혀 문제가 되지 않는다. "저는 예수를 믿기로 결단했습니다. 그러니 궁궐에서 살아야 합니다." 라는 법이 없는 것처럼 "저는 하나님의 영광을 위해서 기꺼이 초막에서 살겠습니다. 하나님은 저를 딛고 일어서서 궁궐에서 사십시오."라는 것도 말이 되지 않는다.

딸이 고등학교를 졸업하던 날, 아무도 주목하지 않는 졸업식을 지켜본 기억이 있다. 교장선생님이 훈화를 한다. "여러분을 떠나보내자니 서운한 마음 금할 수 없습니다." 재학생 대표가 송사를 한다. "내일이면 언니들이 없다고 생각하니 왠지 눈물이 나려고 합니다." 졸업생 대표가 답사를 한다. "존경하는 선생님, 사랑하는 동생들, 정든 교정을 떠나가려니 차마 발걸음이 떨어지지 않습니다." 아무도 듣지 않고 아무도 믿지 않는 말이 확성기를 통해서 전달되었다.

"대체 어느 학교 졸업식인데 그 모양이냐?"라고 할 사람은 없을 것이다. 어차피 다 그러려니 한다. 문제는 비슷한 일이 교회에서 매주 반복된다는 사실이다. "하나님이 세상을 이처럼 사랑하사 독생자를 주셨으니 이는 그를 믿는 자마다 멸망하지 않고 영생을 얻게 하려 하심이라"라는 말씀을 들으면 어떤 생각이 드는가? 졸업식장에서 교장선생님이 뻔한 얘기를 할 때와 비슷하지 않은가? "하나님은 우리를 사랑하신다. 우리가 하나님의 성전이다. 하나님이 늘 우리와 함께하신다."라는 말에 고개를 끄덕이는 사람은 없다. 그런 말보다는 "하나님이 자기에게 무엇을 해주시느냐?"에 더 민감하다. 우리는 하나님의 함께하심 자체로 하나님의 함께하심을 느끼지 못한다. 자기가 어떤 덕을 보았는지로 하나님의 함께하심을 따진다.

그 이유를 본문에서 찾을 수 있다. 영은 의로 말미암아 살아 있는 것이나 몸은 죄로 말미암아 죽은 것이기 때문이다. 하나님의 자녀라는 우리의 영적 신분은 영원하다. 하지만 육신의 완성은 아직 이루어지지 않았다. 우리는 이미 구원 얻은 신분임에도 불구하고 육체의 약함을 안고 살아야 한다. 심지어 우리 육신은 기도 중에도 졸리고 예배 중에도 딴 생각이 들 만큼 미약하다. 이런 육신을 가지고 세상을 살려니 자기에게 유리한 일이 있는지 여부로 하나님의 함께하심을 가늠하는 것이 당연한 일일 수 있다.

하지만 알아야 할 사실이 있다. 사람이 본래 죄인이라는 사실이다. 우리가 느끼는 욕구 역시 죄에 속한 것들이다. 우리의 자연스런 본성은 늘 죄를 지향한다. 그러면 우리는 우리 육신의 소욕을 기준으로 하나님의 함께하심을 가늠할 것이 아니라 그 반대라야 한다. 하나님이 함께하신다는 사실을 근거로 우리의 욕구를 바로잡아야 한다. 우리 육신의 소욕을 기준으로 하나님과 교통하는 우리 영혼을 끌어내릴 것이 아니라 우리의 영적 신분에 어울리게 우리 육신을 연습해야 한다. 나이를 먹었으면 나잇값을 해야 한다. 나잇값을 하지 않으려고 나이를 속이는 것은 어리석은 일이다.

**8:12-14〉 그러므로 형제들아 우리가 빚진 자로되 육신에게 져서 육신대로 살 것이 아니니라 너희가 육신대로 살면 반드시 죽을 것이로되 영으로써 몸의 행실을 죽이면 살리니 무릇 하나님의 영으로 인도함을 받는 사람은 곧 하나님의 아들이라**

이민 2세나 3세는 자기 정체성에 갈등이 있을 수 있다고 한다. 아버지도 한국 사람이고 어머니도 한국 사람이니 자기도 분명히 한국 사람이다. 그런데 자기는 미국에서 태어나서 미국에서 자랐다. 미국 시민권도 있고 한국말보다 영어가 더 편하다. 아무리 부모가 "너는 한국 사람이다"라고 해도 한국 사람으로 살아본 경험이 없다.

그런 식의 갈등은 신자들이 단연 으뜸이다. 신자는 신분이 참 묘하다. 신분은 의인인데 수준은 죄인이다. 결정적으로 의인으로 살아본 경험은 없고 죄인으로 살아본 경험만 있다. 구원 얻은 신분에 맞게 거룩하고 신령한 것만 생각하며 살면 좋겠는데 현실은 그렇지 않다. 구원 얻었음에도 불구하고 우리의 몸은 여전히 죄의 유혹에 노출되어 있다.

신학생 시절, 학기마다 신앙사경회를 갔다. 아침 식사를 마친 자리에서 누군가 말했다. "오늘 아침에 새벽예배 땡땡이 치고 그 시간에 등산을 했더니 몸이 개운하네." 다른 동기가 말했다. "그래요? 나는 새벽예배 참석 안하고 그 시간에 푹 잤더니 몸이 아주 개운한데…" 그런 말을 주고받으며 웃었던 기억이 있다. "새벽예배를 빼먹었더니 하루 종일 몸이 무겁다. 역시 새벽예배를 드려야 매사에 활기가 넘친다."라는 말을 할 수 있으면 얼마나 좋겠는가만 그렇지 않다. 우리 몸은 신령한 것보다 편한 것에 훨씬 더 민감하다.

본문은 11절에서 이어지는 내용이다.

예수를 죽은 자 가운데서 살리신 이의 영이 너희 안에 거하시면 그리스도 예수를 죽은 자 가운데서 살리신 이가 너희 안에 거하시는 그의 영으로 말미암아 너희 죽을 몸도 살리시리라(롬 8:11)

우리 몸은 죽을 몸이다. 그 죽을 몸을 하나님이 다시 살리실 것이다. 그래서 우리가 무엇을 해야 하느냐 하면, 그 내용이 본문이다.

우리는 죽을 몸이 원하는 대로 살지 말고 하나님에 의해서 다시 살아날 사람처럼 살아야 한다. 영으로 몸의 행실을 죽이며 살아야 한다. 하나님의 영으로 인도함을 받는 사람이 곧 하나님의 아들이기 때문이다.

헬라어에는 아들에 해당하는 단어가 두 가지다. 하나는 '테크논'이고 또 하나는 '휘오스'다. 테크논은 출생을 기준으로 하는 개념이다. 여기에 반하여 휘오스는 아들다움을 말한다. 아버지가 아들을 칭찬하면서 "그렇지, 역시 넌 내 아들이야."라고 했으면 휘오스다. 하나님의 영으로 인도함을 받는 사람이 곧 하나님의 아들이라고 할 때 휘오스가 쓰였다. 우리 모두는 하나님의 테크논이다. 우리는 전부 물과 성령으로 거듭났다. 하지만 우리가 다 하나님의 휘오스인지는 따져봐야 한다.

장안동에 촬영소고개가 있다. 고개 근처에 촬영소가 있어서 그런 이름이

붙었다. 그런데 그 자리에 있던 촬영소가 양평으로 이전해서 지금은 촬영소가 없다. 그런데도 여전히 촬영소고개라고 한다.

어쩌면 신자도 이와 같은지 모른다. 예수를 영접한 경험만 있으면 신자라고 한다. 유감스럽게도 신자답지 않은 신자가 있는 것이 현실이다. 본문에서는 하나님의 영으로 인도함을 받는 사람이 하나님의 아들이라고 했다. 하나님의 영으로 인도함을 받지 않아서 하나님의 아들답지 않은 하나님의 아들도 있다는 뜻이다. 하나님의 영으로 인도함을 받지 않으면 천생 육신의 인도함을 받을 것이다. 하나님의 뜻보다 세상 풍조에 민감하고, 하나님의 뜻보다 자기 욕구를 더 중요하게 생각할 것이다.

천국에 가기 위해서는 예수를 믿어야 한다. 그러면 지옥에 가기 위해서는 무엇을 해야 할까? 아무것도 할 것 없다. 가만히 있으면 저절로 간다. 13절에서 육신대로 살면 반드시 죽을 것이로되 영으로써 몸의 행실을 죽이면 산다고 했다. 육신대로 살기 위해서 무엇을 해야 할까? 아무것도 할 것 없다. 가만히 있으면 저절로 육신대로 살게 된다. 하지만 영으로써 몸의 행실을 죽이려면 가만히 있으면 안 된다. 바람에 나는 겨처럼 살아서는 절대 몸의 행실을 죽일 수 없다.

군에 입대했을 때 가장 먼저 들은 말이 "군대에서는 줄을 잘 서야 한다"라는 말이었다. 우리야말로 그렇다. 정말로 줄을 잘 서야 한다. 하나님의 영으로 인도함을 받을 것인지 몸의 행실을 따를 것인지 분명히 태도를 정해야 한다. 몸의 행실을 따르기로 작정하면 할 것이 아무것도 없다. 하지만 하나님의 영으로 인도함을 받으려면 할 일이 있다. 힘써 몸의 행실을 죽이는 일이다. 성적을 떨어뜨리기 위해서는 할 일이 아무것도 없지만 성적을 올리기 위해서는 이를 악물고 노력해야 하는 것과 마찬가지다.

막연하게 기대하는 것과 간절히 열망하는 것은 다르다. 막연하게 기대하는 사람은 기대하는 것이 이루어지지 않아도 별 영향을 받지 않는다. 로또에 당첨되었으면 좋겠다는 생각은 누구나 한 번씩 해보았을 것이다. 그렇다고 해서 로또에 당첨되지 않았다는 사실에서 불편을 느끼지는 않는다. 단지 그런 일이 일어났으면 좋겠다는 것뿐이다. 그 일을 위하여 특별히 노력할 마음도 없다.

간절히 열망하는 것은 다르다. 자기가 원하는 것이 이루어지지 않으면 자기 삶이 아무런 의미가 없다고 생각한다. 그의 모든 관심이 자기가 열망하는 것을 이루기 위해서 동원된다. 로미오가 왜 자살을 했을까? 줄리엣이 없으면 삶의 의미가 없다고 생각했기 때문이다. 줄리엣이 자살한 이유도 마찬가지다. 자기가 열망하는 것이 이루어지지 않았다고 생각했기 때문이다. 우리는 하나님의 영을 따라 사는 것을 막연하게 기대할 것이 아니라 간절히 열망해야 한다.

주기도문에 "아버지의 뜻이 하늘에서와 같이 땅에서도 이루어지게 하소서"라는 내용이 있다. 우리는 그렇게 기도하기 전에 먼저 "내 뜻대로 행하지 않게 해주옵소서"라고 기도해야 한다. 하나님의 뜻이 이루어지는데 가장 방해되는 것이 우리의 뜻이기 때문이다. 우리가 시급하게 해야 할 기도 제목이 있다면 "내 뜻이 주님 뜻을 제한하는 것이 아니라 주님 뜻에 의해 내 뜻이 제한받게 하옵소서"일 것이다. 그 기도가 단지 입에 발린 말이 아니라 우리의 진심이면 우리는 하나님의 영으로 인도함을 받는 하나님의 아들이다. 세상 사람들은 우리를 이해하지 못해도 주님께서 우리 인생을 책임지실 것이다. 주님께서 책임지는 인생을 산다면 그것이 우리의 가장 큰 복이다.

## 8:15〉 너희는 다시 무서워하는 종의 영을 받지 아니하고 양자의 영을 받았으므로 우리가 아빠 아버지라고 부르짖느니라

양자의 영을 받았다는 얘기는 성령을 받았다는 뜻이다. 우리는 성령을 받았기 때문에 하나님을 아빠, 아버지라고 부를 수 있다. 아빠는 아람어인데 공교롭게도 우리말과 발음이 같다. 하나님이 우리 아빠다. 그러면 종의 영을 받았다는 말은 무슨 뜻일까? 종의 영을 받은 사람의 특징은 무서워하는 것이다. 얼핏 생각하면 불신자가 하나님의 진노를 무서워하는 것 같지만 그럴 수는 없다. 불신자는 하나님에 대한 감각이 없다. 하나님이 무서운 걸 알면 일단 신자다.

그렇다고 해서 우리가 무서워하는 종의 영도 받고 양자의 영도 받았다는 얘기일 수도 없다. 우리는 무서워하는 종의 영을 받지 않고 양자의 영을 받은 사람들이다. 그러면 무서워하는 종의 영을 받은 사람은 어떤 사람일까?

본문은 "다시 무서워하는 종의 영을 받지 않았다"라고 했다. 전에는 무서워하는 종의 영을 받은 것 같다. 즉 율법 아래 있는 상황을 말한다. 그렇다고 해서 구약시대 이스라엘은 종의 영을 받았고 우리는 양자의 영을 받았다는 뜻이 아니다. 실제로 종의 영은 존재하지 않는다. 신자는 신자인데 율법 아래 있는 것처럼 하나님을 섬기는 신자를 무서워하는 종의 영을 받은 것으로 가상한 것이다. 율법 아래 있는 것처럼 하나님을 섬기는 사람의 특징은 신앙을 최소한의 책임으로 따지는 것이다. 하나님을 섬겨도 벌 받지 않기 위해서 섬긴다.

우리는 양자의 영을 받은 사람들이다. 양자는 출생만 다를 뿐 법적 지위가 친자와 동등하다. 예수님은 하나님의 친자이고 우리는 하나님의 양자이다. 예수님이 하나님의 아들인 것처럼 우리 역시 하나님의 아들이다. 우리와 하나님의 관계는 예수님과 하나님의 관계와 동등하다. 우리 신분이 예수님과 동등하다. 하나님을 대하는 마음도 예수님이 하나님을 대하는 마음과 같아야 한다. 우리가 하나님을 어떻게 섬겨야 하느냐 하면, 예수님이 하나님을 섬긴 것처럼 섬겨야 한다.

만일 우리가 종의 영을 받았으면 하나님을 대하는 기본적인 정서가 두려움이게 된다. 하나님을 섬겨도 벌 받지 않으려고 섬긴다. 자기가 감당해야 하는 최소한의 책임을 감당하는 것이 곧 신앙생활이다.

종에게 주인을 기쁘게 해드려야겠다는 생각이 있을 리 없다. 채찍에 맞는 일이나 없고 밥이나 제때 얻어먹을 수 있으면 그것으로 만족한다. 주인이 특정의 밭을 갈라고 하면 그 밭만 갈면 된다. 부지런히 서둘러서 그 옆의 밭까지 갈 이유가 없다. 하지만 아들은 그렇지 않다. 아들에게는 아버지 일과 자기 일의 구분이 없다. 할 수만 있으면 그 옆의 밭만이 아니라 건너편 밭도 갈 것이다. 우리가 그런 사람들이다.

사랑 때문에 왕위를 버린 사람이 있다. 영국의 에드워드 8세가 그 주인공이다. 1936년에 즉위했는데 그때 41세의 독신이었다. 그런데 그의 마음을 사로잡은 월리스 심프슨 부인은 이혼 경력이 있는 40대의 유부녀로 미국인이었다. 영국 왕실과 국교회, 의회가 다 반대했다. 하지만 에드워드 8세는 완강했다. 재위 11개월 만에 왕위를 동생 조지 6세에게 물려주고 윈저공이 되었다. 왕에서 공으로 내려앉은 것이다. 그리고 그 이듬해에 월리스 심프슨과 결혼했다.

하지만 사랑을 위한 낭비로는 주님이 단연 으뜸이다. 주님은 하늘 보좌를 버리셨다. 무한하신 분이 유한 속에 들어오셨고 영원하신 분이 제한된 육신을 입으셨다. 기꺼이 우리와 같아지셨고 십자가에 달리셨다. 죄에 대한 하나님의 진노를 몸소 감당하셨다.

우리한테서 그런 사랑에 대한 반응이 제대로 나타나지 않는 것은 무슨 영문일까? 우리가 주님을 얼마나 사랑하는지 알려면 주님을 위하여 무엇을 얼마나 낭비할 수 있는지 따져보면 된다. 말로만 하는 것은 무효다. 구체적인 실천 목록이 있어야 한다. 지금까지 주님을 위하여 무엇을 얼마나 낭비했는가?

**8:16-17〉 성령이 친히 우리의 영과 더불어 우리가 하나님의 자녀인 것을 증언하시나니 자녀이면 또한 상속자 곧 하나님의 상속자요 그리스도와 함께 한 상속자니 우리가 그와 함께 영광을 받기 위하여 고난도 함께 받아야 할 것이니라**

예수를 믿으면 구원 얻는다. 최종 목적지가 지옥에서 천국으로 바뀐다. 그렇다고 해서 예수를 믿지 않았으면 지옥에 가서 고통 속에 지내야 하는 데 예수를 믿으니까 천국에 가서 영원토록 희락을 누릴 수 있게 되었다는 뜻이 아니다. 가는 곳만 지옥에서 천국으로 바뀌는 것이 아니라 지옥에 어울리던 사람에서 천국에 어울리는 사람으로 바뀌어야 한다. 동네 떡볶이 집에 갈 때는 추리닝 차림에 슬리퍼를 끌고 가도 무방하지만 일류 호텔 레스토랑에 갈 때는 그렇지 않은 것과 같다.

그런 내용을 본문은 상속자로 설명한다. 우리가 하나님의 상속자다. 그리스도와 함께 하나님의 상속자가 되었다. 무릇 예수를 믿는다면 하나님 나라를 상속할 준비를 해야 한다.

그런데 요즘은 신앙이 너무 세속적으로 변질된 감이 있다. 예수를 믿는다고 하면서 죄다 자기 욕심에만 관심을 둔다. 하나님 나라를 상속할 준비는 하지 않고 땅의 것을 챙기기에 바쁘다.

얼마 전에 권투가 다이어트에 효과 만점이라는 광고를 보았다. 내가 학생 때만 해도 권투의 인기가 대단했다. 그런데 요즘은 그렇지 못하다. 그런 때문인지 언제부터인지 여성에게도 문호를 개방했다.

이런 변화에 대해서 사람마다 달리 얘기할 것이다. "말도 안 된다. 권투는 생존경쟁의 현장을 가장 잘 보여주는 운동이다. 어떻게 한낱 살을 빼는 수단이 된단 말이냐?"라고 개탄하는 원로 권투인도 있을 수 있다. 하지만 "요즘 권투의 인기가 예전 같지 않아서 걱정했는데 참 다행이다. 권투가 대중에게 다가갈 수 있는 좋은 기회다."라고 말하는 사람도 있을 수 있다.

누군가 내 생각을 묻는다면 특별히 할 말이 없다. 각자 알아서 하면 된다. 살을 뺄 사람은 살을 빼고 과거의 영광을 재현하고 싶은 사람은 과거의 영광을 재현하기 위해서 발버둥 치면 된다.

그런데 요즘 기독교가 예전 기독교와 다른 것은 사뭇 개탄스럽다. 기독교 인구는 많아졌는데 기독교는 힘은 없어졌다. 에이든 토저 목사가 한 말이 있다. "많은 교회가 기독교의 진리에 물을 타버렸다. 그리하여 그것이 독이라고 할지라도 아무도 죽일 수 없고 약이라고 할지라도 아무도 고칠 수 없게 되었다."

기독교가 핍박을 받던 로마시대에는 사람들의 눈을 피하기 위하여 카타콤에서 예배를 드렸다. 그때 교인들은 예배를 마치면 서로 손을 잡고 노래를 불렀다. 우리말로도 번역된 노래다.

안녕 친구여 안녕 친구여 안녕 안녕
주 안에서 만나리 승리해서 만나리 안녕 안녕

노래를 부른 후에는 서로 인사를 나누지 않고 헤어졌다. 지금은 같이 예배를 드리지만 다음에 모일 때는 보이지 않는 사람이 있을 것이다. 그 사람은 모진 고문 끝에 원형 경기장에 끌려가서 사자 밥이 될 것이다. 그런 경우에 처해졌을 때 누가 신자인지 밝히지 않기 위해서 서로 모르고 지내는 것이다. 그런 마음으로 예배를 드렸으니 "주 안에서 만나리 승리해서 만나리"라는 가사가 그들의 처절한 신앙고백이었을 것이다. "이 세상을 살아가는 동안 무슨 일이 있어도 하나님을 부인하는 일은 하지 않겠다"라는 각오가 늘 새로웠을 것이다.

예수님과 함께 영광을 받는 것을 마다할 사람은 없다. 그러면 고난은 어떤가? 우리는 예수님과 함께 영광을 받기 위하여 고난도 함께 받아야 하는 사람들이다. 그런데 덕을 보려는 사람만 있다.

예전에 친구한테서 재미있는 말을 들은 적이 있다. 그 친구 어머니에게 불심이 상당히 깊은 친구분이 계셨다. 그분이 친구에게 말했다. "넌 잘될 수밖에 없을 거야. 네 어머니는 너를 위해서 하나님께 기도하고 나는 부처님께 빌고 있으니 어느 한쪽이라도 걸릴 거 아냐?"

만일 그분의 말이 맞다면 성경책이 두꺼워야 할 이유가 없다. 아니, 성경책이 아예 필요 없을 것이다. 성경은 하나님이 어떤 분인지 알리는 책이다. 그런 책이 두껍다는 얘기는 우리가 말귀를 제대로 알아듣지 못한다는 뜻이다. 행여 그 분의 말이 맞다면 우리는 성경이 무슨 말을 하는지 살피는 대신 혹시 우리가 모르는 다른 신이 있지나 않은지 확인해야 한다. 할 수만 있으면 최대한 많은 신을 섬겨서 어떤 신의 도움을 받든지 세상을 잘사는 것이 신앙의 가치이기 때문이다.

〈라이어 라이어〉라는 영화가 있다. 짐 캐리가 주연을 맡은 영화인데, 영화에서 짐 캐리는 소송에 이기기 위해서 수단과 방법을 가리지 않는 악질 변호사로 나온다. 늘 거짓말을 입에 달고 살아서 그의 아내와 아들에게도 신용을 잃은 상태였다. 가족과의 약속을 항상 어기고는 변명만 일삼던 어느 날, 아들 생일 파티에 꼭 참석하겠다고 약속을 한다. 기대에 부푼 아들이 친구들과 생일 파티를 준비해놓고 기다리지만 아빠가 끝내 나타나지 않았다. 실망한 아들이 아빠가 하루만이라도 거짓말을 하지 않게 해달라고 기도한다. 신기하게도 그 소원이 이루어졌다. 다음날부터 짐 캐리는 거짓말을 할 수 없게 된다. 자기 의지와 상관없이 계속 정직한 말만 나오는 바람에 상당한 곤욕을 치른다. 세상이 얼마나 거짓으로 가득 차 있는지를 단적으로 보여주는 내용이다. 짐 캐리가 나중에는 진실을 말하면서도 재판에서 승리하여 거짓이 아무리 횡행해도 결국 진실이 이긴다는 사실을 보여주기는 하지만 세상이 그만큼 죄에 물들어 있는 것만은 불문가지다. 사람들이 죄가 죄인 줄도 모르고 죄를 짓는다.

내 친구에게 "하나님이 도와주든지 부처님이 도와주든지 어느 쪽이라도 걸릴 테니까 너는 잘될 거다"라고 한 말이 맞는 말이라고 하자. 그러면 신앙은 〈라이어 라이어〉 영화에서 짐 캐리의 소송을 이기게 하는 쪽으로 작용해야 한다. 짐 캐리에게 더 교묘한 거짓말을 할 수 있는 능력을 줘야 한다. 하지만 그런 것이 신앙일 수는 없다. 신앙은 모두가 틀린 세상에서 손해 보지 않는 힘으로 작용하는 것이 아니라 모두가 거짓말을 하는 세상에서 바른말을 할 수 있는 힘으로 작용해야 한다. 경우에 따라서는 그것 때문에 불이익을 당할 수도 있다. 그러면 감수하면 된다.

어머니 장례를 치를 때의 일이다. 문상 온 친구가 물었다.

"저기 상복 입은 여자 누구냐?"

"누이동생"

"내가 네 누이동생을 본 적이 있나?"

"글쎄… 아마 없을 걸."

"그런데 왜 이렇게 낯이 익지? 많이 본 것 같은데…"

"혹시 우리 어머니를 뵈었던 기억으로 하는 얘기 아니냐?"

"아, 맞다! 그런 것 같다."

누이동생이 어머니를 닮기 위해서 특별히 노력한 것은 없다. 저절로 그렇게 되었다. 하지만 우리가 하나님의 자녀로 자라는 것은 그렇지 않다. 우리가 하나님의 친자가 아니라 양자이기 때문이다. 우리에게서 하나님의 상속자다운 면모가 만들어지려면 그만큼 노력해야 한다.

어떤 지방에 아주 거룩한 사람이 살았다. 그 사람이 거룩하다는 소문이 사방에 퍼졌다. 한 구도자가 소문을 듣고 찾아갔다. 그리고 겸손히 가르침을 구했다. "저도 거룩한 사람이 되고 싶습니다. 어떻게 하면 거룩해질 수 있습니까?" 그 사람의 대답은 상당히 단순했다. "당신은 당신이 원하는 만큼 거룩해질 수 있습니다." 그 한마디를 남기고는 안으로 들어가 버렸다. 구도자가 그 말을 깊이 마음에 새겼다. "나는 내가 원하는 만큼 거룩해질 수 있다, 나는 내가 원하는 만큼 거룩해질 수 있다…" 결국 거룩한 사람이 되었다.

간혹 마음은 원하지만 현실이 그렇지 않다는 말을 듣는다. 하지만 핑계일 뿐이다. 사람은 누구나 자기가 원하는 것을 하는 법이다. 우리가 신자답게 살지 못하는 이유는 환경 때문이 아니다. 신자답게 사는 것보다 신자답게 살지 않는 것을 더 좋아하기 때문이다.

우리 인생에 고난이 없는 이유가 그렇다. 고난 받을 기회가 없기 때문이 아니다. 신앙 원칙을 지키지 않기 때문이다. 분명한 것은 하나님이 우리를 하나님 나라의 상속자로 부르셨다는 사실이다. 우리 인생은 하나님 나라의 상속자로 완성될 것이다. 그리스도와 함께 영광중에 그 날을 맞을 것이다. 그 날을 기대하면서 기꺼이 고난을 감수하는 것이 우리의 신앙 책임이다.

**8:18-23〉 생각하건대 현재의 고난은 장차 우리에게 나타날 영광과 비교할 수 없도다 피조물이 고대하는 바는 하나님의 아들들이 나타나는 것이니 … (중략)… 양자 될 것 곧 우리 몸의 속량을 기다리느니라**

　마리아 스크토도우스카라는 여자가 있다. 피에르 퀴리와 결혼해서 이름이 마리아 퀴리로 바뀌었다. 사람들은 그를 퀴리 부인이라고 한다. 마리아 스크토도우스카가 태어날 때는 퀴리가 누구인지 알 바 아니었지만 나중에는 퀴리가 그의 정체성이 되었다.

　우리를 그리스도인이라고 하는 것이 그렇다. 그리스도가 우리의 정체성이다. 주님께서 친히 주님의 이름을 우리에게 주셨다. 우리가 그리스도와 함께 운명 공동체로 묶였다. 우리는 그리스도와 함께 영광 받기 위하여 고난도 함께 받아야 하는 사람들이다.

　영광을 싫어하는 사람은 없다. 고난을 좋아하는 사람도 없다. 우리에게 선택권이 있다면 당연히 영광을 선택하고 고난은 외면할 것이다. 그런데 성경은 현재 우리에게 있는 고난은 장차 우리가 받을 영광과 비교할 수 없다고 한다. 고난을 피한 채 영광을 받을 수 있는 것이 아니라 고난이 영광에 이르기 위한 필수 코스다. 고난을 통과하지 않으면 영광을 누릴 수 없다.

호주 시드니에 사는 교민이 우리나라에 다녀가는 길에 개나리 가지를 꺾어다가 마당에 심었다. 이듬해 봄이 되었다. 기후 조건이 좋은 때문인지 잎은 우리나라에서보다 더 무성했지만 정작 꽃이 피지 않았다. 첫해라서 그런가 보다 하고 넘어갔다. 그런데 이듬해에도 꽃이 피지 않았고 그 이듬해에도 꽃이 피지 않았다. 나중에 이유를 알았는데 호주는 겨울이 없기 때문이었다. 튤립, 히아신스, 백합, 라일락, 철쭉, 진달래 등은 겨울을 거쳐야 꽃이 핀다. 추위를 통과하지 않으면 꽃이 피지 않는다. 추운 겨울이 가급적 피해야 하는 시련의 계절이 아니라 꽃을 피우기 위해서 꼭 거쳐야 하는 절차다.

우리에게 고난이 있는 이유가 또 있다. 아담, 하와가 범죄 했을 때 하나님이 자연계에도 같이 벌을 내리셨다. 세상이 하나님께 벌을 받는 중이다. 모든 피조물이 함께 탄식하며 함께 고통을 겪고 있다. 이런 상태가 우리 구원이 완성될 때까지 계속될 것이다. 주님께서 다시 오시면 우리만 변화하는 것이 아니라 만물이 새롭게 변화한다. 그때까지 이 세상은 썩어짐의 종노릇하며 허무한 데 굴복할 수밖에 없다. 아담, 하와가 에덴동산에서 쫓겨나는 것으로 모든 것이 엉망이 되고 말았다.

지난 2010년에 아이티에 진도 7의 강진이 발생했다. 사망자가 30만 명이 넘었다. 이런 일이 있을 때마다 사람들은 왜 이런 일이 일어나야 하는지 의문을 표한다.

우리가 사는 세상은 이런 일이 있는 세상이다. 이 또한 아담, 하와의 범죄로 말미암은 일이다. 그러면 재난으로 인해 죽은 사람들은 무슨 죄가 있느냐고 항변할 수 있다. 그런 항변에 명쾌하게 답하는 것은 쉽지 않다. 어쨌든 하나님께는 재난으로 죽은 사람이라고 해서 다른 사람보다 손해를 본 것이 아닌 답이 있을 것이다.

우리가 지진을 막을 수는 없다. 고작해야 이재민을 위해서 기도할 뿐이다. 우리가 기도하면 앞으로 그런 재난이 일어나지 않느냐 하면 그렇지도 않다. 조만간 다른 데서 또 재난이 일어날 것이다. 그러면 또 기도한다. 물론 재난은 또 일어날 것이다. 어쩌면 이 세상의 큰 힘 앞에서 우리가 너무 무력한 것 같기도 하다. 그렇다고 해서 "나 몰라라" 할 수도 없다.

딸이 초등학교 1학년 운동회 때의 일이다. 학년 대표 릴레이 선수로 나가게 되었다. 카메라를 챙겨 들고 학교로 갔다. 릴레이 순서가 되어 청군, 백군 선수들이 정렬해 선 것을 보니 한눈에 보기에도 "이건 아니다" 싶었다. 1학년 여자인 딸이 첫 번째 주자였는데 딸보다 머리 하나가 더 큰 애가 나란히 서 있었다. 상대를 잘못 만났다는 생각을 하며 사진 찍기 좋은 위치로 옮겼다. "땅!" 하는 총성과 함께 경기가 시작되었다. 처음 몇 미터는 딸이 앞서 나갔지만 이내 뒤처지고 말았다. 그리고 딸의 표정을 보는 순간 깜짝 놀랐다. 그렇게 일그러진 표정은 처음 보았다. 정면을 응시하면서 이를 악문 표정이 마치 이 세상의 모든 고난을 다 감당하는 것 같았다.

경주는 해야 하는데 상대방이 자기보다 잘 달리면 어떻게 해야 할까? 딸처럼 하는 수밖에 없다. 상대방이 자기보다 잘 달린다는 이유로 배턴을 집어던지고 운동장을 가로질러 걸어 나올 수는 없다. 아무리 달려도 좁혀지지 않는 간격을 안타까운 눈으로 응시하면서 죽을힘을 다해 달려야 한다. 우리에게 주어진 책임은 이 세상을 제압할 책임이 아니라 견디는 책임이다. 아무리 이 세상이 강하다고 해도 절대 포기하면 안 된다.

예수님이 바리새인들을 꾸짖으시면서 "너희가 하루살이는 걸러내고 낙타는 삼키는도다"라고 했다. 당시 유대인들이 아람어를 썼는데 하루살이를 '갈마'라고 하고 낙타를 '감라'라고 한다. "너희가 갈마는 걸러내고 감라는 삼키는도다"라고 하여, 발음이 비슷한 '갈마'와 '감라'를 말씀하신 것이다.

아브라함이 이삭을 바치는 장면에서도 비슷한 예가 나온다. 이삭이 "불과 나무는 있거니와 번제할 어린양은 어디 있나이까?"라고 묻자, 아브라함이 "번제할 어린양은 하나님이 자기를 위하여 친히 준비하시리라"라고 대답한다. "하나님이 준비하시리라"라고 번역된 부분이 "엘로힘 이르에"인데 직역하면 "하나님이 보시리라"이다.

아브라함이 이삭을 제물로 바치려고 할 때 하나님의 사자가 아브라함을 만류했다. 그러고는 "네가 네 아들 네 독자까지도 내게 아끼지 아니하였으니 내가 이제야 네가 하나님을 경외하는 줄을 아노라"라고 했다. 여기서 "하나님을 경외한다"라고 번역된 원문이 "예레 엘로힘"이다.

"하나님이 보신다"는 "엘로힘 이르에"이고 "하나님을 경외한다"는 "예레 엘로힘"이다. 어떤 사람이 하나님을 경외하는 사람이냐 하면, 하나님이 보신다고 말하는 사람이다. "엘로힘 이르에"하면 "예레 엘로힘"이 된다. 하나님이 보고 계시다는 사실을 제대로 인식하면 하나님을 경외하는 사람이 된다. 이 말을 뒤집으면 어떻게 될까? 하나님의 시선이 아니라 세상의 시선을 의식하면 하나님을 경외할 수 없다. 그러면 세상을 경배하는 세상의 종이 될 것이다.

우리는 세상 눈치를 볼 것인지 하나님 눈치를 볼 것인지 태도를 분명히 정해야 한다. 세상의 시선에 구애받지 않고 하나님의 시선을 의식하는 것은 쉽지 않다. 하지만 분명한 사실은 현재의 고난은 장차 우리에게 나타날 영광과 비교할 수 없다는 사실이다. 하나님은 그리스도가 받은 모든 영광을 우리를 위하여 예비하고 계시다. 우리는 그 영광에 동참할 사람들이다.

**8:24-25〉 우리가 소망으로 구원을 얻었으매 보이는 소망이 소망이 아니니 보는 것을 누가 바라리요 만일 우리가 보지 못하는 것을 바라면 참음으로 기다릴지니라**

예수를 믿으면 뭐가 좋은지 묻는 사람이 있다. 대답하기가 은근히 난처하다. 일단 내가 그 답을 다 알지 못한다. 게다가 내가 아는 것마저 대부분의 사람들은 알아듣지 못한다. 사람들은 주로 "예수를 믿으면 장사가 잘된다", "어려운 문제가 해결된다" 같은 답을 원하기 때문이다.

다섯 살 난 아이한테 "엄마가 있으면 뭐가 좋아?"라고 물으면 어떤 답이 나올까? "맛있는 걸 만들어 줘서 좋아요", "갖고 싶은 장난감 사줘서 좋아요", "놀이터에 같이 놀러가서 좋아요" 등의 답이 나올 것이다. 엄마가 있어서 좋은 점이 어찌 그것뿐이겠는가? 하지만 별수 없다. 다섯 살짜리 아이한테는 그런 답밖에 나오지 않는다.

예수를 믿으면 뭐가 좋으냐는 말이 그렇다. 우리 수준에서는 알 수가 없다. 우리가 상상할 수 있는 모든 내용을 다 동원해도 그 정도가 아니기 때문이다. 하나님은 우리 상상력의 범주를 초월하는 분이다.

간혹 예수 믿고 복 받았다는 말을 듣는 수가 있다. 암이 나은 사람도 있고 이혼 위기를 극복한 가정도 있다. 마약을 끊은 사람도 있고 기업체를 일으킨 사람도 있다. 그렇다고 해서 그것이 그들이 받은 복의 전부일까?

애굽의 총리를 지낸 요셉의 유언이 자기 유골을 가나안 땅에 묻어달라는 것이었다. 애굽에서 누린 모든 부귀영화보다 소중한 것이 유골이나마 하나님의 약속이 있는 땅에 묻히는 것이었다. 이다음에 천국에 가서 요셉한테 "당신은 애굽의 총리를 지낸 사람입니다. 그때 얼마나 호강했습니까? 정말 부럽습니다."라고 하면 요셉이 뭐라고 할까? "무슨 소리입니까? 내가 이곳에서 누리는 은혜를 생각하면 애굽의 총리는 애들 장난에 불과합니다."라고 하지 않을까?

고등학생 때 방과 후에도 늦게까지 남아서 공부하다가 오곤 했다. 계단을 내려오는데 하루 종일 앉아 있었던 때문인지 다리가 조금 후들거렸다. 마침 찬바람이 불었다. 몸은 피곤했지만 그렇게 상쾌할 수가 없었다. "오늘 하루 참 알차게 보냈구나"라는 생각에 절로 뿌듯했다.

하지만 "공부를 열심히 하면 무엇이 좋습니까?"라는 질문에 "공부를 열심히 하면 집에 올 때 배가 고파서 몸에 힘이 없거든. 또 오래 앉아 있었던 탓에 다리가 후들거리기도 해. 그때 찬바람이 불어봐. 정말 상쾌해."라는 말을 듣고, "그렇구나. 공부를 열심히 하면 정말 좋구나."라고 할 사람은 없다.

공부를 열심히 하는 것은 분명히 보람찬 일이다. 재학 중에도 얼마든지 보람을 느낄 수 있다. 하지만 그 보람은 졸업 후에 본격적으로 나타난다. 신앙생활이 바로 그렇다. 예수를 믿는 것과 예수를 믿지 않는 것은 비교가 안 된다. 하지만 예수 믿기를 정말 잘했다는 사실을 제대로 실감하는 것은 우리에게 허락된 구원이 완성된 다음이다.

요컨대 신앙은 미래지향적이다. 우리는 다음 세상을 기대하는 사람들이다. 이런 내용을 "우리가 소망으로 구원을 얻었으매 보이는 소망이 소망이 아니니…"라고 한다.

기독교가 전래될 즈음의 우리나라는 상당히 암울했다. 국권은 일본에게 빼앗겼고 백성들에게는 아무런 소망이 없었다. 하루하루 살아가는 것이 고달팠다. 그런 시대에 기독교를 가장 잘 표현한 말이 '예수 천당'이었다. 그런데 요즘은 그런 말을 하면 광신자 취급을 받는다. 천당은 사모하는 곳이 아니라 이 세상에서 살 수 없게 되었을 때 마지못해 가는 곳이 되어버렸다.

'마라나타'라는 말이 있다. 아람어로 "우리 주여 오시옵소서"라는 뜻이다. 초대교회 교인들은 늘 마라나타를 말했다. 우리는 어떨까? 우리 중에 주님의 재림을 믿지 않는 사람은 없다. 주님이 오시면 우리 구원이 완성될 것이다. 그런데 그 날을 기다리는 사람은 없다. 주님의 재림이나 천국은 그냥 알기만 한다.

성경은 "보이는 소망이 소망이 아니다"라고 하는데 우리는 한사코 보이는 것으로만 소망을 삼는다. 예수님이 주시려는 것이 무엇인지 아랑곳하지 않은 채 자기가 얻고 싶은 것에만 마음을 둔다. 본문은 "만일 우리가 보지 못하는 것을 바라면 참음으로 기다릴지니라"라고 했는데 아무도 참음으로 기다리지 않는다. 보지 못하는 것을 바라지 않기 때문이다. 하나님이 주시려는 것을 기다리는 것이 신앙인 줄 모르고 자기가 얻고 싶은 것을 얻는 것이 신앙인 줄 안다.

다윗이 골리앗을 이겼다. 흔히 "사울을 위시한 모든 이스라엘은 믿음이 없어서 벌벌 떨었지만 다윗은 믿음이 있었다"라고 한다. 맞는 말이다. 다윗이 골리앗을 이긴 것은 분명히 믿음의 힘이었다.

그런 다윗이 나중에는 사울의 압제를 피해서 계속 도망 다닌다. 사울은 골리앗 앞에서 싸워볼 엄두도 못 냈던 사람이다. 그런데 왜 도망 다녀야 할까? 골리앗을 무찌른 믿음으로 사울도 무찌르면 되는 것 아닐까?

믿음은 골리앗과 싸울 때만 나타나는 것이 아니다. 사울을 피해서 도망 다닐 때도 나타나야 한다. 믿음이 자기가 원하는 것을 이루는 방법이 아니라 하나님이 원하시는 것을 이루는 통로이기 때문이다. 그래서 성경은 우리에게 "참음으로 기다릴지니라"라고 말한다. 일이 이루어지는 과정을 건너뛸 방법이 없다는 뜻이다. 시간이 필요하다. 믿음은 모든 것을 뛰어넘을 수 있는 만병통치약이 아니다. 꾸준한 반복을 통해서 자기 안에 다져지는 것이다.

이런 사실을 감안하면 신앙 수준은 신앙 연수와 관계있어야 한다. 태권도 1년 배운 사람과 10년 배운 사람이 다르고 테니스 1년 친 사람과 10년 친 사람이 다른 것처럼 우리 역시 그래야 한다. 예수를 믿은 기간만큼 자기를 통하여 하나님의 뜻이 성취된 체험이 있어야 하고 하나님 나라 확장에 기여한 간증이 있어야 한다.

그런데 실제로는 안 그렇다. 예수를 1년 믿은 사람이나 10년 믿은 사람이나 별 차이가 없다. 자기가 처한 상황에서 믿음으로 반응해본 적이 없기 때문이다. 운전면허로 치면 전부 장롱면허다. 면허 딴 지 1년 된 사람이나 10년 된 사람이나 운전 못하기는 매일반이다. 언제까지 그래야 할까?

**8:26-27〉 이와 같이 성령도 우리의 연약함을 도우시나니 우리는 마땅히 기도할 바를 알지 못하나 오직 성령이 말할 수 없는 탄식으로 우리를 위하여 친히 간구하시느니라 마음을 살피시는 이가 성령의 생각을 아시나니 이는 성령이 하나님의 뜻대로 성도를 위하여 간구하심이니라**

방금 참음으로 기다려야 한다고 했다. 보이는 소망이 소망이 아니기 때문이다. 보이지 않는 소망이 이루어지기까지 참음으로 기다려야 한다.

참는다는 얘기는 억지로 견딘다는 뜻이고 기다린다는 얘기는 원하는 것이 지금 자기에게 없다는 뜻이다. 그런 상황을 좋아할 사람은 없다. 그래서 성령님께서 우리를 도우신다. 말할 수 없는 탄식으로 우리를 위하여 친히 간구하신다. 우리가 마땅히 구해야 할 것이 무엇인지 우리가 모르기 때문이다. 우리는 자꾸만 엉뚱한 것을 소원한다.

"내 인생이 술술 풀린다"라는 TV광고가 있었다. 모 은행 광고로 기억한다. 그 광고를 보면서 생각했다. "자기 인생이 술술 풀리는 것이 정말 자기에게 유익일까?" 인생이 비비 꼬인 결과가 술술 풀린 결과보다 더 좋은 경우가 얼마든지 있다. "젊어서 고생은 사서도 한다", "당장 먹기엔 곶감이 달다" 같은 말이 왜 있겠는가? 지금 좋게 보이는 것이 궁극적으로 유익이 아니고 지금 나빠 보이는 것이 궁극적으로 손해가 아니기 때문이다.

하닷사라는 여인이 있었다. 별이라는 뜻이다. 하지만 이름만 별이었다. 나라를 잃은 망국의 유민인데다 고아이기도 했다. 사촌오빠가 그를 돌봤다. 순박한 청년 만나서 단란한 가정을 이루는 평범한 소원조차도 그에게는 사치였을 것이다.

하지만 하나님의 계획은 참으로 놀라웠다. 하나님이 그를 바사 제국의 왕후로 만들었다. 그의 바사식 이름이 에스더다. 그것이 전부가 아니다. 그를 통하여 유대인들이 멸망 위기에서 벗어난다. 그가 왕후가 된 것이 유대인들을 구하기 위한 하나님의 큰 그림이었다.

당시 바사 제국에는 왕 다음가는 지위에 하만이라는 사람이 있었다. 그가 유대인을 말살할 계획을 세운다. 그런데 에스더에 의해서 그 계획이 뒤집어졌다. 오히려 하만이 죽고 유대인들은 더 강성하게 된다. 하닷사가 이름 그대로 별처럼 빛나는 인생을 살았다.

만일 에스더의 인생이 술술 풀렸다고 가정해 보자. 아마 십 대 후반에 결혼했을 것이다. 고아로 자라서 가정을 꾸렸으면 그것만으로 성공한 셈이다. 그리고 아들딸 낳고 나름대로 행복하게 살다가 하만에 의해 유대인들이 말살될 적에 같이 죽었을 것이다. 그러면 그의 삶이 성경에 기록되는 일도 없었을 것이고, 우리 역시 에스더가 누구인지 몰랐을 것이다.

하나님이 "내가 너를 위하여 두 가지 삶을 준비했다. 하나는 바사 제국의 왕후가 되어 유대 백성을 구하는 것이고 다른 하나는 촌부의 아내로 살다가 하만에 의해 죽는 것이다"라고 하지 않았다. 하나님의 계획을 모르는 에스더로서는 자기 처지에 맞는 삶을 구할 수밖에 없다. 자기가 생각하는 행복을 위해서 기도도 했을 것이다. 그 기도가 이루어지면 자기가 받을 은혜를 다 받지 못하게 되고 자기를 향한 하나님의 계획이 엉망이 된다는 사실은 꿈에도 몰랐을 것이다.

그러면 어떻게 해야 할까? 그래서 "이와 같이 성령도 우리의 연약함을 도우시나니 우리는 마땅히 기도할 바를 알지 못하나 오직 성령이 말할 수 없는 탄식으로 우리를 위하여 친히 간구하시느니라"라고 한다. 비록 에스더는 "하나님, 저를 불쌍히 여겨주십시오. 부디 저를 아껴주는 남자를 만나게 하셔서 일찍 부모를 잃은 공백을 채워주시고 가족끼리 오순도순 살아가는 단란함을 누리게 하옵소서."라고 기도했을지라도, 에스더 안에 계신 성령님은 "하나님, 그리하지 마옵소서. 에스더의 인생을 에스더에게 맡기지 마시고 하나님 뜻대로 운행하옵소서. 에스더를 통하여 이루기 원하시는 뜻을 속히 이루시옵소서."라고 기도했을 것이다.

에스더의 기도가 이루어지면 왕후가 될 수 있었던 에스더가 평범한 시골 아낙이 되는 것이 문제가 아니다. 유대인들이 하만의 압제를 피하지 못하게 되는 것도 문제가 아니다. 메시야가 태어나지 못하게 된다. 에스더가 어느 만큼 출세하느냐가 문제가 아니라 우리의 구원이 걸린 문제다. 그래서 성령님께서 우리의 기도를 우리에게 맡기지 않으시고 직접 도우신다.

이런 말을 들으면 "정말 감사하다"라는 생각을 하는 것이 아니라 "그럼 기도할 필요 없겠네"라는 생각을 할 수 있다. 사람은 본래 죄인이다. 생각하는 것마다 하나님 반대쪽이다. 하나님의 은혜를 얘기해도 그 은혜에 감사하는 것이 아니라 오히려 게으름을 합리화하려고 한다.

우리도 우리를 위하고 성령님도 우리를 위하신다. 그런데 우리는 우리 뜻대로 우리를 위하여 간구하는 반면 성령님은 하나님의 뜻대로 우리를 위하여 간구하신다. 그래서 기도할 필요가 없는 것이 아니라 하나님의 뜻을 분별하기 위하여 애써야 한다. 비록 지금은 100번에 100번 우리 뜻대로 구하지만 100번에 1번, 100번에 5번, 100번에 10번, 100번에 20번⋯ 점점 더 하나님의 뜻대로 구하는 빈도가 늘어야 한다.

구약시대에는 하나님께 나아가려면 제물이 있어야 했다. 제물에는 "제가 죽어야 하는데 저 대신 이 제물이 죽습니다"라는 고백이 담겨 있다. 죽어 마땅한 죄인이 무슨 말을 하겠는가? 우리는 감히 하나님께 입을 놀릴 처지가 아니다. 그래서 우리의 이름으로 기도하지 않고 예수님의 이름으로 기도한다.

오래전의 일이다. 작은아버지가 대한항공에 근무했다. 한번은 수화물이 좀 많았다. 공항 직원이 수수료를 내야 한다고 하자, 아버지께서 말씀하셨다. "모 부서에 근무하는 아무개 실장이 내 동생인데 좀 봐주세요." 요즘도 그런 것이 통하는지 모르겠는데 당시는 통했다. 비유는 어색하지만 예수님 이름으로 기도한다는 얘기가 그렇다. "요금을 내는 것이 맞지만 내 동생을 생각해서 봐달라"라는 얘기나 "저희는 아무 자격이 없지만 예수님 낯을 봐서 저희를 용납해 주십시오"라는 얘기나 맥락은 같다.

그 후에 아버지께서 작은아버지한테 그 일을 말씀하셨다고 가정하자. "얼마 전에 학종이가 서울 가는데 짐이 많다고 해서 네 이름 팔았다"라고 하면 작은아버지가 뭐라고 했을까? "예, 그런 일 있으면 제 이름 얘기하세요."라고 했을 것이다.

우리가 예수님의 이름을 그렇게 이용해야 한다. 예수님이 흔쾌히 이름을 빌려주실 만한 일에 예수님의 이름을 써야 한다. 작은아버지는 짐이 많아서 수수료를 내야 하는 상황에서 흔쾌히 이름을 빌려주셨는데 예수님은 어떤 일에 이름을 빌려주실까? 어쨌든 자기에게 간절하다는 이유로 예수님의 이름을 갖다 붙이는 일은 없어야 한다. 예수님께서 기꺼이 이름을 빌려주실 만한 내용을 구하는 것이 예수님의 이름으로 구하는 것이다.

롯에게 기도 제목이 있었다면 어떤 기도 제목이 있었을까? 소돔 땅에서 영원토록 살게 해달라는 것 아니었을까? 출애굽한 이스라엘도 다르지 않다. 그들의 소원은 언제나 애굽으로 돌아가는 것이었다.

우리는 우리의 유익을 위해서 무엇을 구해야 하는지 모른다. 그런 우리를 위해서 성령님께서 대신 간구하신다. 그래서 우리는 기도할 필요가 없다는 뜻이 아니다. 기도를 해야 한다. 기도를 하되, 자기 기도가 이루어지는지 여부에 신경 쓰기보다 하나님이 누구인지 알아야 한다. 기도를 하지 않으면 하나님이 어떤 분인지 알 수가 없다.

사무엘상 1장에 한나 얘기가 나온다. 한나가 아이를 낳게 해달라고 기도했고, 그렇게 해서 얻은 아들이 사무엘이다. 사무엘상 2장에는 한나가 하나님을 찬양하는 내용이 나온다. 기도해서 아들을 얻었으면 어떤 내용으로 찬양해야 할까? "하나님, 참 감사합니다. 제가 아들을 구했더니 정말로 아들을 주셨습니다. 앞으로 필요한 것이 있으면 또 말씀드리겠습니다."라고 해야 어울릴 것 같다. 그런데 그런 내용이 없다. "하나님은 과연 이 세상의 주인이십니다. 이 세상의 모든 만물이 다 하나님께 달려있습니다."라는 내용이 있다.

그 찬양이 바로 우리의 찬양이어야 한다. 이 세상 모든 만물이 하나님께 달린 줄 알아서 우리 뜻이 이루어지는 것보다 하나님의 뜻이 이루어지는 것이 우리에게 유익인 것을 인정해야 한다.

내가 지금까지 살면서 깨달은 것이 몇 가지 있다. 우선 하나는 "내 인생이라고 해서 내 마음대로 되는 것이 아니더라"라는 사실과 "내 마음대로 안 된다고 해서 그것이 나에게 손해가 아니더라"라는 사실이다. 한 가지를 더 꼽으면 "하나님이 하시는 일은 항상 옳더라"라는 사실이다.

**8:28) 우리가 알거니와 하나님을 사랑하는 자 곧 그의 뜻대로 부르심을 입은 자들에게는 모든 것이 합력하여 선을 이루느니라**

얼핏 생각하면 "사업이 망하거나 대학 입시에 실패하거나 그런 것이 문제가 안 된다. 예수를 믿는 사람은 하나님이 책임지시기 때문에 결국 다 잘된다."라는 뜻 같다. 하지만 난데없이 그런 말을 하는 것은 문맥에 어울리지 않는다.

전쟁이 벌어졌으면 이기는 것이 선이다. 장사하는 사람에게는 이익을 남기는 것이 선이고 국회의원에 출마한 사람은 당선되는 것이 선이다. 그러면 본문에서 말하는 선은 무엇일까?

8장은 우리에게 허락된 구원이 어느 만큼 확실한지 설명하는 내용이다. 구원이 취소되려면 하나님보다 더 큰 힘으로 방해하든지 아니면 하나님이 변덕을 부려야 하는데 그럴 수는 없다. 우리가 아무리 미련하고 게을러도 구원에 문제가 생기지는 않는다. 아니, 그 모든 것이 오히려 구원을 이루는 수단이 된다. 우리가 게으르면 게으름 때문에 하나님을 만나게 되고 미련하면 미련함을 통해서 하나님을 알게 된다. 게으르지 않았으면 하나님을 만날 수 없었는데 게으른 바람에 만나게 되고 미련하지 않았으면 하나님을 알 수 없었는데 미련한 덕에 알게 된다는 뜻이 아니다. 우리가 어떤 잘못을 하더라도 우리를 향한 하나님의 사랑은 포기되지 않는다는 뜻이다.

우리가 하나님 반대편을 택했다고 해서 우리 인생이 하나님 반대편에서 끝나게 하나님이 우리를 내버려두시지 않는다. 하나님은 결국 우리를 하나님 뜻대로 이끄신다. 이런 내용을 "우리가 알거니와 하나님을 사랑하는 자 곧 그의 뜻대로 부르심을 입은 자들에게는 모든 것이 합력하여 선을 이루느니라"라고 한다. "우리가 하는 일은 어차피 잘된다"라는 뜻이 아니라 "우리를 향한 하나님의 구원 계획은 반드시 이루어진다"라는 뜻이다.

그러면 지금 무엇을 해야 할까? 우리에게 허락된 구원에 맞게 살아야 한다. 등산 간다는데 레인코트 입고 오지는 말자는 얘기다. 구원 얻었다고 하면서 한사코 세상 풍조를 좇는 사람이 그런 사람이다. 자기에게는 레인코트가 어울린다고 아무리 우겨봐야 그걸 입고 등산을 하려면 자기만 고생스럽다.

중·고등부를 지도하던 시절의 일이다. 수련회 전날, 고 3 남학생에게서 다급한 연락이 왔다. 집에서 수련회를 가지 말라고 한다는 것이었다. 사흘 동안 단식투쟁을 해서 어머니 허락은 받아냈는데 아버지가 요지부동이라고 했다. 그런데 다음날 아침에 가방을 챙겨들고 나타났다. "수련회만 보내 주시면 앞으로 공부 열심히 하겠습니다"라는 혈서를 써서 허락을 받았다고 했다.

혈서를 쓰는 것은 대단한 의지 표현이다. 경우에 따라서는 손가락을 자르기도 한다. 일본에서는 무사의 명예를 지키기 위해서 할복도 했다. 어떤 무사가 자기의 진심을 알아달라며 할복을 한다고 하자. 그러면 분위기가 사뭇 숙연하게 될 것이다. 할복하는 사람한테 "됐어, 그만해. 네가 아무리 그래도 난 안 믿어."라고 할 수는 없다.

하나님은 어떤가? 하나님은 우리의 구원을 위하여 혈서를 쓰시지 않았다. 손가락을 자르지도 않았고 할복을 하지도 않았다. 친히 그 아들을 죽이셨다. 이런 하나님의 의지를 누가 거스를 수 있을까? 우리는 합력하여 선을 이룰 수밖에 없는 인생을 사는 사람들이다.


8:29〉 하나님이 미리 아신 자들을 또한 그 아들의 형상을 본받게 하기 위하여 미리 정하셨으니 이는 그로 많은 형제 중에서 맏아들이 되게 하려 하심이니라

28절에서 "선을 이룬다"라고 한 표현을 본문에서는 "아들의 형상을 본받게 한다"라고 한다. 모든 것이 합력하여 선을 이룬다는 얘기나 모든 것이 합력하여 아들의 형상을 본받게 한다는 얘기나 같은 뜻이다. 하나님이 우리에게 일어나는 모든 일을 통해서 결국 우리의 구원을 이루실 것이다. 우리에게 힘든 일이 있으면 힘든 일이 있는 대로, 좋은 일이 있으면 좋은 일이 있는 대로 그 모든 일이 우리의 구원을 위한 씨줄과 날줄이 될 것이다.

구원의 궁극적인 목적은 예수 그리스도의 형상을 닮는 것이다. 우리가 예수님처럼 되는 것이 구원이다. 그래서 "…이는 그로 많은 형제 중에서 맏아들이 되게 하려 하심이니라"라고 한다. 하나님이 왜 우리로 하여금 아들의 형상을 본받게 하려 하시는가 하면, 그렇게 해야 예수님이 하나님의 맏아들이 되기 때문이다.

맏아들이 되려면 동생이 있어야 한다. 우리가 바로 그런 사람들이다. 우리는 예수님을 하나님의 맏아들로 하는 하나님의 아들들이다. 우리가 예수님의 동생이다. 구원이 그만큼 놀라운 사건이다.

흔히 형만 한 아우 없다고 한다. 그런 속담이 있는 이유는 형과 아우가 비교 대상이 되기 때문이다. 아우가 아무리 형보다 못해도 상대적으로 못해야 한다. 존재 자체가 다르면 안 된다. 형이 호랑이인데 동생이 고양이일 수는 없다.

이 사실을 알면 우리가 해야 할 일이 명확하게 정립된다. 바로 예수님을 본받는 일이다. 우리의 가장 큰 영광은 예수님과 같아지는 것이다. 예수님을 영접한 사람들에게 영접받고 예수님을 거절한 사람들에게 거절당하고 예수님을 사랑하는 사람들에게 사랑받고 예수님을 미워하는 사람들에게 미움을 받을 줄 알아야 한다. 우리에게 이보다 더 큰 영광이 없다.

이런 사실을 놓친 채 고작해야 천국에 가는 것을 구원으로 알면 신앙이 옹색하게 된다. 예수를 믿으면 천국에 간다는데 천국은 지금 가는 곳이 아니다. 그러면 천국에 갈 때까지 무엇을 해야 할까? 딱히 할 일이 없다. 천생 기복신앙으로 흐르게 된다. 종교 행위를 동원해서 세상을 형통하게 사는 것이 신앙의 보람인 줄 안다.

"저는 예수를 믿습니다. 이제 예수를 온전히 본받게 하셔서 저의 삶이 아직 예수를 모르는 사람들에게 예수를 설명하는 삶이 되게 하옵소서."라고 기도하는 사람과 "저는 예수를 믿습니다. 그러니 건강하게 해주시고 돈도 많이 벌게 해주세요."라고 기도하는 사람이 있으면 누가 진짜 예수를 믿는 사람일까?

## 8:30〉 또 미리 정하신 그들을 또한 부르시고 부르신 그들을 또한 의롭다 하시고 의롭다 하신 그들을 또한 영화롭게 하셨느니라

하나님께서 우리의 구원을 예정하셨다. 그래서 우리를 부르셨고 의롭다 하셨다. 그런데 "또한 영화롭게 하셨느니라"가 무슨 영문일까? 아직 이루어지지 않은 일을 이루어진 것처럼 말한다.

고등학생 때의 일이다. 쉬는 시간에 급우끼리 말다툼이 벌어졌다. 막 주먹다짐으로 이어지려는데 옆에서 뜯어말렸다. 한 친구가 말했다. "이따 끝나고 봐. 넌 오늘 죽었어." 이때 '죽었어'는 완료형이지만 의미는 미래다. "내가 너를 단단히 혼내주고야 말겠다"라는 자기 의지를 완료형으로 표현한 것이다.

그다음에 어떻게 되었는지 모른다. 사람은 모든 것이 불완전하다. 마음이 변할 수도 있고 실천할 능력이 모자랄 수도 있다. 그 두 친구의 경우로 얘기하면, 수업을 듣는 사이에 마음이 풀려서 화해할 수도 있고 막 싸우려던 차에 선생님께 들켜서 싸움이 무산되었을 수도 있다. 혹은 "넌 오늘 죽었어"라고 말한 친구가 오히려 흠씬 두들겨 맞았을 수도 있다.

하나님은 그렇지 않다. 하나님께는 의지와 성취의 구별이 없다. 하나님께서 우리를 영화롭게 하기로 마음먹었으면 그것으로 우리는 영화롭게 된 것이다. 하나님은 우리로 하여금 아들의 형상을 본받게 하기 위해서 우리를 부르셨다. "또한 영화롭게 하셨느니라"라고 한 것은 반드시 우리를 그렇게 만들겠다는 하나님의 의지 선언이다.

그러면 우리는 장차 우리에게 이루어질 모습에 어울리는 삶을 살아야 한다. 동생은 형이 하는 것을 보고 배우는 법이다. 우리에게 그런 모습이 있어야 한다. 예수님을 흉내 내고 흉내 내고 흉내 내서 결국 비슷해져야 한다. 예수님처럼 되는 것이 구원이고, 예수님처럼 되기 위해서 노력하는 것이 신앙생활이다.

요즘 개그맨을 예전에는 코미디언이라고 했다. 코미디언 서영춘의 장례식 때의 일이다. 동료 코미디언이 조사를 읽었다. "1928년에 태어나신 고 서영춘 님은 대한민국을 대표하는 코미디언이었습니다. 그는 코미디언으로 많은 발자취를 남겼으며 가요 음반도 여러 장 발표했고 여러 영화에 출연할 정도로 다재다능한 분이었습니다. 대표 영화로는 '여자가 더 좋아', '염통에 털 난 사나이', '출세해서 남 주나', '만져만 봅시다'…"

조사를 읽어가는 동안 슬픔에 잠겨 있던 사람들이 터져 나오는 웃음을 참느라 혀를 깨물어야 했다. 영화 제목만 들어도 평생 익살과 재치로 살아온 그의 모습이 떠올랐기 때문이다. 장례식장의 숙연한 분위기에서도 이름만 들으면 웃음이 터져 나올 정도였으니 그는 진정 코미디언이었다.

우리는 어떤가? 누군가 유혹에 흔들리다가도 우리 이름을 들으면 정신이 번쩍 들어야 하지 않을까? 우리 이름 자체가 "정신 차려라. 신앙생활은 그렇게 하는 것이 아니다. 우리는 예수님과 같은 반열에 이르러야 하는 사람이다."라는 메시지가 되어야 한다. 우리의 그런 인생을 위하여 하나님이 모든 것이 합력하여 선을 이루게 하실 것이다.

여기서 예정론을 잠깐 짚고 넘어가자. 하나님이 미리 정하신 대로 우리를 부르셨다. 하나님이 우리를 의롭게 하셨고 또 우리를 영화롭게 하실 것이다. 장차 우리는 예수님과 같은 영광을 누릴 것이다. 이런 하나님의 의지 선언이 "영화롭게 하셨느니라"로 나타난다. 우리의 영광은 아직 이루어지지 않았지만 성경은 이루어진 것으로 선언한다. 하나님이 예정하셨다는 이유만으로 우리의 구원은 이루어질 수 밖에 없다.

그러면 인간의 책임은 어떻게 될까? 구원에서 하나님의 은혜와 인간의 책임은 경계가 모호하다. 하나님의 은혜를 말하면 인간의 책임이 설 자리가 없어지고 인간의 책임을 강조하면 하나님의 은혜가 왜곡된다. 언어 현실 때문이다. 하늘에 속한 내용을 땅에 속한 언어로 설명하려니 한계가 있을 수밖에 없다. 성경이 하나님의 은혜를 얘기하면 하나님의 은혜에 주목하면 되고 성경이 인간의 책임을 말하면 인간의 책임에 주목하면 된다.

> 이방인들이 듣고 기뻐하여 하나님의 말씀을 찬송하며 영생을 주시기로 작정된 자는 다 믿더라(행 13:48)

바울과 바나바가 비시디아 안디옥에서 복음을 전했다. 유대인들은 바울과 바나바를 배척하고 이방인들이 영접했다. 그 사실을 "영생을 주시기로 작정된 자는 다 믿더라"라고 한다. 복음을 영접한 사람은 하나님이 예정하셨기 때문이다. 하지만 복음을 영접하지 않은 사람에 대해서는 얘기가 없다.

> 밤에 주께서 환상 가운데 바울에게 말씀하시되 두려워하지 말며 침묵하지 말고 말하라 내가 너와 함께 있으매 어떤 사람도 너를 대적하여 해롭게 할 자가 없을 것이니 이는 이 성중에 내 백성이 많음이라 하시더라(행 18:9-10)

바울이 고린도에서 복음을 전할 때의 일이다. 환상 중에 주님께서 "이 성 중에 내 백성이 많다"라고 하셨다. 예수를 믿는 사람이 많다는 뜻이 아니다. 바울이 복음을 전하면 하나님의 백성으로 편입될 사람이 많다는 뜻이다. 성경은 언제나 구원 얻은 사람에 대해서는 하나님의 예정을 말한다. 하지만 구원 얻지 못한 사람에 대해서 하나님의 예정을 말한 예는 없다.

그들이 이 말을 듣고 마음에 찔려 베드로와 다른 사도들에게 물어 이르되 형제
들아 우리가 어찌할꼬 하거늘 베드로가 이르되 너희가 회개하여 각각 예수 그리
스도의 이름으로 세례를 받고 죄 사함을 받으라 그리하면 성령의 선물을 받으리
니(행 2:37-38)

오순절 마가 다락방에 성령이 임했다. 베드로의 설교를 들은 사람들이 마
음이 찔려서 자기들이 무엇을 해야 하느냐고 물었다. 그때 베드로가 "너희
가 구원을 얻기 위해서는 하나님의 예정을 입어야 한다"라고 하지 않고 "회
개하고 세례를 받으라"라고 했다. 구원 얻어야 하는 사람에게 필요한 것은
하나님의 예정이 아니라 당사자의 회개와 세례다.

그들을 데리고 나가 이르되 선생들이여 내가 어떻게 하여야 구원을 받으리이까
하거늘 이르되 주 예수를 믿으라 그리하면 너와 네 집이 구원을 받으리라 하고
(행 16:30-31)

바울이 빌립보 감옥에 갇혔을 때의 일이다. 간수가 바울에게 어떻게 해야
구원을 얻을 수 있느냐고 물었다. 그러자 "구원을 얻으려면 하나님의 예정
이 필요하다"라고 하지 않고 "주 예수를 믿으라 그리하면 너와 네 집이 구
원을 얻으리라"라고 했다. 구원 얻은 사람에 대해서는 하나님의 예정을 말
하지만 구원이 필요한 사람에게는 결단을 요구한다.
이런 말을 하면 "그런 법이 어디 있느냐? 하나님이 예정한 사람이 구원을

얻으면 구원 얻지 못한 사람은 하나님이 예정하지 않았기 때문 아니냐?'라고 하겠지만 그런 법이 있다.

어떤 사람이 담배를 끊었다고 하자. 옆에서 칭찬할 것이다. "참 대단하십니다. 담배를 끊는 것은 보통 의지로 안 되는 일인데 어떻게 끊으셨습니까?" 이런 경우에 "주님께서 끊게 해주셨습니다."라고 할 수 있다. 반대로 여전히 담배를 피우는 사람에게 "경건을 위해서라도 담배를 끊어야 하지 않겠습니까?"라고 했을 때 "끊게 해주셔야 끊지, 제가 어떻게 끊습니까?"라고 하는 것은 옳지 않다. 담배를 끊은 것은 주님의 은혜일지라도 피우는 것은 자기 책임이다.

장작 팰 때는 도끼가 필요하고 사과 깎을 때는 과도가 필요하다. 도끼로 사과 껍질이 잘 안 깎이는 것은 도끼에 문제가 있는 탓이 아니라 용도가 잘못되었기 때문이다. 불신자에게 필요한 것은 회개와 믿음이다. 선택과 예정이 아니다. 선택과 예정은 구원 얻은 사람의 신앙고백이다. 예수를 믿고 구원 얻은 다음에 그것이 하나님의 은혜였다고 밝힘으로써 구원이 자기의 의지와 능력에 의한 것이 아니라 하나님의 의지와 능력에 의한 것이라고 고백하는 것이다.

만일 구원이 자기 선택의 결과라면 그때의 구원은 별로 믿을 만한 것이 못 된다. 하루에도 열두 번씩 변하는 것이 사람 마음인데 그런 마음의 상태에 따라서 구원이 결정되면 하루에도 몇 번씩 구원을 얻었다, 못 얻었다를 반복해야 한다. 그런데 우리의 구원을 시작하신 분이 하나님이다. 우리의 구원은 취소될 수도 없고 흔들릴 수도 없다.

사랑하는 자들아 우리가 지금은 하나님의 자녀라 장래에 어떻게 될지는 아직 나타나지 아니하였으나 그가 나타나시면 우리가 그와 같을 줄을 아는 것은 그의 참모습 그대로 볼 것이기 때문이니 주를 향하여 이 소망을 가진 자마다 그의 깨끗하심과 같이 자기를 깨끗하게 하느니라(요일 3:2-3)

우리가 지금은 하나님의 자녀다. 장래에 약속된 영광이 아직은 나타나지 않았다. 하지만 주님께서 나타나시는 날이면 우리도 주님과 같이 될 것이다. 우리에게는 그런 소망이 있다. 그런 소망을 가진 사람마다 주님의 깨끗하심처럼 자신을 깨끗하게 한다. 이것이 예정론의 본질이다. 예정론은 구원 얻지 못한 사람이 누구 책임인지 따지는 교리가 아니다. 자기가 얻은 구원이 하나님으로 말미암은 줄 알아서 구원 얻은 신분에 합당하게 살아야 한다는 사실을 말하는 교리다.

예전에 〈베토벤 바이러스〉라는 드라마가 있었다. 주연을 맡은 김명민은 무뚝뚝하고 날카로운 분위기를 유지하려고 대기실에서 다른 연기자들과 대화도 하지 않았다고 한다. 대기실에서 얘기를 나누는 것이 잘못일 수는 없다. 하지만 연기에 몰입할 수 없다는 이유로 그렇게 하지 않았다. 통상적으로 문제가 없는 것이라도 연기에 방해되면 나쁜 것이다.

요컨대 경건에 관계없는 것은 끊을 수 있어야 한다. TV를 보는 것이 죄는 아니다. 늦잠 자는 것도 죄가 아니다. 인터넷 서핑, 컴퓨터 게임, 친구와의 교제, 동창회, 이런저런 문화 행사 등이 잘못일 수는 없다. 하지만 그 모든 것을 다 챙기면 구원은 언제 연습한단 말인가?

결국 신앙은 자기에게 허락된 궁극적인 모습을 알아서 거기에 맞게 사는 것이다. 하나님이 우리의 구원을 예정하셨다는 사실 앞에서 우리는 마땅히 우리에게 허락된 신분에 대한 감사가 있어야 하고 완성될 소망에 대한 기대가 있어야 한다. 그리고 그런 기대에 연결된 모습으로 오늘을 살아가야 한다.

얼마 전에 꾼 꿈이 있다. 내가 어떤 대갓집의 하인이었다. 말 그대로 고래 등 같은 기와집이었고 하인도 무척 많았다. 무슨 영문인지 도련님을 위해서 누군가 대신 죽어야 했다. 주인이 하인들을 불러 모아서 사정을 말했다. "누군가 한 사람이 죽어야 하는데 어떻게 하면 좋겠느냐?"라고 하자, 내가 선뜻 자원했다. 주인이 나를 크게 칭찬했고, 하인들은 모두 놀라는 눈으로 나를 바라봤다. 내가 일순간에 영웅이 되었다.

죽어야 할 날이 되었다. 하인이 부르러 왔다. 그런데 나는 "보던 신문 다 보고 죽는다", "커피 한 잔만 마시고 죽는다", "잠깐 산책하고 와서 죽는다" 하고, 계속 핑계를 댔다. 꿈에서 생각하기에도 참 구차했다. 그리고 다른 핑계를 생각하다가 잠이 깼다.

얼마나 창피했는지 모른다. 잠이 깨자마자 얼른 회개 기도부터 했다. 어쩌면 이것이 우리의 모습일 것이다. 주님을 위하여 무엇이든지 다 할 것 같은데 언제나 마음뿐이다. 실제로 할 수 있는 것은 아무것도 없이 늘 핑계 대기 바쁘다. 그 꿈 때문에 하루 종일 마음이 무거웠다. 정녕 우리 인생이 주님 앞에 떳떳하기를 소망한다. 행여 주님께 송구스러운 일은 꿈에서라도 범하지 않았으면 좋겠다.

**8:31-34〉 그런즉 이 일에 대하여 우리가 무슨 말 하리요 만일 하나님이 우리를 위하시면 누가 우리를 대적하리요 …(중략)… 다시 살아나신 이는 그리스도 예수시니 그는 하나님 우편에 계신 자요 우리를 위하여 간구하시는 자시니라**

8장에서 다루는 주제는 "우리의 구원이 얼마나 확실한가?"이다. 그런 주제를 다루는 이유는 구원이 그만큼 신비한 사건이기 때문이다. 구원은 땅에 속한 사건이 아니다.

다이어트 광고에 before와 after를 사진으로 비교하는 경우가 있다. 세상에서는 무엇이든지 before와 after가 구별된다. 밥 먹기 전과 밥 먹은 다음이 다르고, 옷 입기 전과 옷 입은 다음이 다르고, 목욕하기 전과 목욕한 다음이 다르다. 그런데 구원은 안 그렇다. 말로는 구원 얻었다고 하는데 달라진 것이 없다.

오래전에 사촌형이 짬뽕 곱빼기 두 그릇을 먹고, 국물에 밥을 말아 먹는 것을 본 적이 있다. 짬뽕 곱빼기 두 그릇 먹고도 양이 안 차는 사람이 있다는 사실을 그때 알았다. 뭔가를 먹었을 때 양이 차는지, 안 차는지는 자기가 정하면 된다. 옆에서 아무리 "방금 짬뽕 곱빼기 다 먹었잖아. 넌 배부르니까 그만 먹어도 돼."라고 얘기해도 자기가 배고프면 배고픈 것이다. 자기가 어떻게 느끼는지가 곧 정답이다.

구원은 그렇지 않다. 자기가 구원을 얻었다고 생각하면 구원 얻은 것이고 자기가 구원 얻지 못했다고 생각하면 구원 얻지 못한 것이 아니다. 로마서는 "우리가 구원을 어떻게 얻었는가?"를 설명하지 않는다. "하나님이 우리를 어떻게 구원하셨는가?"를 설명한다. 구원은 그 속성상 완벽할 수밖에 없다. 우리의 구원을 시작하신 분이 하나님이기 때문이다.

그런즉 이 일에 대하여 우리가 무슨 말 하리요 만일 하나님이 우리를 위하시면 누가 우리를 대적하리요(롬 8:31)

'이 일'은 29-30절의 내용을 말한다. 하나님이 우리의 구원을 예정하셨다. 하나님은 미리 정하신 사람들을 부르셔서 그들을 의롭다 하시고 또 영화롭게 하실 것이다. 이 모두가 하나님의 경륜이다. 누가 왈가왈부할 수 있단 말인가?

우리의 구원이 하나님의 예정 가운데 이루어졌다는 얘기는 우리가 얻은 구원의 근거가 하나님께 있다는 뜻이다. 우리의 자격이나 의지는 개입할 여지가 없다. 우리가 잘나서 구원 얻은 것이 아닌 이상 우리가 못났다고 해서 취소되지도 않는다. 우리가 어느 만큼 무능하고 한심한 존재인지 예수님이 우리 대신 죽었다는 사실로 알 수 있다. 우리가 무능하고 한심한 존재가 아니면 말로 타일러서 구원했을 것이다. 하나님이 예수님을 죽게 했다는 사실이야말로 우리의 형편이 어느 만큼 심각했는지에 대한 지적이다. 그리고 우리가 아무리 심각한 형편이라도 그것이 우리의 구원을 향한 하나님의 의지에 영향을 미치지 못한다는 반증이기도 하다.

예수님의 십자가가 우리의 구원을 향한 하나님의 의지를 가장 잘 엿볼 수 있는 사건이다. 하나님은 죄인인 우리를 의롭다고 하기 위하여 예수님을 죽이셨다. 예수님의 죽음이 우리에게 허락된 구원의 시작이다. 설마 하나님이 "내가 너희를 위해서 내 아들을 죽였다. 나는 할 일 다했다. 앞으로 너희가 하는 것을 지켜보기만 할 거다. 정신 차려서 구원 얻은 사람답게 살면 구원을 유지시켜 주겠지만 그렇지 않으면 국물도 없다!"라고 하실 리는 없다.

사위 대접은 씨암탉으로 한다는 말이 있다. 딸까지 준 마당에 씨암탉이 뭐 그리 대수겠는가? "자기 아들을 아끼지 아니하시고 우리 모든 사람을 위하여 내주신 이가 어찌 그 아들과 함께 모든 것을 우리에게 주시지 아니하겠느냐"라는 얘기가 바로 그런 뜻이다.

이어서 "누가 능히 하나님이 택하신 자들을 고발하리요"라고 한다. 우리를 고발하는 주체는 물론 사탄이다. 얼핏 생각하면 하나님이 우리를 사랑하시기 때문에 사탄이 아무리 하나님께 우리의 허물을 얘기해봐야 귀담아 듣지 않으신다는 뜻 같다. 그런데 성경에는 "누가 능히 하나님이 택하신 자들을 고발하리요" 다음에 "의롭다 하신 이는 하나님이시니"라는 말이 나온다. 아무도 우리를 고발할 수 없는 근거로 우리를 향한 하나님의 사랑을 들지 않고 하나님이 우리를 의롭다 하셨음을 든다.

성경에 이런 내용이 있는 이유는 일차적으로 우리가 고발당할 일을 하기 때문이다. "나 같은 것도 신자라고 할 수 있을까?"라는 자책을 해보지 않은 사람이 있을까? 사탄이 당연히 그 부분을 물고 늘어질 것이다. 사탄이 우리를 고발하려면 누구에게 해야 할까? 옳고 그른 것을 판단하시는 분은 하나님이다. 천생 하나님께 해야 한다. 그런데 하나님은 이미 우리를 의롭다고 선언하셨다. 결국 사탄이 우리를 고발한다는 얘기는 하나님을 고발하는 것이 된다. 사탄이 우리한테 "너 같은 것이 어떻게 의인이란 말이냐?"라고 하는 것은 쉬운 일일 수 있다. 하지만 "하나님, 저 인간이 어떻게 해서 의인이란 말입니까? 하나님이 틀렸습니다."라고 할 수 있을까?

그렇다고 해서 이 모든 내용을 우리를 향한 하나님의 사랑으로 설명할 수는 없다. "하나님은 우리를 사랑하신다. 그래서 우리를 의롭다고 하셨다. 하나님이 하신 일에 누가 왈가왈부할 수 있단 말인가?"라고 하면 맞는 말 같으면서도 어딘가 어색하다. 무작정 자기 아이만 역성드는 부모처럼 하나님이 공평하신 분이 아니게 된다. 공공장소에서 아이들이 시끄럽게 떠드는 것은 꼴불견이다. 하지만 그보다 더 꼴불견은 그런 아이를 방관하는 부모들인데 하나님은 절대 그런 분이 아니다.

만일 우리가 우리 죄를 자백하면 그는 미쁘시고 의로우사 우리 죄를 사하시며 우리를 모든 불의에서 깨끗하게 하실 것이요(요일 1:9)

우리가 우리의 죄를 자백하면 하나님은 우리의 죄를 사하신다. 늘 듣는 얘기라서 새삼스러울 것이 없다. 그런데 성경은 우리의 죄를 사하시는 근거로 하나님의 의로우심을 든다. "만일 우리가 우리 죄를 자백하면 하나님은 워낙 우리를 사랑하시는 분이기 때문에 우리 죄를 사하신다"라고 되어 있지 않다. "저는 미쁘시고 의로우사 우리 죄를 사하신다"라고 되어 있다. 본래 미쁘고 의로우면 자기 자식이라도 벌할 것은 벌해야 한다. 은근슬쩍

눈감아주면서 미쁘고 의롭다고 하는 것은 모순이다.

본문에서 "누가 능히 하나님이 택하신 자들을 고발하리요 의롭다 하신 이는 하나님이시니 누가 정죄하리요"라는 말에 이어서 "죽으실 뿐 아니라 다시 살아나신 이는 그리스도 예수시니"라는 말이 나오는 이유가 여기에 있다. 하나님이 우리를 맹목적으로 사랑하시기 때문에 우리를 의롭다고 하시는 것이 아니다. 우리의 죗값이 치러졌기 때문에 우리를 의롭다고 하신다. 우리의 죄가 십자가에서 이미 해결되었는데 다시 들추는 것은 '일사부재리의 원칙'에 어긋난다.

예수님이 우리의 죗값을 치르셨다. 하나님이 그것을 인정하셨다. 하나님이 우리를 의롭다 하시는 것은 하나님의 공의에 속한 문제다. 우리의 모든 죄가 완벽하게 해결되었다. 우리는 더 이상 죄와 상관없는 사람들이다.

라면을 끓일 때도 정해진 레시피를 따라야 최상의 맛이 나온다고 한다. 하물며 우리 인생은 어떻겠는가? 하나님이 우리에게 완벽한 레시피로 성경을 주셨다. 그런데 우리는 늘 우리 마음대로다. 워낙 그렇게 살아 버릇해서 그것이 불편한 줄 모른다. 라면을 끓이는데 물을 100cc 정도 더 넣으면 어떻고 덜 넣으면 어떤가? 1분 정도 더 끓이면 어떻고 덜 끓이면 어떤가? 한 끼 때우는 데는 아무 불편 없다. 우리가 바로 그렇다. 성경 말씀대로 충실하게 살아서 하나님이 예비하신 복을 제대로 누려본 경험이 없으니 불편한 것도 불편한 것인 줄 모른다.

하나님은 성경 말씀대로 우리를 구원하셨다. 그런데 우리는 늘 성경과 관계없이 살아간다. 하나님은 우리를 위하여 아들도 아끼지 않으셨는데 우리는 아끼는 것이 너무 많다. 혹시 지금의 삶에 만족한다면 지금까지처럼 살아도 무방하다. 하지만 뭔가 잘못된 것을 느낀다면 고쳐야 한다. 하나님이 우리를 완벽하게 구원하신 것처럼 우리는 완벽한 크리스천이어야 한다.

**8:35-37〉 누가 우리를 그리스도의 사랑에서 끊으리요 환난이나 곤고나 박해나 기근이나 적신이나 위험이나 칼이랴 …(중략)… 그러나 이 모든 일에 우리를 사랑하시는 이로 말미암아 우리가 넉넉히 이기느니라**

아무리 가정교육이 철저해도 국적을 가르치는 집은 없다. 하지만 이민 2세나 3세라면 다르다. 그때는 "너는 대한민국 사람이다"라고 반복해서 얘기해줘야 한다. 그 아이의 환경이 대한민국 국적과 하등의 관계가 없기 때문이다.

우리가 따로 신경 쓰지 않아도 "역시 나는 하나님의 자녀로구나!"라는 사실이 느껴지면 얼마나 좋을까? 그런데 그 반대다. "하나님이 계시다고는 하는데 그것이 나하고 무슨 상관이 있나?", "하나님이 정말로 나에게 관심이 있을까?"라는 생각이 훨씬 더 자주 드는 것이 현실이다.

오래전에 기도원에 갔을 때의 일이다. 다른 사람들이 하는 얘기를 귀 너머로 들었다. 서로 기도 제목을 나누는데 한 사람의 얘기가 이상했다. 시아버지가 돌아가실 날이 얼마 안 남았는데 자기네가 장남이니까 유산 분배에 하나님이 함께해달라고 기도하러 왔다는 것이었다. 하나님의 함께하심을 그런 식으로 갖다 붙여도 되는지 의아했다. 아마 다른 형제들과 똑같이 유산을 받으면 하나님이 함께하시지 않은 때문이라고 생각할 것 같았다. 그러면 시아버지가 재산을 고아원에 기탁해서 물려받을 유산이 없으면 하나님이 저주라도 하신 것일까?

사람들은 그런 식으로 하나님의 함께하심을 가늠하는 경향이 있다. 자기가 원하는 대로 일이 풀리면 하나님이 함께하셨다고 하고, 자기가 원하는 대로 일이 풀리지 않으면 하나님이 함께하시지 않았다고 한다. 그러면 말기 암 환자가 병 낫기를 기도했는데 병이 안 나아서 천국에 가면 하나님이 함께하시지 않아서 천국에 간 것일까?

하나님이 우리보다 못한 분이면 그런 말이 옳을 수 있다. 우리의 계획이라는 큰 틀이 있고, 하나님이 우리 계획에 들어온 조력자라면 그런 식으로 하나님의 함께하심을 말해도 된다. 하지만 하나님의 계획이라는 큰 틀이 있고, 우리가 하나님의 계획에 들어가 있다면 그런 식의 발상은 곤란하다.

35절에서 "누가 우리를 그리스도의 사랑에서 끊으리요 환난이나 곤고나 박해나 기근이나 적신이나 위험이나 칼이랴"라고 했다. 하나님이 함께하시면 늘 형통하고 평안한 것이 아니다. 우리 인생에는 환난, 곤고, 박해, 기근, 적신, 위험, 칼 등의 단어로 설명해야 하는 일들이 있다. 심지어 우리가 이 세상에서 도살할 양처럼 여김을 받는다. 그것이 이 세상을 살아가는 신자의 모습이다. 세상은 언제나 우리를 삼키려고 기세등등한데 그런 세상을 살아가는 우리는 초라하기만 하다. 그런데 성경의 기록이 이상하다. "그러나 이 모든 일에 우리를 사랑하시는 이로 말미암아 우리가 넉넉히 이기느니라"로 이어진다.

한번 따져보자. 우리가 신앙의 이름으로 세상을 이겨본 경험이 얼마나 있을까? 우리는 세상과 100번 싸우면 어쩌다 한두 번 아슬아슬하게 이기고 나머지 98번이나 99번은 일방적으로 깨진다. 그런데 성경은 우리가 넉넉히 이긴다고 한다. 우리가 만나는 모든 싸움이 합격, 불합격을 가리는 싸움이 아니라 이미 합격한 상태에서 어느 만큼 영광으로 가느냐를 결정하는 싸움이기 때문이다.

산을 오르다 넘어졌다고 해서 산 아래까지 내려가서 처음부터 다시 시작하지 않는다. 넘어진 자리에서 일어나서 먼지 털고 다시 오르면 된다. 50번을 넘어지든, 100번을 넘어지든 언젠가 정상에 다다를 것이다. 이런 내용을 가리켜서 "우리가 넉넉히 이긴다"고 말한다. 주머니에 손 넣고 휘파람 불면서 느긋하게 산을 오르는 것은 아니지만 어쨌든 산이 우리 발밑에 있는 것이 확실하다.

**8:38-39〉 내가 확신하노니 사망이나 생명이나 천사들이나 권세자들이나 현재 일이나 장래 일이나 능력이나 높음이나 깊음이나 다른 어떤 피조물이라도 우리를 우리 주 그리스도 예수 안에 있는 하나님의 사랑에서 끊을 수 없으리라**

"내가 확신하노니"가 영어성경에는 "I am convinced"라고 되어 있다. 능동태가 아니라 수동태다. 우리가 구원 얻은 신분이라는 사실을 실감할 수 있으면 굳이 납득할 필요가 없다. 설명을 듣고 납득한다는 얘기는 그렇게 느껴지지 않는다는 뜻이다.

구원은 하나님이 하시는 일이다. 그것을 방해할 수 있는 것은 아무것도 없다. 우리의 외부 조건만 방해할 수 없는 것이 아니라 우리 역시 방해할 수 없다. "무슨 소리냐? 예수를 안 믿으면 될 것 아니냐?"라고 할 수 있을 것 같지만 그렇지 않다. 믿어지는 것을 어떻게 안 믿는단 말인가? 예수 믿는 사람처럼 살 것인지, 말 것인지는 결정할 수 있어도 믿을 것인지, 말 것인지는 마음대로 안 된다.

한때 유행하던 말 중에 "피할 수 없으면 즐겨라"라는 말이 있다. 우리는 예수를 안 믿을 수 없는 사람들이다. 어차피 예수가 믿어진다. 그러면 이왕 믿는 것, 제대로 믿어야 하지 않을까? 예수를 제대로 믿는 것이 어떤 것일까? 장차 우리에게 약속된 신분이 어느 만큼 견고한지 알아서 거기에 맞게 사는 것이 제대로 믿는 것이다.

나의 갈 길 다 가도록 예수 인도하시니
내 주 안에 있는 긍휼 어찌 의심하리요
믿음으로 사는 자는 하늘 위로 받겠네
무슨 일을 만나든지 만사형통하리라
무슨 일을 만나든지 만사형통하리라

우리가 즐겨 부르는 찬송가다. 어쩌면 "무슨 일을 만나든지 만사형통하리라"라는 가사가 특히 마음에 와닿을 수도 있다. 하지만 이 얘기는 "우리가 무슨 일을 하든지 원하는 대로 이루어진다"라는 뜻이 아니다. "내 주 안에 있는 긍휼 어찌 의심하리요"라는 말이 왜 있겠는가? 아무 일도 없는데 "괜찮아, 난 의심하지 않아."라고 할 수는 없다. "의심하지 않는다"라는 말을 하려면 먼저 의심할 만한 상황이 전제되어야 한다. 결국 우리의 삶에 주님께서 과연 나를 긍휼히 여기시는지 의심할 만한 일이 있다는 뜻이다. 장사가 안 될 수도 있고 병이 안 나을 수도 있고 사업에 실패할 수도 있다. 하지만 그런 일 때문에 주님이 자신을 긍휼히 여기신다는 사실을 의심하지는 않는다. 그런 사람에게는 하늘 위로가 있을 것이다.

또 "무슨 일을 만나든지 만사형통하리라"도 무슨 일이든지 우리가 하는 일은 다 형통하게 된다는 뜻이 아니다. 세상에서 만나는 일이 한두 가지가 아니지만 그런 일 때문에 예수님이 인도하시는 우리의 길이 방해받지 않는다는 뜻이다.

형통에 대해서 성경은 우리의 기대와 다른 얘기를 한다. 창세기의 기록에 따르면 형들에 의해서 종으로 팔린 요셉이 하나님이 함께하셔서 형통한 자가 되었다고 한다. 대체 무엇이 형통일까? 형통하려면 종으로 팔리는 일이 없어야 하는 것 아닐까? 우리가 보기에 요셉은 절대 형통한 사람이 아니다.

그것으로 끝나지 않는다. 요셉이 누명을 써서 옥에 갇힌다. 그런데 성경은 또 하나님이 함께하셔서 요셉이 형통했다고 한다. 혹시 이런 형통을 부러워할 사람이 있을까? 결국 성경이 말하는 형통은 원하는 대로 일이 이루어지는 것을 말하지 않는다. 하나님의 계획이 차질 없이 진행되고 있는 것을 말한다.

하나님이 어떤 사람을 한 나라의 총리로 만들 계획을 세우셨다고 하자. 그러면 그 사람은 당연히 엘리트 코스를 거쳐야 할 것이다. 그런데 요셉은 전혀 그렇지 않았다. 열일곱 살에 형들에 의해서 종으로 팔렸다. 나중에는 누명을 써서 옥에 갇히는 신세가 되었다. 하지만 그런 사실이 요셉을 애굽의 총리로 만들려는 하나님의 계획을 방해하지 못했다.

요셉이 종으로 팔렸을 때나 옥에 갇혔을 때 하나님의 함께하심을 실감하지는 못했을 것이다. 어쩌면 자기 인생을 포기했을 수도 있다. 하지만 결국 애굽의 총리가 되었다. 요셉은 자신을 포기했을지라도 하나님이 포기하지 않으셨기 때문이다. 요셉이 하나님의 함께하심을 실감하지 못한다고 해서 하나님이 함께하시지 않은 것이 아니다. "무슨 일을 만나든지 만사형통하리라"가 바로 이런 얘기다. "하나님이 요셉을 애굽의 총리로 만들 계획을 세우셨으니 요셉의 인생은 술술 풀릴 것이다"가 아니다. "요셉이 어떤 일을 만나더라도 하나님이 예비하신 일은 결국 이루어진다"이다.

우리가 그런 사람들이다. 우리는 우리 인생의 결국을 안다. 이 세상이 우리의 운명을 방해하지 못한다. 우리를 향한 하나님의 사랑은 결국 이루어질 것이다.

사실 뻔한 얘기다. 우리 중에 이런 내용을 모르는 사람은 없다. 그런데 성경은 뻔한 얘기를 반복한다. 우리가 아는 내용을 체험으로 만들지 못하고 있기 때문이다. 하나님은 우리의 정보를 통해서 영광 받으시지 않고 우리의 체험을 통해 영광 받으신다. 진리를 믿는 것이 신앙이 아니라 자기가 믿는 진리를 체험하는 것이 신앙이다. 신앙은 자기에게 있는 한두 가지 종교 행위를 내세워서 이 세상 사는 동안에 예수 믿은 덕을 보는 것이 아니다.
자기의 장래 모습이 어떤 것인지 알아서 거기에 맞게 사는 것이다.

# LETS' GO 로마서 상

초판 1쇄 발행  2022. 02 . 11.

지은이   강학종
펴낸이   방주석
펴낸곳   베드로서원
주 소    10252 경기도 고양시 일산동구 고봉로 776-92
전 화    031-976-8970
팩 스    031-976-8971
이메일   peterhouse@daum.net
등 록    2010년 1월 18일
창립일   1988년 6월 3일
ISBN    979-11-91921-04-5  03230
책값은 뒤표지에 있습니다.

베드로서원은 문서라는 도구로 한국교회가 복음의 본질을 회복하고

마을목회와 선교적교회로 나아가는데 기여하고자 최선을 다하고자 합니다.

나의 힘이신 여호와여 내가 주를 사랑하나이다(시 18:1)